제4차 산업혁명의 기린아
기술자의 왕국 혼다

CONTENTS

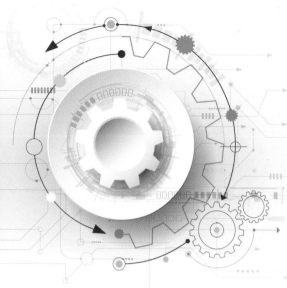

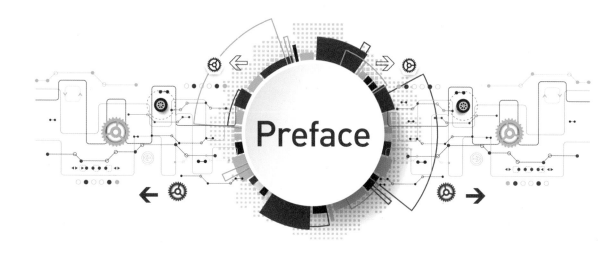

Preface

    일본경제신문이 2000년 연말에 실시한 20세기 일본의 경제인 인기순위 조사에서 혼다 소이치로(本田宗一郎)가 마쓰시타 고노스케(松下幸之助)에 이어서 제2위에 뽑혔다. 소이치로는 일본에서 가장 존경받는 기업인으로 뽑히기도 한다.

    혼다 소이치로는 일본 시즈오카의 하마마쓰(浜松)란 곳에서 태어났다. 아버지는 철공장을 운영했고 어머니는 직공이었다. 어린 시절부터 아버지의 철공소에서 자전거를 수리하는 일을 익혔으며 이는 그로 하여금 기계와 기술 분야에 관심을 쏟게 되는 계기가 되었다. 그는 대장간 집안의 장남으로 태어나 어렸을 적 자동차와 비행기를 본 이후 기계에 대한 동경을 품었다고 알려져 있다. 당시 11살이었던 혼다는 비행기의 곡예비행을 보기 위해서 아버지의 돈을 슬쩍해 아버지의 자전거를 타고 밤새도록 비행장까지 갔다고 한다. 1906년 11월에 태어나 1991년 8월 사망할 때까지 그는 일본을 대표하는 기업가로, 뛰어난 기술자로 그 이름을 세계에 알렸다. 다른 기업이나 재벌 업체와는 달리, 그의 혼다(HONDA)는 전후에 등장한 기업체로서 일본이 기술대국, 경제대국으로서 발돋움하는 데 있어 커다란 브랜드 가치를 만든 인물이라고 할 수 있다.

    15살에 도쿄로 상경해 자동차 수리소 견습생으로 일을 시작해서 22세가 되던 1928년 고향으로 돌아와 자신의 자동차 수리소를 차리게 된다. 그 후 1937년 도카이 세이키라는 도요타 자동차 부품제작공장을 차렸으나 미군의 공습과 1945년 미카와 지진으로 인해 공장을 잃고 복구 가능한 것을 도요타에게 매각해서 받은 45만 엔으로 1946년 10월 혼다모터스의 전신인 혼다기술연구공업을 창립하고 2년 후 첫 양산형 오토바이를 생산해낸다.

이후 탁월한 기술능력과 마케팅을 바탕으로 대형기업으로 회사를 성장시켰으며 1959년 미국 현지에 첫 혼다 오토바이 딜러를 열게 된다. 이후 1973년 은퇴하기까지 최고기술고문이라는 직함으로 기술연구 분야에 전념하게 된다.

이와 같은 활동으로 1982년 미 기계기술자 소사이어티로부터 공로메달을 수여받았으며 1989년 미국 디트로이트에 위치한 미 자동차 명예의 전당에 헌액(獻額)되는 개인적인 경사도 누렸다.

그 후 1991년 8월 5일, 간질환으로 타계한다.

그는 평소에 직원들이 사장님이라고 부르는 것을 싫어했다고 한다. 일반 사람들이 어른을 부르던 애칭이던 '오야지'라고 불리는 것을 더 선호했다. 한국으로 치면 '할배'라고 불리는 것을 더 좋아한 것이다.

그는 "인간은 실패할 권리를 지녔다. 그렇지만 실패에는 반성이라는 의무가 따라붙는다."라는 명언을 남겼을 정도로 도전정신을 높게 샀다. 실패가 두려워 몸을 사리는 것보다 되든 안 되든 일단 부딪혀보는 도전정신을 높게 샀다. 다만, 자신의 직종이 직종인지라 언제나 꼼꼼하고 철두철미한 관리와 점검을 강조했는데, 자동차 리콜과 같은 사태를 거부하는 기업들에 대해서는 '도덕의 결여'라고 호되게 나무랄 정도였다.

그가 타계했었을 당시의 일화도 명작인데 그가 타계한 후 일본신문에 유족들과 지인들이 조문객들을 돌려보내는 사진이었다. 이는 다름 아닌 혼다의 유언 때문이었는데 그는 임종 시 유언으로 "가뜩이나 자동차가 많아 교통체증이 심해 서민들이 불편을 겪으니 내 장례식은 절대로 치르지 마라!"고 했다는 것이다. 유족들과 지인들은 그의 유언을 지키기 위해 장례식 대신 '감사의 모임'이라는 이름의 조촐한 추모자리를 만들었다고 한다.

필자는 2017년 2월에 그의 고향 하마마쓰시 텐류구(天龍區)와 그의 모교 하마마쓰시립 광명소학교를 찾아갔다. 왠지 그렇게 하지 않고는 못 배길 것 같은 호기심과 궁금증이 필자를 그곳으로 이끌었다고 할 수 있다. 산간벽촌에서 태어나 맨주먹으로 사업을 일으켜서 세계 굴지의 기업 'HONDA'를 일군 한 인간의 거룩한 삶을 확인해보고 싶었던 것이다. 그의 모교에서 현재 학생들을 가르치고 있는 선생님들을 만나보니 그들은 모두 소이치로의 철학과 가르침을 전하는 전도사 같았다.

그는 가고 없어도 그의 삶의 흔적은 그대로 남아 있다. 그를 기억하는 사람들뿐만 아니라 이방인의 한 사람인 필자에게조차도 '그의 길'은 오롯이 살아 숨쉬고 있다.

"실제로 해보는 사람이 되자(試す人になろう)."

소이치로의 모교 교정에 새겨져 있는 그의 생활철학

오늘날 소위 제4차 산업혁명의 시대, 21세기는 개방과 지식정보화의 급속한 확산으로 과학기술이 국가 성장의 새로운 엔진으로 떠오르고 있다. 특히 창조적 과학기술 인재가 국가 발전의 성패를 좌우하게 된다는 목소리가 높다. 하지만 글로벌 경쟁이 가속화됨에 따라 핵심 인재를 유치하려는 국가 간 경쟁이 가속화되고 있다. 그런 가운데 국내에서 최근 심화하고 있는 이공계 위기 징후들은 국가 발전 경쟁력 차원에서 여러 가지 우려를 낳고 있다.

이 책은 과학기술이 중심이 되는 사회를 만들어 지속 가능한 국가 발전을 도모하기 위해 '일본 제조업의 신화'라고 할 수 있는 혼다와 그 창업자 소이치로를 새롭게 조명하고자 하는 데 목적이 있다.

소이치로는 죽기 전에 소유와 경영을 독립시켰다. 평소 "회사는 내 것이 아니다."라고 말한 소신대로 창업부터 고락을 함께 해 온 형제를 사직시켰다. 이후 자녀뿐만 아니라 친척도 혼다에 입사시키지 않았다. 그 전통은 아직까지도 철저히 지켜지고 있다. 혼다 임원 가운데 혼다 성을 쓰는 사람은 단 한 명도 없다. 도요타와 비교하면 너무나도 다른 이야기다. 뿐만 아니라 이것은 우리나라 기업에게도 시사하는 바가 크다.

소이치로의 기술에 대한 열정은 혼다의 기술을 최고 수준으로 끌어올렸다. 그는 연구소 직원들에게 항상 기존 수준을 뛰어 넘는 무리한 기술을 요구했다. 1960년대 혼다의 최고 히트작인 오토바이 '슈퍼커브'도 이런 정신에서 나왔다. 전 세계에서 가장 많이 팔린 오토바이 슈퍼커브는 기어 변속을 왼쪽 페달로 가능하게 한 첫 제품이다. 슈퍼커브는 1958년 시판 이래 50년 이상 마이너 체인지(개량 신형)를 거듭하며 2014년에는 누계 8천7백만 대를 파는 세계 제일의 대 베스트셀러 오토바이가 됐다.

이 책을 준비하는 데는 주위 많은 분들의 격려와 지원을 받아서, 이 자리를 빌어 감사의 말씀을 전한다.

끝으로 이 책의 출판에 많은 도움을 주신 한올출판사 임순재 사장님과 최혜숙 실장님 그리고 관계자 여러분의 노고에 깊은 감사의 말씀을 드린다.

2018년 3월
저자 씀

제4차 산업혁명의 기린아 | 기술자의 왕국 혼다 |

기술자의 혼

CHAPTER 01

기술자의 혼

1. 개론

혼다 소이치로(本田宗一郎, 1906년 11월 17일~1991년 8월 5일)는 일본 기업 혼다(HONDA)의 창업주이다. 마쓰시타 전기의 창업주 마쓰시타 고노스케(松下幸之助)와 더불어 일본 경제계에서 '경영의 신'으로 불리는 인물이기도 하다. 소니의 이부카 마사루(井深大) 등과 함께, 전후 일본을 대표하는 기술자·기업가로서 세계적으로 유명하다.

자료: m.post.naver.net

🌐 그림 1-1 기술의 혼다를 탄생시킨 혼다 소이치로

혼다 소이치로는 일본 시즈오카의 하마마쓰(浜松)란 곳에서 태어났다. 아버지는 철공장을 운영했고 어머니는 직공이었다. 어린 시절부터 아버지의 철공소에서 자전거를 수리하는 일을 익혔으며 이는 그로 하여금 기계와 기술 분야에 관심을 쏟게 되는 계기가 되었다. 그는 대장간 집안의 장남으로 태어나 어렸을 적 자동차와 비행기를 본 이후 기계에 대한 동경을 품었다고 알려져 있다. 당시 11살이었던 혼다는 비행기의 곡예비행을 보기 위해서 아버지의 돈을 슬쩍해 아버지의 자전거를 타고 밤새도록 비행장까지 갔다고 한다. 1906년 11월에 태어나 1991년 8월 사망할 때까지 그는 일본을 대표하는 기업가로 뛰어난 기술자로 그 이름을 세계에 알렸다. 다른 기업이나 재벌 업체와는 달리, 그의 혼다(HONDA)는 전후에 등장한 기업체로서 일본이 기술대국, 경제대국으로서 발돋움하는 데 있어 커다란 브랜드 가치를 만든 인물이라고 할 수 있다.

15살에 도쿄로 상경해 자동차 수리소 견습생으로 일을 시작해서 22세가 되던 1928년 고향으로 돌아와 자신의 자동차 수리소를 차리게 된다. 그 후 1937년 도카이 세이키라는 도요타자동차 부품제작공장을 차렸으나 미군의 공습과 1945년 미카와 지진으로 인해 공장을 잃고 복구 가능한 것을 도요타에게 매각해서 받은 45만 엔으로 1946년 10월 혼다모터스의 전신인 혼다기술연구공업을 창립하고 2년 후 첫 양산형 오토바이를 생산해낸다.

자료: monthly.chosun.com
🌸 그림 1-2 혼다 소이치로의 젊은 시절 모습

이후 탁월한 기술능력과 마케팅을 바탕으로 대형기업으로 회사를 성장시켰으며 1959년 미국 현지에 첫 혼다 오토바이 딜러를 열게 된다. 이후 1973년 은퇴하기까지 최고기술고문이라는 직함으로 기술연구 분야에 전념하게 된다.

이와 같은 활동으로 1982년 미국 기계기술자 소사이어티로부터 공로메달을 수여받았으며 1989년 미국 디트로이트에 위치한 미 자동차 명예의 전당에 헌액(獻額)되는 개인적인 경사도 누렸다.

그 후 1991년 8월 5일, 간질환으로 타계한다.

그에 관한 몇 가지 여담을 소개하면 다음과 같다.

- 학교 교육에 부정적인 인물이었다. 제일 싫어했던 과목이 서예였다고 한다. 심지어 독서도 싫어했는데 본인이 말하기를 "책에는 과거에 관한 것밖에 나와 있지 않다. 책을 읽노라면 과거에 얽매여 퇴보할 것 같아 싫었다."라고 했을 정도이다.

- 직원들이 사장님이라고 부르는 것을 싫어했다고 한다. 일반 사람들이 어른을 부르던 애칭이던 '오야지'라고 불리는 것을 더 선호했다. 한국으로 치면 '할배'라고 불리는 것을 더 좋아한 것이다.

자료: blog.hani.co.kr

그림 1-3 망치를 든 대장장이 아들의 아름다운 인생 연착륙

- "인간은 실패할 권리를 지녔다. 그렇지만 실패에는 반성이라는 의무가 따라붙는다."라는 명언을 남겼을 정도로 도전정신을 높게 샀다. 실패가 두려워 몸을 사리는 것보다 되든 안 되든 일단 부딪혀보는 도전정신을 높게 샀다.

다만, 자신의 직종이 직종인지라 언제나 꼼꼼하고 철두철미한 관리와 점검을 강조했는데, 자동차 리콜과 같은 사태를 거부하는 기업들에 대해서는 '도덕의 결여'라고 호되게 나무랄 정도였다.

● 소니의 창업자였던 이부카 마사루와는 백년지기였다고 한다. 기술연구라는 공통점이 있는 인물들이라 쉽게 친해질 수 있었을 것이다.

자료: blogs.chosun.com

⬡ 그림 1-4 1958년 일본 최초의 트랜지스터 라디오를 개발한 이부카 마사루

● '본업에 전념한다'는 사훈을 내세워 정치권과의 교류 역시 거부했다. 당시 일본 경제에 만연하고 있었던 정경유착에서 자유로웠던 인물이다.

자료: m.blog.daum.net

⬡ 그림 1-5 천생의 기술자 혼다 소이치로

● 그가 타계했었을 당시의 일화도 명작인데 그가 타계한 후 일본신문에 유족들과 지인들이 조문객들을 돌려보내는 사진이었다. 이는 다름 아닌 혼다의 유언 때문이었는데 그는 임종 시 유언으로 "가뜩이나 자동차가 많아 교통체증이 심해 서민들이 불편을 겪으니 내 장례식은 절대로 치르지 마라!"고 했다는 것이다. 유족들과 지인들은 그의 유언을 지키기 위해 장례식 대신 '감사의 모임'이라는 이름의 조촐한 추모자리를 만들었다고 한다.

● 그의 아들인 히로시 역시 아버지의 기질을 이어받아 혼다 레이싱카 튜닝전문회사인 무겐 모터스포츠를 설립했다.

2. 탈것에 호기심 많았던 소년 소이치로

소이치로는 세 살 무렵이 되자 아버지의 작업장인 대장간에 틀어박혀서 그 일을 열심히 바라보고 있었다고 한다. 네, 다섯 살 무렵부터 아버지의 일을 거들게 되고, 스스로 바탕쇠를 탕탕 두드려서 장난감을 만들거나 했다.[1]

호기심 왕성한 소이치로는 기계를 매우 좋아해서 마을의 정미소에서 작동하는 석유 엔진이 특히 마음에 들어서 '쿵쾅쿵쾅' 연기를 맹렬히 내품으면서 돌아가고 있는 엔진을 싫증내지 않고 하루 종일 바라보고 있었다고 한다.

소이치로가 다른 아이들과 다른 점은 기계나 물건 만들기에 대한 심상치 않은 흥미만은 아니다. 항상 자신의 가치기준을 가지고 있었고, 그것은 세간의 상식을 타파해가는 발상과 행동으로 나타났다.

어느 날 학교를 빼먹고 뒷동산에서 놀고 있던 소이치로는 배가 고팠지만 어쩔 수가 없었다. 아직 점심식사 시간은 이르지만, 소이치로는 '시각을 앞당기면 되잖아'라고 생각했다. 당시, 시계가 보급되어 있지 않았던 마을에서는 절에서 치

---

[1] 筑摩書房編輯部, 本田宗一郎 － ものづくり日本を世界に示した技術屋 魂, 筑摩書房, 2014.

는 종이 시보(時報) 대신이었다. 정오를 알리는 절의 종소리에 맞춰서 각각의 집이나 학교는 점심시간이 되었던 것이다.

자료: xratingv2.tistory.com

🔷 그림 1-6 혼다 소이치로 소년시절

소이치로는 절에 들어가 마음껏 종을 쳐서 울렸다. 마을의 시간을 앞당겼던 것이다. '벌써 점심때인가'하고 식사준비를 해서 먹기 시작한 가족에게 태연한 얼굴로 소이치로는 배를 채웠다. 당연히 이변을 알아차린 주지를 비롯하여 촌장, 교장 등에게 호되게 야단맞았다.

소년시절에 소이치로가 배양한 정신에 "인간은 누구라도 자유로우며 평등하지 않으면 안 된다."라고 하는 사고방식이 있다. 혼다 가(家)는 솜씨가 좋기로 인정을 받은 직인의 집안이었지만, 금전적으로는 고생을 거듭했다.

가난해서 의복도 만족스럽게 살 수 없고, 변변치 못한 옷의 소맷부리는 콧물이 굳어져서 딱딱하게 굳어 있는 상태였다. 5월 단오 무렵, 유복한 집의 무사 차림의 인형을 보고 싶어서 찾아간 집의 사람으로부터 "너 같이 더러운 놈은 와서는 안 된다."라고 하는 말을 들은 적이 있다.

그때의 분함은 지금도 잊을 수 없다. 돈이 있고 없음으로 차별한다, 왜 그런가 하고 의문을 가졌다. 이것은 나의 사업경영 안에서도, 인간은 누구라도 모두 평등하지 않으면 안 된다고 하는 사고방식에 나타나고 있다.

《하고 싶은 일을 하라(やりたいことをやれ)》중에서)

Chapter 01 | 기술자의 혼 |

그때의 체험을 소이치로는 이렇게 말하고 있다. 소이치로가 초등학교 3, 4학년 무렵, 천장절(天長節, 2차 대전 전에는 일본 왕 생일을 이렇게 불렀다) 날에는 이러한 일도 있었다. 학교에서 식이 있어, 어머니는 소이치로에게 물감이 살짝 스친 것 같은 흐린 무늬가 있는 천으로 만든 옷[2]을 입혀, 자신의 녹색 허리띠를 매어 학교에 보냈다. 소이치로는 우쭐했지만 "너의 허리띠는 여자 것이다."라고 놀림을 당해 울면서 집에 돌아온 것이다.

자료: 24hitomi.or.jp

🌀 그림 1-7 일본 전통패턴(絣, 가스리) 기모노 이미지

"색에 남자의 색과 여자의 색 구별이 있는 것은 이상하다." "인간은 자신의 개성으로 살아가는 것이지, 색이라든가 모습에 좌우되어서는 안 된다."이것도 소이치로의 말이다.

소이치로는 빨간색 셔츠에 노타이가 트레이드 마크로, 공장에서는 일반 사원과 같은 작업복으로 바로 갈아입었다. 옷차림으로 상대를 판단하지 않는 인물관도 소이치로가 아니고서는 할 수 없는 사고방식이다. 인간 각자의 개성을 중요시하는 것과 동시에 "세상 일반의 상식이라고 일컬어지는 것이 과연 사실일까?"라고 의심하는 것도 소이치로가 항상 생각하고 있는 것이었다.

---

2)   일본어 가스리(絣)

자료: g-rexjapan.co.jp

그림 1-8 소이치로의 빨간색 셔츠에 노타이, 트레이드 마크

소년시절의 '발상과 행동'을 잃어버리지 않도록 항상 명심하고, 선입관이나 단순한 지식에 미혹(迷惑)되지 않고 납득이 될 때까지 자신의 머리로 생각하는 습관을, 소이치로는 평생 일관했다.

엔진오일의 냄새에 넋을 잃고

1913년 4월 소이치로는 초등학교에 입학했다. 전쟁놀이를 지휘하는 등 리더다운 모습을 보임과 동시에 각 가정에서 학교에 제출하는 통신란에 찍는 도장을 고무판으로 부지런히 급우들 몫까지 '위조'하는 악동으로서도 알려지고, 공작과 음악은 잘 했지만, 언제나 성적은 갑을병(甲乙丙)의 순서에서 병(丙)뿐인 초등학생이었다.

그러한 소이치로에게 운명적인 만남이 있었던 것은 초등학교 고학년 무렵이었다. 마을에 처음으로 자동차가 찾아왔던 것이다.

그림 1-9 소이치로가 졸업한 초등학교[3]를 방문한 필자(2018년 2월)

자동차의 역사를 살펴보면, 독일의 칼 벤츠(Karl Friedrich Benz)가 가솔린 엔진으로 움직이는 자동차를 발명한 것은 1886년이고, 대중화한 것은 미국의 포드 회사가 값싼 포드 T형을 판매한 1908년의 일이었다.

일본에서는 1898년에 도쿄의 쯔키지(築地)와 우에노(上野) 사이에서 시운전이 이루어졌다. 1915년의 기록에 의하면, 일본 전체에서도 자동차의 등록대수는 약 1,300대에 지나지 않았던 것이다. 확실히 자동차는 특권계급만이 타는 것이 허락된 꿈의 탈것이었던 시대였다.

요란한 엔진 소리를 울리며 푸르스름한 배기 가스를 맹렬히 토해내면서 달리는 자동차가 한적한 마을에 찾아왔던 것이다. 그것은 경천동지(驚天動地)의 사건이었음에 틀림이 없다. 처음 본 엔진으로 움직이는 탈것에 소이치로는 순식간

---

3) 소이치로가 입학할 당시는 진죠소학교(尋常小學校)였는데 그 후 고묘소학교(光明小學校)로 교명이 바뀌었다.

에 매료되어, 엉겁결에 온 힘을 내어 뒤쫓아가고 있었다. 당시의 자동차는 오일이 잘 샜던 모양이다. 소이치로는 코를 지면에 붙이고 개처럼 냄새를 맡는다거나 손에 기름을 묻혀서 냄새를 가슴 가득히 들이마셨다. 그리고 언젠가는 자동차를 만든다고 하는 꿈이 부풀고 있었던 것이다.

  의식이 몽롱해지는 듯한 기분이 되어 넋을 잃고 기름 냄새를 맡은 소이치로는 그 동경을 현실의 것으로 만들어간다. 마을에 두 번째 자동차가 왔을 때는, 그 자동차의 뒤에 뛰어올라 타는 행동으로 나왔다. 이때는 운전수가 눈을 부라려 노려보는 바람에 뛰어내려 지면에 심하게 내동댕이쳐지는 체험도 하였다. 마음먹으면 곧 행동으로 옮기는 소이치로다운 소년시절은 귀중한 체험의 연속이었다.

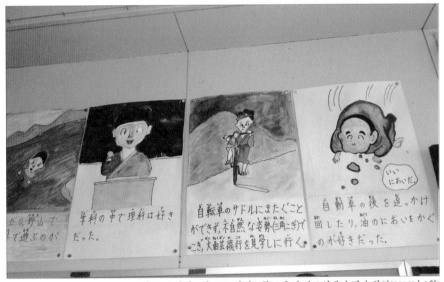

자료: 소이치로의 모교 광명소학교 혼다 자료실에서 필자 촬영(2018년 2월)
🔷 그림 1-10 소이치로가 코를 지면에 붙이고 개처럼 냄새를 맡는 모습을
현재의 광명소학교 학생이 그린 그림(오른쪽)

소년의 마음에 충격을 준 비행기 쇼

1917년 소이치로가 초등학교 5학년이 되었을 때, 그 뒤 반생(半生)에 영향을 미치게 되는 큰 사건이 있었다.

소이치로는 마을에서 20km 앞에 있는 하마마쓰 보병연대의 연병장에 자전거를 몰고 갔다. 어른의 자전거 안장에 걸터앉으면 다리가 닿지 않아, 한쪽 다리를 꺾어 빗장처럼 지르고, 쉴 새 없이 다리를 움직이며 자전거에서 떨어지지 않으려고 한 손은 안장을 감싸 안고, 겨우 다른 한 손으로 핸들을 움켜쥐고 달리는 모습을 상상할 수 있겠는가. 그렇게 소이치로는 필사적으로 페달을 밟았다. 그의 손은 아버지의 지갑에서 슬쩍 훔친 일전짜리 동전 두 개를 움켜쥐고 있었다.

　아직 가본 적도 없는 하마마쓰까지 소이치로를 달리게 한 것은 '아트 스미스의 대곡예 비행'이라고 이름을 붙인 비행기 쇼가 열리고 있었기 때문이었다. 아트 스미스(Art Smith)는 연속 22회 공중회전의 세계기록을 수립한 미국인 비행가로, 자전이나 그 비행풍경이 다큐멘터리 영화로 되어 공개되는 등 일본에서도 인기가 비등하고 있었다. 소이치로는 앉으나 서나 들뜬 기분에 서둘러 학교를 빼먹고 집을 뛰쳐나왔던 것이다.

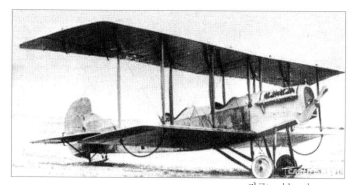

자료: m.blog.daum.net

🏵 그림 1-11　당시 아트 스미스가 탔던 커티스 쌍엽기

　20km의 험로를 필사적으로 계속해서 페달을 밟은 소이치로는 한나절 걸려서 연병장에 도착했다. 수만 명이 모인 회장은 이미 처음 보는 비행기에 흥분한 사람들의 열기에 싸여 있었다. 그러나 소이치로가 쥐고 있던 2전으로는 입장요금이 부족했다. 2전이면 충분하다고 생각하고 있었던 것은 큰 오산으로, 10전의 입장료가 필요했던 것이다.

자료: projei.tistory.com

🔷 그림 1-12 스미스의 생전 모습

회장에는 높은 울타리가 둘러쳐져 있었다. 눈으로 비행기가 나는 모습을 보고 싶던, 소이치로는 울타리의 옆에 서 있는 소나무를 점찍었다. 재빨리 소나무에 기어올라 연병장을 바라볼 수 있는 장소를 확보하자, 가까이 있는 소나무 가지를 이용해서 자신이 눈에 띄지 않도록 위장했다.

사냥 모자를 뒤로 쓰고 고글을 쓴 아트 스미스는 새빨간 커티스 쌍엽기에 경쾌하게 올라타자, 폭음을 울리면서 하늘을 향해 날아올랐다.

연속 공중회전, 파상비행(波狀飛行), 역전비행(逆轉飛行) ……, 차례차례 아트 스미스는 아슬아슬한 비행을 하늘에 펼쳐 보인다. 지상에 닿을락 말락 하게까지 비행기의 기수를 아래로 하고 나사선을 그리며 급하강하는 고등 비행술을 펼쳐 보이자, 연병장은 비명에 둘러싸였다. 마지막은 관객들의 아주 가까운 곳을 초저공비행으로 일주하고, 비행 쇼는 박수갈채와 환호성 속에 막을 내렸다.

흥분이 가라앉지 않은 채 소이치로는 자전거를 타고 귀가 길을 서둘렀다. 돌아가는 길은 오르막길이 많아 얼마만큼 시간이 걸릴지 일몰 시간과의 경쟁이었다.

드디어 집에 도착한 소이치로였지만, 이번에는 무단히 자전거를 갖고 집을 뛰쳐나간 것에 대한 대가가 기다리고 있었다.

즉시 아버지로부터 벼락이 떨어졌다. 그러나 정직하게 비행 쇼를 보러 갔다는 사실을 털어놓자, "음, 그래." 매우 야단맞을 것으로 생각하고 있던 소이치로도 김이 빠졌다. 그렇기는커녕 오히려 비행기의 엔진에 관한 것 등 아버지의 질문 공세가 이어졌다. 부친도 기계를 좋아할 뿐만 아니라 호기심이 왕성한 탓에 소이치로의 행동을 인정하는 어버이 마음이 있었던 것이다.

그리고 나서 소이치로는 아버지가 가지고 있던 낡은 사냥 모자를 졸라서 물려받아, 앞뒤를 바꿔 쓰고, 철사와 판지로 만든 고글(goggle)을 쓰고 비행사인 체하며 자전거에 대나무 프로펠러를 붙이고 돌아다녔다고 한다.

자료: carlife.net

🔅 그림 1-13 비행사를 꿈꾸는 영원한 소년 소이치로

소이치로의 비행기에 대한 꿈은 중단되지 않고, 도쿄의 자동차 수리점에서의 수업시절에, 치바에 있던 비행연습소에 들어가려고 한 적도 있었다. 아버지의 승낙서가 필요하기 때문에 받으러 갔더니, 아버지에게 "수업 중인 몸으로 무슨 생각을 하고 있는 거야."라고 질책을 받고 단념했다.

나중에 혼다기연공업(本田技研工業) 설립 후, 당시 주류였던 대형 선전 카로 전국 각지를 도는 방법에 만족해하지 않고, 소이치로는 파이파 체로키라고 하는 소형기를 구입해서 하늘에서의 선전을 실시했다. 그 무렵, 자가용 비행기를 보유하고 있는 것은 민간으로서는 신문사 정도였던 시대이다.

자신도 비행기의 조종면허를 가지고, 혼다의 지방공장 시찰 등에도 자가용 비행기를 왕성하게 활용했다. 소이치로의 비행기에 대한 꿈은 혼다항공의 설립을 비롯하여 '혼다제트'의 개발까지 계속해서 그치지 않고 이어져 가게 된다.

자료: saiaku.tistory.com

그림 1-14 혼다 경비행기 제트

일본은 경차가 많이 발달되어 있다. 그래서 그런지 혼다에서 나온 경비행기가 주목을 받고 있다. 이름은 혼다제트, 혼다는 소형 비즈니스 제트기의 개발을 추진해 왔다. 처음에는 이륜 자동차 오토바이를 시작으로 한 혼다가 과연 비행기를 만들 수 있을까? 세간에서 많은 의문을 가졌다. 자동차 회사가 비행기를 만든 일은 없었기 때문이다. 항공기 산업은 기체와 엔진의 개발, 생산의 거주지 분리가 진행되고 있다. 미국 보잉과 같은 항공기 제조업체는 항공기 엔진을 생산하지 않는다. 혼다처럼 모두 개발하고 생산하는 민간 기업은 세계에 그 예가 없다.

소이치로의 꿈은 과연 어디까지 펼쳐질 것인가?

3. 도쿄에서의 수업시절, 동경했던 자동차 수리의 길

초등학교 졸업 후, 소이치로는 인근 마을의 진죠고등소학교(尋常高等小學校)에 입학한다.

그러나 학교의 수업에는 흥미가 없고, 자기가 직접 만든 증기기관을 공개해서 인기를 얻는 등, 물건 만드는 것에 대한 흥미만 왕성했던 소이치로에게는 중학교에 진학할 계획 같은 것은 전혀 없다. 학업이 싫고 좋아하는 학과가 공작과 미술 그리고 음악이라고 공언하고 있었으므로, 상급학교를 희망하는 대목에서 무리한 이야기라고 스스로 느끼고 있던 것이다.

소이치로의 학력무용론은 회사설립 후나 입사나 인사 등에서도 일관되고 있는데, 고등소학교를 졸업하자 곧 자신이 하고 싶은 일을 찾았다. 그 전에 미래를 파악한 기업가정신(起業家精神)은 소이치로 자신의 기질이었음과 동시에 그가 자란 하마마쓰라고 하는 고장의 풍습에도 연유가 있는 것 같다.

하마마쓰[4]를 중심으로 하는 엔슈(遠州) 지방은 그 세계에서 독자적인 존재를 확립한 글로벌 규모의 기업가나 발명가를 다수 배출하고 있다.

자동직기(自動織機)를 발명한 도요타 사키치(豊田佐吉), 도요타 자동차의 창업자인 도요타 기이치로(豊田喜一郎), 일본 국산 제1호 오르간을 생산한 야마하 도

---

4) 하마마쓰 시(浜松市)는 시즈오카 현 서부에 있는 시이다. 2005년 7월 1일, 시즈오카 현 서부에 있던 11개 시정촌을 편입함으로써 현 내에서 가장 인구가 많은 도시가 되었다. 시즈오카 현의 현청은 시즈오카 시에 있으나 하마마쓰 시는 시즈오카 시보다 평지가 넓고 공업도시이어서 오랫동안 시즈오카 현에서 가장 인구가 많은 도시였다. 2003년에 시즈오카 시가 시미즈 시와 통합함으로써 하마마쓰 시의 인구를 추월했으나 2005년의 11개 시정촌 편입으로 하마마쓰 시가 다시 시즈오카 시를 추월했다. 또한 이번의 편입으로 현 내에서 가장 넓은 면적을 차지하게 되었다. 일본 국내에서도 기후 현 다카야마 시(高山市) 다음에 두 번째로 넓다. 그 행정구역은 태평양 연안에서 아이치 현 및 나가노 현과의 경계선까지 이어지는 남북으로 긴 구역이며, 산간 지역도 많다. 인구가 80만 명을 넘어 시즈오카 현에서는 두 번째로 정령지정도시 승격을 요청했으며, 2007년 4월 1일부터 정령지정도시가 되었다. 일본 조기경보기 E-767이 배치된 하마마쓰 공군기지가 있다.

라쿠스(山葉寅楠), 그랜드 피아노의 가와이 고이치(河合小市), 스즈키직기(鈴木
織機)의 스즈키 미치오(鈴木道雄), 경자동차 스즈라이트의 스즈키 슌조(鈴木俊
三), 최초 국산 여객기의 후쿠나가 아사오(福長淺雄)[5], 일본의 TV 기술의 아버지
다카야나기 겐타로(高柳健次郎)[6] 등 기라성 같은 기업가들이 이 지방 출신이다.

자료: hamamatsu-daisuki.net

◈ 그림 1-15 자동직기를 발명한 도요타 사키치

◈ 그림 1-16 하마마쓰를 중심으로 하는 엔슈(遠州) 지방

---

5)   후쿠나가 비행기제작소 설립자
6)   일본 Victor의 설립자

이들의 공통점은 도요타 기이치로(豊田喜一郎), 다카야나기 겐타로(高柳健次郎) 이외는 모두 고학력이 아니라는 점이다. 독립독보(獨立獨步)의 기풍이 강한 그 고장의 풍습이 일찍이 실사회에 나가 실적을 쌓고, 독자적인 기술이나 재능을 꽃피웠다고 할 수 있을 것이다.

졸업이 임박한 어느 날, 잡지를 읽고 있던 소이치로는 하나의 광고에 눈이 멈추었다. '자동차 오토바이 가솔린기관 제작수선 아트 상회'

소이치로가 동경을 숨겨왔던 '일'이 거기에 있었던 것이다. 게다가 초등학교 시절에 그 비행 쇼에 감격한 아트 스미스와 같은 이름이 아닌가. 그 아트 상회가 '견습 점원'[7]을 모집하고 있다. 소이치로는 '바로 이거야!'라고 마음속에서 크게 소리질렀다.

재빨리 아트 상회에 제자 입문 희망의 편지를 써서 보내자, 싱겁게도 채용한다는 답장이 도착했다. 어머니는 상경에 반대했지만 소이치로는 새로운 세계에서 살기로 결심했다. 그러한 소이치로에게 아버지는 이러한 말을 해주었다.

"무엇을 하건 자유이지만 다른 사람에게 폐를 끼치는 일만은 하지 마라.", "어른이 되어서도 노름만은 하지 마라. 그것은 버릇이 된다. 마약과 마찬가지이다.", "시간을 소중히 여겨라. 시간을 유효하게 쓰느냐 낭비하느냐로 인생은 정해진다."

〈소이치로·창업 전의 에피소드(宗一郎·創業前のエピソード)〉本田社報)

마지막으로 아버지가 자식을 향해서 해준 말은 소이치로의 그 후 행동과 장래에 큰 영향을 미치게 된다.

1922년 16세의 소이치로는 버들고리[8] 하나를 메고 기차를 타고 아버지와 함께 도쿄 여행길에 올랐다.

---

7) 뎃치(丁稚)라고 하여 최하위 점원의 호칭으로 지금은 쓰지 않음
8) 고리버들의 가지로 엮어 만든 옷 넣는 상자

자료: newscj.com

🏵 그림 1-17 버들고리

소이치로와 아버지에게 있어서 도쿄는 처음 가는 곳이었다. 도쿄역에 내린 두 사람이 놀란 것은 먼저 자동차가 많다는 사실이었다.

자료: m.blog.naver.com

🏵 그림 1-18 1914년 준공된 도쿄역

꿈에 그리던 자동차들이 눈앞에서 어지럽게 달리고 있었다. 소이치로는 잠시 자동차가 내뿜는 가스의 냄새를 가슴 가득히 들이마시면서 아버지를 따라 걸어 갔다. 그렇게 아트 상회에서의 견습 점원 생활은 시작되었다.

4. 최초의 꿈, 독립을 하다

아트 상회에 입사해서 6년째 되는 봄, 1928년 22세의 소이치로는 독립의 때를 맞이한다. 당시의 직인(職人)이 업무를 기억해서 독립하는 시스템은 고등소학교를 졸업하고 군대에 들어가는 20세 징병검사까지의 5년간을 견습 점원으로서 일하는 것이었다. 징병검사를 받으면 병역에 복무하고 병역기간이 끝나면 독립할 수 있었다. 병역에 복무하지 않은 경우는 무보수 봉사를 이어서 1년 근무한 후에 독립하는 것이 허용되었다.

소이치로도 20세 때에 징병검사를 받았는데, 색각장해로 병역부적합자가 되어, 1년간 견습 점원을 계속한 다음에 독립할 수 있었다.

나중에 자신의 색각장해는 잘못된 것으로 판명되었지만, 1937년부터 중일전쟁이 시작된다. 그로부터 1945년까지 일본은 전쟁의 시대에 돌입하여 많은 젊은이가 전장에 끌려가서 목숨을 잃은 것으로 따지면, 자신의 꿈에 끊임없이 도전한 소이치로의 청춘시대는 행운이었다는 것은 확실하다.

자료: blog.hani.co.kr

🏵 그림 1-19 혼다 소이치로가 22세에 독립하여 설립한 아트 상회 하마마쓰 지점

소이치로는 하마마쓰에서 아트 상회 하마마쓰 지점을 설립한다. 도쿄에서 성공한 아트 상회의 '지점 설립'⁹⁾이 가능했던 것은 특별한 경우이다. 많은 제자가 독립하더라도 회사명을 자기 이름으로 쓰는 것은 소이치로 한 사람뿐이었다는 사실로도 알 수 있다.

수리공을 한 사람 거느린 두 사람뿐인 회사였다. 개점 당초는 '풋내기 회사'라고 해서 고객도 적었지만, 머지않아 그 솜씨를 인정받자 번성하는 가게가 되어 갔다.

그 일은 독창적이었다. 단순한 수리에 그치지 않고, 독자적인 기술로 새로운 일을 창조하고 있었던 것이다. 다른 수리회사가 감당할 수 없는 자동차를 해체하여 대장일, 선반, 판금 등의 전문 직인을 총동원해서 조립해 버리는 일도 거뜬히 해냈다. 엔진의 점화에 필요한 카본 브러시의 심지가 마모된 자동차를 수리했을 때는, 연필의 심을 깎아내어 버너로 구어서 만들어버렸다고 하는 이야기도 남아 있다.

"혼다네 가게에서는 무엇이든지 바로 고친다."

이러한 소문이 서서히 퍼져, 아트 상회 하마마쓰 지점의 이름은 유명해졌다. 견습 점원 시대에 습득한 독자적인 기술도 도움이 되었다.

당시, 발전에 쓰이는 다이나모는 상태가 나빠진 것을 새로 바꾸어 감아서 쓰는 일은 없었지만, 소이치로는 몇 번이고 실패를 거듭해서 다른 것으로 바꾸어 감아서 재생하는 데 성공하여, "다이나모를 새로 바꾸어 감는 것은 아트 상회에서밖에 안 된다."고 평판이 났던 것이다. 또한 당시, 별로 실행되지 않았던 산소용접으로 포드의 펜더를 자작해서 불티나게 팔린 적도 있었다.

---

9) 일본어 '노렝와께(のれんわけ)'로 오랫동안 근무한 점원에게 분점을 차리게 하는 것을 가리킨다. 같은 옥호를 쓰게 하며 거래처도 나누어 준다.

자료: sfdirect.tistory.com

❁ 그림 1-20 자동차 측면부 용어

트럭의 바디를 해체해서 소방차나 유압식의 덤프카로 개조, 더 나아가 영구차까지 자작하는 등, 필요한 것이 없으면 재빠르게 스스로 만들거나 다른 자동차로 바꾸어 만들어버리는 등 독자적인 재치와 도전이 있었다. 창의고안과 그 솜씨의 훌륭함, 수리의 속도로 소이치로의 아트 상회 하마마쓰 지점은 평판이 좋아져 갔다.

수리업에서 제조업으로 내디딘 꿈의 첫걸음

1935년 29세가 된 소이치로는 생애의 반려자를 맞이하였다. 9살 아래인 20세였던 이소베(磯部) 사치와의 결혼이다. 사치는 이와다(磐田)의 유복한 농가의 딸로 태어나 시지오카 현립 고등여학교를 졸업한 후, 전수과(專修科) 2년도 마치고 초등학교 교사를 하고 있었다. 당시로서는 높은 교육을 받은 여성으로 살갗이 희고 총명한 타입이었다.

사치 자신도 소이치로와 같은 호기심과 행동력을 마침 가지고 있었다. 자신이 테스트 드라이브나 시범을 보이는 역할을 하고 신제품을 타고 거리를 달리는 일도 있었다. 자동이륜, 사륜, 더 나아가 경비행기의 면허까지 스스로 취득하는 등, 무슨 일이든 적극적인 여성이었다.

남보다 더 한층 완고하고 융통성이 부족한 면이 있고, 어린애와 같이 고집이 세고 성미가 급해서 다른 사람을 곤란하게 하는 일이 많았던 소이치로에 비해서, 사치 부인에게는 '교장선생님'이라고 하는 호칭도 있었다고 한다. '응석받이'를 상냥하게 지켜보고, 때로는 능숙하게 궤도수정한 적도 있었던 사실로부터 얻은 별명이다. 생애의 좋은 파트너와의 만남도 소이치로의 도전 인생에 있어서 행운의 사건이었다.

자료: 광명소학교 혼다 자료실에서 필자 촬영(2018년 2월)
🔶 그림 1-21 소이치로와 사치의 결혼식 사진

일상적으로 결혼이라고 하는 안정을 손에 넣은 소이치로이지만, 현재의 자신에게 만족하지는 않았다.

수리(修理)는 어차피 수리에 지나지 않는다. 경험만 쌓으면 누구라도 가능한 일이다. 그러므로 이것에 일생을 허비하는 것은 정말 터무니없다. 인간으로서 태어나서 살아 있는 한, 이왕 할 바에는 자신의 손으로 무엇인가를 만들자. 창의 고안하고 사회에 도움이 되는 것을 만들어야 할 것이다.

《스피디하게 산다(スピードに生きる)》중에서)

자료: pinterest.com

🏵 그림 1-22 소이치로의 아내 혼다 사치

일이 궤도에 오르자, 큰돈을 벌게 되어 화려한 유흥도 가능하게 되었지만, 그 다음에는 과연 무엇이 있을까. 소이치로는 강렬한 자기불신과 이대로 있는 것에 대한 불만을 느꼈던 것이다.

자신의 손으로 무엇인가를 만들어 냄으로써 자신이 목표로 해야 할 미래가 보인다. 꿈을 실현하는 것이 자신이 나아가야 할 길이라는 것을 알았던 것이다.

새로운 일을 모색하고 있던 소이치로가 여러 가지 중에서 특별히 뽑아낸 것은 '피스톤 링'이었다. 피스톤 링은 엔진 내 피스톤의 일부로, 가솔린이 기화한 가스를 밀폐하여 피스톤 내에 윤활유가 들어가지 않도록 하는 중요한 부품이다. 피스톤 링이란 자동차나 이륜 자동차 등의 엔진 피스톤과 실린더 사이에 설치되는 링 형상의 금속이다. 밀봉성 확보, 엔진오일 컨트롤에 의한 마찰 저감, 피스톤의 열전도에 의한 냉각 등의 기능이 있어 내연기관에 반드시 필요한 부품이다. 하나의 피스톤에는 기밀용, 마찰저항감소용, 오일낙하용의 세 가지 링이 장착되어 있다.

🕸 그림 1-23 피스톤 링 이미지

재료가 저어도 되는 코스트가 들지 않는 것인데, 정밀도가 문제시되는 부품이다. 거기에 소이치로는 수리업에서 제조업으로 도약하는 찬스가 있다고 생각했다. 이것은 상당히 어려운 일임에 틀림이 없다고 알고 있었지만, 그거라면 오히려 보람이 있다고 자신을 격려하고, 여하튼 이 곤란한 일을 선택할 결심을 했다.

소이치로는 돌진한다. 엔진 부품 중에서도 난관이 있는 피스톤 링은 외국제의 물건도 불완전한 것이 많고, 국산품의 연구도 막 시작한 것이었다. "이거라면 돈을 벌수 있겠다."라고 하는 계산도 소이치로에게는 있었다.

당시의 일본은 군국화(軍國化), 국산화의 움직임이 증가해서 엔진의 피스톤 링도 국산화가 급선무라고 하는 상황이었다. 성능이 좋은 것이라면 '금값에 팔린다.'고 일컬어지고 있었다. 더욱이 전시 체제의 기운이 강하여 물자의 통제도 엄격해져서, 재료가 적어도 가능한 사업이 요구되고 있다고 소이치로는 눈치챘다.

🕸 그림 1-24 1937년 '동해정기중공업주식회사'를 설립

1936년 소이치로는 아트 상회 하마마쓰 지점과는 별도로 아트 피스톤 링 연구소를 만들어, 피스톤 링의 연구를 시작했다. 그리하여 다음해에는 사업을 피스톤 링의 제조로 범위를 좁힌 동해정기중공업주식회사(東海精機重工業株式會社)를 설립한 것이다.

28세에 학교에 다닌 소이치로

    우선은 주물(鑄物)을 모르고서는 안 된다고 생각하여 소이치로는 그 고장 주물 회사에 상담하러 갔다. "도중에 하려고 하니 그렇게 간단히 될 리가 없다. 역시 고용살이하지 않으면 ……"

    회사 주인의 대답은 쌀쌀한 것이었다. 이미 피스톤 링을 만들기 위한 기계도 구입해 있다. 사원을 50명이나 데리고 있으므로, 이 사업은 절대로 성공시키지 않으면 안 되는 것이다. 소이치로가 생애 가장 심혈을 기울이고 밤낮없이 계속해서 고심한 것은 이 무렵이었다. 저금도 바닥나고 아내 사치가 자신의 의복 등을 전당포에 맡기고 돈을 빌리는 생활이 계속되었다.

    어떻게 해서든지 자신의 회사를 제조업으로 전환하려면, 피스톤 링의 자사개발이 필요했다. 스스로 주물의 연구에 매진하고 공장의 화롯가에 돗자리를 깔고 옷 입은 채 아무데서나 쓰러져 자는 하루하루가 계속되었다.

    그래서 소이치로가 깨달은 것은 '하나부터 배우는 것'이었다. 생각이 떠오르자 한눈도 팔지 않고 목적을 향해 일직선으로 진행하고자 하는 소이치로 천성의 강렬한 의지가 있었다.

    주물의 기초를 알고자 그 고장에 있는 하마마쓰 고등공업학교(현재의 시즈오카대학 공학부)의 다시로(田代) 교수에게 가르침을 청하여, 소이치로의 피스톤 링에 대한 도전이 본격화되었다.

    다시로 교수가 소이치로의 피스톤 링을 분석하자, 피스톤 링의 주조에 필요한 망간, 인 등의 비철 원소 중 실리콘이 부족한 것을 알았다.

    "그것도 모르고 만들려고 하고 있었나. 이러한 것은 금속재료의 초보이다."라고 하는 말에, 새로운 사업에 대한 강한 의욕은 있더라도 자신이 무지하고 연구

도 헛수고였다는 것을 뼈저리게 느끼게 되었다. 그것은 머리를 해머로 얻어맞을
정도의 충격이었다.

🔹 그림 1-25 멀리 후지산이 보이는 시즈오카대학 캠퍼스

기초부터 다시 할 것을 명심한 소이치로는 이미 청년실업가로서 하마마쓰에서
는 알려진 존재였음에도 불구하고, 28세에 학생이 될 것을 결심했다.

소이치로는 청강생이 되어 학교에 다니기로 했던 것이다. 도보로 등교하는 학
생이나 교수들을 무시하고 경쾌하게 닷선(Datsun)을 타고 통학하는 소이치로는
금세 주목의 표적이 되었다.

진지하게 수업 노트를 필기하는 학생들에 섞여서 소이치로의 머리에 있는 것
은 피스톤 링뿐이었다. 시험도 치지 않은 소이치로는 2년이 지나자 퇴학을 선고
받고 만다. 이유는 '시험을 치지 않은 자에게 졸업장은 줄 수 없다.'였다. 그러나
소이치로는 그것을 문제시하지도 않고 이렇게 잘라 말했다.

"나와 같이 실제로 일을 가지고, 학문을 직접 일에 적용하고 싶다고 원하는 남
자에게는, 졸업장 따위 필요없는 것이다.", "내가 원하는 것은 졸업장이 아니다.
피스톤 링을 만드는 방법이다.", "월사금을 내지 않아도 된다."

소이치로는 교장의 명령을 무시하고 학교에 계속해서 다녔다. 드디어 자신이
만족할 수 있는 피스톤 링이 완성되어, 아트 상회를 제자에게 물려주고, 동해정
기의 피스톤 링 제조에 집중하게 된다.

자료: ilbe.com

🔷 그림 1-26 동해정기중공업의 사내에서 연구에 몰두하는 소이치로

피스톤 링을 완성시킨 '일본의 에디슨'

간신히 자사 제품이 만들어지긴 했으나 곧 회사가 순조롭게 된 것은 아니다. 도요타자동차로부터 대망의 3만 개 피스톤 링의 주문이 들어와, 기사회생의 찬스라고 생각했다. 그러나 납품 전의 품질검사에서 견본의 50개 중 47개가 불량품이라고 하는 최악의 결과가 나왔다.

그러나 소이치로는 좌절하지 않았다. 실패의 원인이나 모르는 것이 있으면, 그 분야의 전문가, 달인에게 가르침을 청하는 하루하루가 시작되었다.

일본 각지의 대학, 모리오카 지방 특산 쇠주전자의 명인 등 만나고 싶은 사람이 있으면, 소이치로는 주저하지 않고 그 사람이 있는 곳을 방문했다. 금속학에 강하다고 들으면 도후쿠대학(東北大學)에, 포신(砲身)제작기술의 평판을 듣고 무로란(室蘭)제철소로 달려갔다. 가마솥 밑에 직접 불을 때는 무쇠 목욕통(五右衛門風呂, 고에몬부로) 명인에게 주물의 비법을 들으러 간 적도 있다. 소이치로가 생애를 통해서 자신의 꿈을 전진시킬 수 있었던 비밀이 여기에도 있다.

결국 나의 특징은, 사실대로 터놓고 누구에게서라도 들을 수가 있다고 하는 것은 아닐까 라고 생각한다.

《혼다 소이치로로부터의 편지(本田宗一郎からの手紙)》 중에서)

자료: pinterest.jp

🔷 그림 1-27 동해정기중공업 사장 시절의 소이치로

소이치로가 말한 자기자신의 특징이다. 모르는 것은 알고 있는 사람에게 가르침을 청한다. '보거나 듣거나 시도하거나'를 실행하면서, 그것을 종합하여 자신만의 것으로 한다고 하는 소이치로의 사고방식이었다.

학교에 다니고 있지 않다는 것을 확실히 명분으로 내세우고 있으므로, 모르더라도 이상할 것은 없다. 그러므로 구애받지 않고 누구에게라도 기꺼이 물을 수 있다. 해내지도 못하면서 굳이 학교에 가 있으면, 이런 것도 모르고서는, 누군가에게 웃음을 사기 십상이다. 그러므로 탁 터놓고 남에게 물을 수 없다. 그래서 무리를 한다. 다른 사람에게 물으면 곧 파악할 수 있는 것을 좀처럼 파악할 수 없다. 이런 불경제적인 일은 없다.

《혼다 소이치로로부터의 편지(本田宗一郎からの手紙)》중에서)

2년 가까이 시련의 나날을 보낸 소이치로는 간신히 생산기술을 확립하고, 도요타자동차나 전투기 등을 제작하고 있던 나카지마(中島)비행기에 피스톤 링을 납품할 수 있게 되었다. 이 사이에 피스톤 링을 여자 공원도 제작할 수 있도록 자동식으로 개량하는 등, 나중에 오토바이의 대량생산을 할 때에 큰 힘이 되는, 작업을 단숨에 합리화하는 기술도 이때에 개발하고 있다.

자료: 筑摩書房編輯部, 前揭書, p.65.

🔷 그림 1-28 사원 2천 명을 고용한 큰 공장 동해정기중공업 사장 시절의 소이치로

    일본악기제조(야마하)의 공장에서 비행기용의 목제 프로펠러를 대량생산하는 자동절삭기도 이 무렵, 소이치로의 손으로 개발되었다. 당시의 사장 가와카미 카이치(川上嘉市)가 소이치로를 "일본의 에디슨이다."라고 말한 것도 이 무렵이다.

    그러나 제2차 세계대전의 전운이 몰려오고 있었다. 물자부족으로 무엇이든 부족한 시대가 되어 있던 것이다. 그 와중에서 소이치로는 "불가능에 도전하는 사람에게는 무슨 일이라도 가능하다."고 계속해서 믿고, 공작기계는 물론 자사의 공장을 만들기 위해서 스스로 시멘트를 만들어 기초공사부터 시작하여, 비누 등의 생필품을 자작하고 유리도 용광로를 만들어 자작하고자 했다.

    소이치로에게는 로빈슨 크루소처럼 고도에 흘러가도 꿋꿋이 살아나가는 기개나, 물이 없는 기와 위에 씨를 뿌리더라도 싹이 나오고, 꽃을 피울 자신이 있었다.

    제조업에 있어서 극도로 곤란했던 시대에도 불구하고, 피스톤 링 관계의 특허 28건, 기타를 포함해서 40건 이상의 특허를 취득하여, '에디슨'의 이름이 더욱 높아진 것도 이 무렵이었다.

    피스톤 링을 양산하는 데 성공한 동해정기는 본격적으로 제조업의 길을 걷기 시작했다. 그러나 1941년 태평양전쟁이 시작되자, 모든 통제가 강해지게 된다.

군수성의 알선도 있어서 동해정기에 도요타의 자본이 들어와, 비행기의 엔진, 선박, 트럭의 부품 등 점점 더 생산이 본격화되었다. 그러나 제조업이 되는 것을 목표로 종업원도 2,000명을 초과하는 규모로까지 자신의 회사는 발전했지만, 군수공장의 톱니바퀴가 된 것과 다름없었다.

전황이 악화하는 한편, 소이치로의 회사도 큰 타격을 입는다. 하마마쓰는 군수공장이 모이는 도시였기 때문에 미군의 심한 공습을 받는다. 종전의 직전에는 대지진이 동해지방을 덮쳐서 공장은 쓰러지고 공작기계 등도 큰 피해를 입었다. 더욱이 계속되는 공습과 함포사격으로 괴멸적인 참상 속에서 소이치로는 종전을 맞이했다.

5. 제로에서의 출발과 꿈의 실현

1945년 일본의 패배로 전쟁은 끝났다. 쓰레기의 거리가 된 하마마쓰에서 39세가 된 소이치로는 모든 것을 잃었다. 2천 명 정도 있던 종업원은 300명 정도로 감소했는데, 살기 위해서는 무엇인가를 하지 않으면 안 되었다.

자료: speciallotto.tistory.com

🔅 그림 1-29 공식적으로 태평양 전쟁과 제2차 세계대전의 종전을 알리는 장면

동해정기가 그 경영의 중심으로 하고 있던 피스톤 링은 군수제품으로서의 역할이 끝나고, 괴멸적으로 된 공업계에서의 수요는 완전히 없어져버린 것이다. 그때 동해정기의 주주인 도요타로부터 부품의 납품을 요구해왔다. 확실히 술 익자 체 장수 가는 격이었다. 그러나 소이치로에게는 전시 중에도 머리 한 구석에서 떠나지 않고 있던 생각이 있었다.

피스톤 링의 제조로 동해정기는 크게 성장했지만, 전력으로 자신의 생각을 관철하는 '모노즈쿠리'[10]는 아니었던 것이다. 하청의 입장에서 상대편이 말하는 대로 물건을 만드는 데에 진절머리나는 구석이 있었다.

또한 당시는 GHQ(연합국총사령부)의 재벌해체 지령으로 도요타도 해체된다고 하는 소문도 있었다. 그래서 그 신청을 단호히 거절하고, 그렇기는커녕 오히려 동해정기의 주식을 모두 도요타의 자회사인 도요타직기(豊田織機)에 매도해버렸던 것이다.

이제 도요타의 지령을 받는 것은 싫고, 나는 산송장이 되고 싶지 않다. 또한 창살 없는 감옥에 들어가는 것도 싫으므로, 나는 나의 개성으로 일을 한다고 하는 생각이 있었다. (《스피디하게 산다(スピードに生きる)》 중에서)

자료: blog.naver.com

그림 1-30 나의 길을 간다!

---

10) 물건을 만드는 것. 특히, 숙련된 기술자가 그 뛰어난 기술로 정교한 물건을 만드는 것을 일컫는다.

소이치로는 결단을 내리고, 자기만의 길을 모색하기 시작한다. 자신이 만들고 싶은 것만을 만들고 싶다. 전쟁이 끝났으니 자신이 하고 싶은 것을 전신전령(全身全靈, 몸과 마음 전부)으로 추구하고 싶다고 생각했던 것이다.

주식의 매각으로 얻은 자금은 45만 엔이었다. "자, 이제부터 무엇을 할까?"하고 여러 가지 생각했는데, 좀처럼 묘안은 떠오르지 않는다.

종전에 의해서 모든 가치가 무너지고 민주주의 세상이 되었다. 그때까지 나라에 복종하여 나라를 위해서 군수산업에 협력해온 소이치로인데, 그 길이 부정되었던 것이다.

소이치로는 민주주의라고 하는 것을 모른다. 이러한 때에 자신의 생애를 다할 일을 정해야 좋지 않을까? 그렇게 생각한 소이치로는 스스로 '인간휴양(人間休養)'을 선언하고, 그로부터 약 1년 동안 생애 중에서 공백이 된 시간을 보내게 된다.

이때는 조급하게 굴어도 하는 수가 없다. 이와타(磐田)에 있던 알코올 공장에서 의약용 알코올을 드럼통으로 사들여서 자가용 합성주를 만들어, 친구를 모아 술에 빠져 지내는 시기를 보내기 시작했다. 이와타에 생긴 경찰학교에서 과학기술 담당의 촉탁이 되었지만, 이것은 무급으로, 자신이 만든 합성주를 손에 들고 가는 놀이터로 여겼던 것이다.

아내 사치를 비롯하여 주변 사람들은 소이치로는 패전의 충격으로 사업의욕을 잃고, '얼빠져버린 것이 아닐까'하고 걱정하기 시작했다.

그러나 소이치로는 이 시기를 단지 무위하게 보낸 것은 아니다. 민주주의란 '남에게 명령받지 않는 것이다.' 라고 소이치로는 자기 나름으로 민주주의를 느끼고 있었다. 또한 급격히 변해가는 시대의 움직임도 피부로 포착하고 있었던 것이다.

하마마쓰에도 찾아온 진주군 미국 병사들의 모습은 소이치로의 눈을 크게 뜨게 했다. 말쑥한 군복을 몸에 걸친 그들이 타고 온 지프차나 군용 트럭의 실물을 볼 때에 일본과 외국과의 사이에 있는 압도적인 기술격차나 생산성의 차이에 놀랐던 것이다.

자료: snacker.hankyung.com

🔯 그림 1-31 1940년대 미군의 윌리스 지프 MB모델

확실히 일본은 뒤져 있다. 그러나 기술력이나 물량은 절대적인 것이 아니다. 조건이 갖추어지면 언젠가 일본인 독자적인 것도 만들 수 있음에 틀림없다. "지금은 똑똑히 세상을 바라보고 가능한 것부터 꾸준히 해 나가자."라고 하는 기분이 부글부글 끓어올랐다.

소이치로는 물자부족으로 소금이 귀중했던 사실로부터, 하마마쓰의 해안에서 전기제염(電氣製鹽)하여 쌀로 교환하는 일을 시작했다. 회사도 조금씩 부활해 갔다. 전시 중에도 했듯이 공장의 재개를 목표로 해서 스스로 콘크리트를 만들어 다시 기초부터 만들기 시작하여, 창유리도 깨진 유리를 모아서 용광로에서 녹여 스스로 만들어 갔다.

남모르게 부활의 찬스를 노리고 있던 소이치로가 점찍은 것은 직물의 기계를 만드는 것이었다. 향토의 발명왕으로 알려져, 도요타자동직기에서 성공한 도요타 사키치(豊田佐吉)의 사례도 있었던 연유일지 모른다.

당시는 의료품이 부족해서 하마마쓰에서는 직기를 한 대 가지고 있으면 1만 엔을 금방 벌 수 있었던 것이다.[11]

---

11) 당시는 직기를 '가차(ガチャ)'라고 부르고, 1만 엔을 금방 벌 수 있다고 해서 '가차만(ガ チャ万'이라고 일컬었다고 한다.

그 무렵의 기계는 수평운동만의 셔틀식으로 효율이 나쁜 기계가 주류였다. 그래서 소이치로는 움직임이 빠르고 폭이 넓은 직물을 만들 수 있는 로터리식의 기계를 개발하려고 생각했다. 하마마쓰에 가지고 있던 600평(1,980㎡)의 토지에 판잣집(barrack) 공장을 세워서, 마침내 자신의 이름을 딴 혼다기술연구소를 1946년에 설립했다.

이것이 현재의 '혼다'의 근본이 되는 회사의 출발인데, 기계의 개발은 자금부족도 있어서 단념했다. 그러나 소이치로는 다음의 도전에 감연히 대처한다. 꿈을 실현해가는 첫걸음을 내딛기 시작했다.

황폐한 거리를 질주하는 '바타바타'

미군에 의한 공습으로 불타 들판이 된 하마마쓰 시내 중심부에서는 암시장의 노천상이 늘어서고 부흥을 향해서 사람들의 활기도 돌아온 무렵이었다.

그러나 아직 교통사정은 극도로 열악한 시대였다. 매출이나 상점의 매입, 배달 등은 자전거에 의지했다. 짐받이에 큰 짐을 싣고 울퉁불퉁한 험한 길에서 열심히 페달을 밟는 사람들이 마을의 생활을 지탱하고 있었다.

'바타바타, 바타바타'

그러한 시대 거리를 기묘한 탈것이 선드러지게 달려서 빠져나갔다. 경쾌한 엔진 소리를 내는 탈것이 험한 길을 아무렇지도 않게 달리는 모습에 마을 사람들은 엉겁결에 뒤돌아본다.

거기에 타고 있는 사람을 보면 몸뻬 모습의 여성이었다. 언뜻 보기에는 자전거로 보이지만, 다리는 멈춰진 채 페달을 밟고 있지 않다. "뭐야, 저것은?" 사람들의 시선은 그 탈것에 꼼짝못하게 되었다. 운전하고 있었던 것은 사치 부인이었다.

'바타바타'[12]라고 불려, 혼다가 자전거산업에 발을 내디디는 계기가 된 오토바이의 원형, 보조 엔진을 붙인 자전거이다. 육군이 무선기용으로 사용하고 있던

---

12) 일본어 발음으로 '바타바타(バタバタ)', '쌩쌩'의 의미

소형 엔진을 활용해서 소이치로가 만든 보조 엔진 부착 자전거는 '바타바타'라고
하는 애칭으로 사람들에게 친밀감을 주었다.

🜨 그림 1-32 보조 엔진을 부착한 혼다의 자전거

전재(戰災)의 쓰레기나 움푹 팬 곳투성이의 도로를 획획 경쾌하게 달리고, 페
달을 필사적으로 밟을 필요가 없으며, 게다가 여성이 운전할 수 있다. 그러한 탈
것이 있다면 얼마나 편할까, 얼마나 도움이 될까. 사람들은 순식간에 소이치로
의 탈것에 매료되었다.

원래 자전거에 보조 엔진을 부착하고 달린다고 하는 발상은 전쟁 전부터 있었
다. 그러나 실용화에는 이르지 못하고, 오토바이도 값비싼 탈것으로 서민은 좀
처럼 살 수 없는 물건이었다.

자전거가 최대의 운반수단인 지금, 누구나가 간단히 운전할 수 있는 탈것이 있
다면, 얼마나 세상 사람들이 좋아할까, 소이치로에게는 확신이 있었다.

"세상에 없으면 자신이 만들어 내면 된다."

혼다가 발매한 보조동력 부착 자전거는 즉시 평판이 좋아져, 짐을 산더미처럼
쌓은 자전거가 시내를 종횡으로 달리는 모습이 눈에 띄게 되었다. 이윽고 평판

은 널리 퍼져 나고야, 오사카, 도쿄로부터도 살 사람이 찾아오게 되었다.

"지금 도움이 되는 물건, 사람이 필요로 하는 것을 만들자."

원래 자동차 수리에서 출발한 소이치로에게 있어서 엔진 기술은 자신 있는 재주인데, 자전거용 엔진이 그 시대에 있을 리가 없다. 소이치로가 점찍은 것은 전시 중에 육군이 사용하고 있던 6호 무선기에 사용하는 소형 엔진이었다. 당시는 그것이 시중에 싸게 나돌고 있었다. 이 엔진을 자전거용 엔진으로 활용할 수 있지 않을까 하고 생각했던 것이다.

처음에 생각했던 것은 엔진을 자전거의 핸들 앞부분에 붙이고, 고무 마찰 롤러(roller)로 직접 자전거의 앞바퀴를 돌리는 방식이었다. 그러나 당시의 조악한 타이어가 닳아서 펑크를 일으키기 쉽다는 사실로부터, 페달에 의한 뒷바퀴 구동으로 변경되었다.

가솔린 엔진에는 연료 탱크가 필요한데, 집에 있던 탕파(湯婆)[13]를 사용했다고 하는 에피소드도 '쓸 수 있는 것은 무엇이든 써라'라고 하는 제로로부터의 발상에서 나왔다.

자료: kookje.co.kr

🔷 그림 1-33 탕파 이미지

---

13) 뜨거운 물을 넣어서 그 열기로 몸을 따뜻하게 하는 기구. 쇠나 함석, 자기 따위로 만들며, 이불 속에 넣고 잔다.

평판이 좋았던 '바타바타'는 주문이 쇄도하여 불티나게 팔렸다. 그러나 주문이 너무 많아서 500기 정도의 무선용 소형 엔진의 재고는 바닥이 나버렸다. 그래서 도전한 것이 혼다의 그 후 발전의 기초가 되는 자사 엔진의 제작이었다.

오리지널 자사의 엔진에 대한 도전

그 무렵, 소이치로의 회사에도 큰 변화가 있었다. 나중에 혼다 두 번째 사장이 되는 가와시마 키요시(河島喜好)가 입사했다. 하마마쓰 공고를 나온 사람으로 혼다로서는 처음으로 학교를 졸업한 엔지니어의 채용이었다. "우리는 학교 졸업한 사람에게 높은 급료는 주지 않는다."고 하는 소이치로에게 "그래도 좋다. 하마마쓰에서는 알려진 기술자 밑에서 자신을 시험하고 싶다."고 입사했던 것이다.

1947년, 소이치로가 처음으로 만든 엔진은 '굴뚝식 엔진'이라고 하는 기묘한 것이었다. 예전부터 있는 2스트로크 엔진의 배기를 더 좋게 하기 위해서 실린더의 상부에 피스톤이 그대로 위쪽으로 움직이는 굴뚝과 같은 형상을 갖는 엔진이다.

자료: kjclub.com

◎ 그림 1-34 가와시마 키요시

6호 무선기의 엔진을 똑같이 복사하면 문제는 없습니다. …… 이미 그때부터 사장님 말씀이 곧 법인거라. 그대로 만들어서는 절대로 참을 수 없다. 흉내를 내는 것이 싫은 겁니다. (〈전해 내려가고 싶은 이야기 도전 50년(語り繼ぎたいこと チャレンジの50年)〉 창립 50년 기념사사)

가와시마가 말한 소이치로의 기질이다. "다른 사람이 하고 있지 않은 독자적인 길을 간다."고 하는 철학을 소이치로는 일관하여, 혼다의 최초 특허로도 되었다.

그러나 혼다 최초의 오리지널 엔진은, 당시의 공작 정밀도나 재료의 품질이 미치지 못해 개발은 중지되었다. '환상의 굴뚝 엔진'으로서 전설처럼 전해져가게 된다.

반세기 후에 '굴뚝 엔진'을 현대의 기술로 재현했더니, 당시의 2스트로크 엔진의 수준을 초과하는 성능과 연비성이 실증되었다.

시대보다 너무 앞서갔기 때문에 실패한 것이다. 혼다의 '모노즈쿠리'에는 "개성이 없는 기술에는 가치가 없다."고 하는 소이치로의 철학과 "실패를 반드시 다음의 성공으로 연결한다."고 하는 불굴의 정신이 흐르고 있다.

'굴뚝 엔진'의 실패를 극복하고, 소이치로는 혼다 최초가 되는 오리지널 제품인 'A형 엔진'을 완성시킨다. 메커니즘은 정통적(orthodox)이지만, 소이치로의 독창성은 그 제작방법에 있다.

당시 엔진을 만들려면 사형(砂型, sand mold)에 소재를 흘려 넣는 방법이 주류였는데, 소이치로가 몰두했던 것은 금형으로부터 만드는 다이캐스팅이었다.

자료: assab-korea.com

그림 1-35 다이캐스팅 이미지

작업자가 한 개씩 사형으로 만드는 편이 당시는 손쉽고 쌌다. 그러나 일본의 장래는 공업입국밖에 도리가 없다는 것을 알고 있던 소이치로는 세계를 상대로 장사하기 위해서는, 양산성이 있고 부품이 균질한 다이캐스팅을 무리를 거듭하여 채용했던 것이다.

소이치로는 스스로 이렇게 말하고 있다. 아직 '마치코바(町工場)'[14]에 지나지 않는 혼다가 목표로 한 것은 세계를 시야에 넣은 '모노즈쿠리'였다. 원재료에서 바로 제품으로 하는 방법으로서 '깎을 때 나오는 가루를 내지 않고 재료도 적게 들며, 공정이 적고 외관이 예쁜 다이캐스트 주조'가 소이치로의 지론이었던 것이다.

"같은 고생을 하는 것이라면 먼저 고생을 하라.", "자원이 없는 나라의 인간이 끄트러기를 내지 않는 일을 하지 마라. 고생은 앞공정에서 하라. 뒷공정의 가공이 필요 없으면 자원의 낭비가 없어진다." (〈전해 내려가고 싶은 이야기 도전 50년(語り繼ぎたいこと チャレンジの50年)〉 창립 50년 기념사사)

현대의 생산기술이나 가공방법 혹은 본질을 파악한 발상이었다. 엔진의 조립은 벨트컨베어 방식을 채용했다. '마치코바'에서는 획기적인 것으로 미래를 앞서가는 소이치로의 본성이 이미 발휘되고 있었다.

그때까지 주류였던 피스톤 밸브가 아니라 로터리디스크 밸브를 크랭크 케이스 측면에 붙인 것으로, 특허를 받은 클러치 겸용의 수동식 벨트 변속기 등, 독자성을 발휘한 'A형 엔진'이었는데, 또 하나의 획기적인 것이 있었다.

이 엔진은 너트를 풀어도 부품이 떨어지지 않는 것이었다. 크랭크샤프트나 감속기의 베어링부의 로크너트 등, 회전하는 것을 멈추게 하는 나사는 헐거워지는 일이 많고, 벗어나서 탈락하면 큰 트러블이 되는 경향이 많다. 그 나사가 헐거워져서 탈락하는 일이 없이, 가령 떨어져도 바로 깨지지 않는 궁리가 되어 있었던 것이다.

---

14) 시내에 있는 작은 공장.

'나사는 헐거워지는 것이라고 하는 상식'을 배제하고 철저하게 쓰는 사람 본위의 '친절설계'가 실현되고 있었다.

"고객에게 폐를 끼칠 것 같은 것은 만들지 마라.", "물건을 만들 때는 그것과 가장 오래 동안 같이하지 않으면 안 되는 사람을 생각하자. ······ 줄곧 사용하는 사람의 신체가 되어 생각한다면, 불친절한 물건 따위는 설계할 수 없을 것이다."

이것도 무엇이든지 직언을 하기 위해서, 이 무렵 이미 '오야지'15)의 별명이 정착해 있던 소이치로의 말이었다.

'혼다 A형'은 평판이 좋아져서 1948년에 혼다기연공업주식회사가 설립되어, 하마마쓰역 근처에 방 하나만의 작은 본사를 꾸미게 된다. 자본금은 백만 엔, 사원 34명의 출발이었다.

'A형'에 이어 소이치로는 90cc의 소형 삼륜화물차 B형을 시험제작했는데, 자동 삼륜으로 조종이 불안해서 외주를 하지 않으면 안 되었으므로, 시험제작 단계에서 그만뒀다.

자료: carlife.net

🕸 그림 1-36 A형 보조엔진을 단 자전거

---

15) 그는 부하 직원들이 '사장님'이라고 부르는 것을 싫어했다. 구멍가게 같은 조그만 업체에서 친근함을 담아 주인에게 붙이던 '오야지'란 호칭을 더 반겼다. 한자로는 '親父' 또는 '親爺'라고 적는다.

다음에 A형 엔진을 베이스로 한 B형으로 이어지고, '혼다 C형'을 개발한다. 2·3 마력으로 파워를 올린 98cc의 엔진으로, 엔진을 파는 것뿐만 아니라 오토바이다운 프레임을 붙여서 판매했다. 그러나 파이프 용접에 시간이 걸리는 외에 품질도 좀처럼 안정되지 않아, 소이치로는 새로운 도전을 하게 된다. 그것은 혼다가 오토바이로서 세계에 군림하는 계기가 된 '드림 D형'으로 결실맺게 된다.

꿈의 '드림호' 완성

A형에서 B형, C형으로 진화하는 동안 마력도 올라갔는데, 결국은 자전거용 보조 엔진이었다. 엔진만이 아니라 차체와 일체가 된 오토바이를 만든다. 소이치로의 꿈은 본격적인 오토바이를 만드는 것을 향해서 나아간다.

종래의 자전거 파이프로 만든 프레임으로는 주행 시의 진동이나 내구성에 문제가 있었다. 그래서 강철제의 튼튼한 프레임을 처음부터 만들어, 이것에 고성능을 자랑하는 엔진을 탑재한다고 하는 것이 소이치로의 구상이었다.

그때까지 오토바이를 타는 사람이 고생했던 것은, 요령이 필요한 클러치의 조작이었다. 번거로웠던 클러치의 조작을 생략하고, 발로 조작하는 페달식의 반자동 클러치 시스템을 일본에서 처음 도입했다.

왼발의 발끝을 밟는 것만으로 1단에 들어가고 발을 떼면 중립으로 되돌아가며, 페달을 발뒤꿈치로 밟으면 2단에 들어간다고 하는 획기적인 시스템이었다. 반자동적인 클러치의 시스템을 가진 일본 최초의 오토바이이다.

자료: dtoday.co.kr

🏵 그림 1-37 혼다 최초의 본격적인 오토바이 '드림 D형'

또한 '드림 D형'은 그때까지 검정색 일색이었던 오토바이 세계를 바꾸었다. 이 륜차는 검정 도장이라고 하는 상식을 타파하고, 소이치로가 좋아했던 산뜻한 적 갈색(maroon color)이 채용되었다. '드림 D형'은 디자인 면에서도 획기적인 제품 이었던 것이다.

요령을 필요로 하지 않고 타고 싶은 사람이 누구라도 간단히 다룰 수 있으며, 그때까지 없는 디자인을 산뜻하게 두른 이륜차의 등장은 일제 오토바이에 있어 서 혼다의 이름을 단숨에 드높였다.

이 무렵 소이치로에게는 '세계 제일'이라고 하는 장대한 꿈이 머리를 쳐들기 시 작했다. 거기에는 온 일본을 그 활약상으로 열광시킨 수영선수의 존재가 있었다.

'드림 D형'이 발매되었던 1949년 8월, 로스앤젤레스에서 개최된 전미국수영선 수권 자유형에서 차례차례 세계기록을 내서 '후지야마의 날치'라고 불렸던 후루 하시 히로노(古橋広之) 선수이다. 세계의 강호를 무찌른 그의 활약은 전후의 일 본인 마음을 흥분의 도가니로 몰아넣었다.

당시의 일본인은 전쟁에서 패하고, 완전히 자신을 잃고 있었다. 그러나 후루하 시는 그런 와중에 세계에 그 분투상을 보란 듯이 자랑스레 보였다. 소이치로는 세계 제일이 된 후루하시 선수에 대한 감동과 "자신도 하면 된다."고 자신을 고 무하는 기분을 주위에 말하곤 했다.

"내 비록 빈털터리일지라도 엔슈(遠州) 사람이다. 한 번 해보자.", "세계 제일 이 아니면 일본 제일이 아니다."

아득히 높은 곳에 인생의 목표를 두고, 그것을 스스로 단언해서 현실의 것으로 해나간다고 하는 혼다 정신이 이 무렵부터 배양되어 갔다.

혼다의 오토바이 누계생산대수는 1997년에는 1억 대를 돌파했는데, 최초의 1대는 이 '드림 D형'으로부터 헤아려지고 있다.

이 네이밍(naming)에 대해서는 여러 가지 설이 있는데, 뒷날에 소이치로는 "'지금 세계의 혼다가 된다'라고 꿈같은 말만 하고 있었기 때문에"라고 그 명명 의 유래를 말하고 있다.

소이치로가 "언제까지나 꿈을 계속해서 꾸려고 생각하고 있다."고 항상 말하고 있었던 것은 확실하다. 그래서 "우리들이 이러한 엔진을 만들 수 있었다니, 꿈을 꾸고 있는 것 같다."고 사원들이 말했다고도 전해지고 있다. 그 이름에 담겨 있는 소이치로와 그의 생각을 공유한 인간들의 끝없는 '꿈'은 그 후도 차례차례 실현되어가게 된다.

판매의 신, 후지사와 타케오(藤澤武夫)와의 운명적인 만남

번거러웠던 클러치의 조작을 생략하고, 발로 조작하는 페달식 반자동 클러치 시스템을 일본에서 처음으로 도입하여, 그때까지 검정색 일색이었던 바디에 선명한 배색을 쓴 드림호는 획기적인 제품으로서 널리 세간의 주목을 받았다.

그러나 당초는 판매도 호조였는데, 시대의 조류와 소비자의 경향은 혼다에게 큰 장벽으로 가로막게 된다.

진주군의 정책에 의해서 일본은 디플레이션 정책으로 바뀌게 된다. 불경기 바람이 밀어닥친 탓도 있고, '드림 D형'의 판매에 급정지가 걸렸던 것이다.

'드림 D형'의 판매부진은 아직 '마치코바' 정도였던 혼다를 궁지에 빠뜨렸다. 그러한 때에 소이치로에게 있어서 세기의 만남이 찾아온다. '판매의 신'이라고 일컬어지는 후지사와 타케오(藤澤武夫)가 입사한다.

자료: circle888.com

그림 1-38 혼다 소이치로(오른쪽)와 후지사와 타케오의 운명적인 만남

급성장했다고는 해도 전후의 일본은 아직 경제도 불안정하고, 혼다의 거래처도 암거래 상인 출신이나 한밑천 잡으려는 인간이 많았다. 대금을 떼어먹는다거나 야반도주한다거나 하는 판매점이 적지 않았던 것이다. 경영은 결코 안정이라고는 할 수 없었다.

소이치로는 기술에 관해서는 절대적인 자신을 가지고 있는 인간이었지만, 돈 계산이 서툴러서 "센티미터나 밀리미터는 바로 머리에 들어오는데 돈은 들어오지 않는다."고 자주 말하고 있었다. 한편, 기계에 관해서는 문외한이지만, 판매에 관해서 절대적인 자신을 가지고 있던 것이 후지사와였다.

1949년 소이치로가 후지사와 타케오와 만난 것은 소이치로의 인생과 혼다라고 하는 회사에 큰 변혁을 촉진시켰다.

자료: ilbe.com

🌐 그림 1-39 환상의 콤비 혼다 소이치로와 후지사와 타케오(오른쪽)

후지사와 타케오는 소이치로보다 4살 아래인 39세였다. 문학이나 예술을 좋아하는 등 성격이 전혀 다르고, 소이치로가 가지고 있지 않았던 경제감각을 가지고 있었다.

"이쪽이 갖고 있지 않은 것을 그쪽이 갖고 있기 때문이다."

소이치로는 이때의 만남을 이렇게 말하고 있다. 한편 후지사와는 소이치로의 인상을 "우리 사장님은 태양과 같은 사람", "그 사람과 함께 있으면 주위가 확 밝아진다."고 말하고 있다.

한눈에 반하듯이 서로를 인정한 두 사람은 이후, 혼다가 몇 번이고 만나게 되는 위기를 극복해 간다. 거기에는 혼자서는 결코 불가능한 꿈을 실현하는 데 대한 구애됨도 있었던 것이다. 각각의 인간이 가진 개성을 살려서 함께 같은 목적을 실현해가야 한다고 하는 생각이 있었다.

그 이전부터 자기와 같은 성격의 인간과는 한패가 되지 않는다고 하는 신념을 가지고 있었다. 자기와 같다면 두 사람은 필요 없다. 자기 한 사람으로 충분하다. 목적은 하나이더라도 거기에 이르는 방법은 각 사람의 개성, 다른 취향을 살려가는 것이 좋다. 그러므로 자기와 같은 성격의 사람이 아니라 여러 가지 성격, 능력의 사람과 함께 해나가고 싶다는 생각을 일관되게 가지고 있다.

《혼다 소이치로 꿈을 힘으로(本田宗一郎 夢を力に)》중에서

두 사람의 공통점은 모두 가난한 가정에서 고생하며 자라서, 후지사와도 중학교 졸업으로 고학력이 아니라고 하는 점도 있었다. 소이치로는 학력에 관해서는 "대학을 나왔다고 해 봤자, 대학과 우리와는 아무런 관계없다. 관계있는 것은 질과 양뿐이다.", "누구라도 선뜻 혼다에 들어올 수 있도록 초등학교 학벌로 하고 싶다."는 등 말하고 있다.

학력이나 직함으로 인간을 판단하지 않는 철학이 거기에 있었다. 후지사와는 완고하고 자신의 생각을 굽히는 일이 없는 소이치로에 대해서 가차없이 직언할 수 있는, 확실한 의지를 항상 가지고 있는 인간이라는 점도 컸던 것 같다.

"사장을 그만두기까지 나는 끝내 사장 티도 안 냈다."라고 소이치로가 말했듯 이 비즈니스 면에서는 전폭적인 신뢰를 두고 있었다. 이 콤비의 탄생은, 경영에 재능을 발휘한 천재 비즈니스맨과 희대의 기술자, 발명가가 융합이 되어 세계를 크게 개척해 가게 되었다.

자료: blogs.yahoo.co.jp

🔹 그림 1-40 세계에 '혼다' 브랜드를 넓힌 후지사와 타케오(오른쪽)

도쿄 진출과 '드림호'의 진화

후지사와와의 콤비가 먼저 도전한 것은 도쿄로의 진출이었다. 상무로서 후 지사와를 영입한 혼다는 다음해 1950년에는 도쿄 영업소를 설립, 약 450평(약 1,500㎡)의 조립식 공장을 만들었다. 1950년부터는 하마마쓰에서 제조된 D형 엔 진이 운반되어 본격적인 제조가 도쿄에서 시작된다.

도쿄에 진출한 것에 대해서, 시골은 도회지에 비해서 자기와 같은 사상, 같은 보조를 취하지 않는 사람을 배제하는 기풍이 특히 강하여 자기와 같은 인간에게 는 견딜 수 없는 것이라고 말했다.

세계에 웅비한 기업이 많이 모여 있던 하마마쓰였지만, 소이치로에게 있어서 더 한층 비약하기 위해서는 신천지가 필요하다고 생각하고 있었던 것이다.

"돌다리를 두드리는 놈이 있을까. 돌다리라고 생각하면 두드리지 않고 칙칙 건너면 된다." 이것도 소이치로가 언제나 말하고 있던 것이었다.

끊임없이 현재에 안주하는 일 없이, 새로운 도전을 망설이지 않는 소이치로가 아니고서는 할 수 없는 말이다. 소이치로는 새로운 개발에 집중할 수 있게 되고, 후지사와는 당시 오토바이의 판매는 자전거 판매점이 겸업으로 하는 것이 대부분으로, 그때까지 20개 정도밖에 없던 대리점을 전국으로 넓히기 위해서 뛰어다녔다. 그러나 회사는 괴로운 시기를 맞이하고 있었다. 임금 체불도 일어나고, "이제 곧 도산할 것이다."라고 하는 소문도 날 정도였다.

이 위기는 1950년에 일어난 한국의 6·25 전쟁에 의한 특수경기(特需景氣)로 보조 엔진의 주문이 들어오기 시작하고, 한숨 돌리기까지 계속되었다. 가까스로 회사의 위기는 벗어났는데, 혼다가 사운을 건 오토바이 '드림 D형'의 판매는 뚝 멈춘 채 그대로였다. 그 원인을 찾아보니 2스트로크였던 D형 엔진에 한계가 있었다. 당시 200cc 이하의 오토바이는 공정 수가 적어도 되는 2스트로크 엔진이 라이벌 각사에서도 주류였는데, 날카롭고 드높은 소음이 문제로 지적되고 있었던 것이다. 또한 이 엔진은 주유소에서 윤활유를 휘발유와 혼합해서 급유하지 않으면 안 되는 불편도 있었다.

자료: m.blog.naver.com

🏵 그림 1-41 공랭 4스트로크 V형 2기통 OHV 2밸브 할리 데이비슨

당시는 미국제의 대형 바이크, 할리 데이비슨와 같이 당당한 저음의 4스트로크 차에 대한 동경도 있었다. 또한 후지중공업[16]과 미쓰비시중공업이 발매한 스쿠터인 '래빗'이나 '피죤'이라고 하는 스쿠터가 조용한 4스트로크 엔진을 탑재하고, 판매 수를 늘리고 있던 것도 위협이 되고 있었다.

자료: post.naver.com

🔹 그림 1-42 후지중공업의 래빗 스쿠터

자료: appia.backfire.pepper.jp

🔹 그림 1-43 미쓰비시중공업의 실버 피죤

---

16) 현재 스바루

소이치로는 대형 오토바이의 승차감을 유지한 채, 누구라도 가볍게 탈 수 있는 소형차를 만들고 싶다고 생각했다. 그러나 지금 있는 4스트로크의 기술을 유용하는 것은 자신의 철학이 허용하지 않았다. 지금까지 없는 4스트로크 엔진을 일본에서 처음으로 실현하려면 상식을 타파하는 새로운 도전이 필요했다.

그래서 소이치로가 목표로 한 것은 그때까지의 밸브가 피스톤과 병행으로 늘어서 있던 사이드 밸브 방식이 아니라, 연소실을 피스톤의 상부에 두고 구조를 콤팩트하게 한 오버헤드 밸브의 개발이었다.

하코네 고개를 처음 넘은 소이치로의 오토바이

1951년 5월 시행착오 끝에 신형 4스트로크 엔진을 탑재한 '드림 E형'의 시제품이 완성되었다.

E-Type The Early Days of the "Honda 4-Stroke" (1951)

자료: blog.naver.com

🏵 그림 1-44 혼다 '드림 E형'

그래서 가와시마 키요시(河島喜好)가 테스트 드라이버가 되어 하코네(箱根) 고개를 넘는 테스트 주행을 실시하게 된다. 당시 150cc의 소형 오토바이가 험난한 하코네 고개를 넘는 것은 지난한 것이었다.

7월 15일 몹시 거센 바람이 부는 날이었다. 소이치로와 후지사와는 자동차를 타고 가와시마가 운전하는 드림호를 따라간다. 드림호는 가파른 언덕을 쭉쭉 가속해서 소이치로 등이 탄 자동차를 떼어놓고, 엔진도 가열하는 일은 없었다. 그리하여 마침내 드림호는 정상까지 단숨에 달려 올라갔던 것이다. 가와시마와 소이치로 등은 호우 속에서 눈물을 흘리며 기쁨을 같이했다.

10월에 발매된 '드림 E형'은 순식간에 히트 상품이 되어 반년 후에 월 생산 500 대, 3단 변속으로 개량된 1년 후에 2천 대, 3년 후에는 연간 3만2천 대를 판매하는 대성공을 거두었다. '오토바이의 혼다'로서 지위를 확립한 명차의 탄생이었다.

자료: m.blog.naver.com

◈ 그림 1-45 '오토바이의 혼다'로서 지위를 확립한 명차의 탄생

"절대 무고장, 견뢰무비(堅牢無比)[17]. 연료소비의 근소함 등 애승자의 기쁨은 물론, 판매업자도 거래 후의 번거로움도 없고 고객이 기뻐하므로, 앞다투어 우리 회사와 판매점 계약을 하는 상황이었다."

---

17) 견고하기 비할 데 없다.

일약 일본의 오토바이 업계에 이름을 떨친, 자신이 넘쳤던 후지사와의 문장이다. 이 '드림 E형'의 성공은 이후 혼다의 '모노즈쿠리'의 정신을 나타내는 '세 가지 기쁨'이라고 하는 기본이념을 확립해가게 된다.

"세 가지 기쁨이란 만들어서 기쁘고, 팔아서 기쁘고, 사서 기쁘다고 하는 세 가지이다. 제1의 만드는 기쁨이란 기술자에게만 주어지는 기쁨 ……, 제2의 기쁨이란 제품의 판매에 관련된 사람의 기쁨 ……, 제3의 기쁨, 즉 산 사람의 기쁨이야말로 가장 공평한 제품의 가치를 결정하는 것이다. 제품의 가치를 가장 잘 알고, 최후의 심판을 해주는 것은 메이커도 아니고 딜러도 아니다. 일상 제품을 사용하는 구매자 바로 그 사람이다. "아, 이 제품을 정말 잘 샀다."고 하는 기쁨이야말로 제품의 가치 위에 놓인 영관(榮冠)이다."

이것은 같은 해 12월, 혼다의 월보에 게재된 문장이다.

소이치로의 제품에 대한 사고방식은 철저하다. 그것은 100%로는 안 된다. 120%의 양품을 만들어라."고 하는 말에도 나타나 있다.

언젠가 "천 대에 한 대 정도의 불량품이 나오는 것은 하는 수 없다."고 말한 사원을 소이치로는 몹시 꾸짖었다. 간혹 밖에서 젊은이가 드림호를 타고 있는 모습이, 소이치로의 눈에 들어온다.

"자네는 천 대에 한 대라면 괜찮다고 말하지만, 그 젊은이에게는 한 대 중의 한 대야. 100%의 불량품인 게야. 괜찮다고 생각하는가. …… 그러므로 나는 120%의 양품이라고 말하는 것이야. 고객의 한 가지씩의 만족을 쌓지 않으면, 혼다 같은 건 살아남지 못할 거야."

혼다의 살아 있는 혼, 혼다 소이치로

"꿈을 가질 것, 끊임없이 도전할 것,
어떤 일이 있어도 그 꿈을 단념하지 말 것."

"도전해서 실패하는 것을 겁내지 마라.
아무것도 안 하는 것을 두려워해라."

자료: greatopen.net

🔷 그림 1-46 혼다의 살아있는 혼, 혼다 소이치로

제4차 산업혁명의 기린아 ▎기술자의 왕국 혼다 ▎

세계 제일에
대한 도전

CHAPTER 02

세계 제일에 대한 도전

1. 맨섬 TT 레이스

 미증유의 위기에 직면해서 소이치로와 후지사와는 분투를 거듭했는데, 그 위기가 진행되려고 하는 직전에 소이치로는 '세계 제일에 대한 도전'을 구체적으로 호언장담하게 된다.

자료: bikerslab.com

🔘 그림 2-1 100년이 넘는 역사를 가지고 있는 맨섬 TT 레이스

1954년 3월 20일, 소이치로는 전 종업원, 판매점을 향해서 다음해 55년에 개최되는 이륜차 레이스의 최고봉인 영국 맨섬 TT 레이스에 출장하여 "세계 제일이 된다."고 선언했던 것이다.[1]

무모의 극치라고 할 수 있는 계획에 사원 일동은 창백해졌는데, 소이치로는 진심이었다.

나의 어릴 적부터의 꿈은, 자신이 만든 자동차로 전 세계의 자동차 경주의 우승자가 되는 것이었다. …… 절대적인 자신을 가질 수 있는 생산 상태도 완비한 지금, 바야흐로 좋은 기회가 왔다! 올해야말로 TT 레이스에 출장의 결의를 여기에서 굳힌 것이다. ……

전 종업원 제군!

혼다기연(本田技研)의 전력을 집중해서 영관을 쟁취하자. 혼다기연의 장래는 하나로 묶여서 제군의 양쪽 어깨에 있다. 용솟음치는 정열을 기울여서 어떠한 고난에도 견디어, 치밀한 작업연구에 여러분 스스로의 길을 관철해가기 바란다. 혼다기연의 비약은 제군의 인간적 성장이며, 제군의 성장은 우리 혼다기연의 장래를 약속하는 것이다.

일본 기계공업의 진가를 묻고, 이것을 전 세계에 과시하기까지 하지 않으면 안 된다. 우리 혼다기연의 사명은 일본 산업의 계몽에 있다.

여기에 나의 결의를 공표하며, TT 레이스에 출장, 우승하기 위해서, 심혈을 기울여 창의고안에 노력할 것을 제군과 함께 맹세한다.
(〈전해 내려가고 싶은 이야기 도전 50년(語り繼ぎたいこと チャレンジの50年)〉 창립 50년 기념사사)

소이치로가 높이높이 내건 '선언'은 소이치로와 전 종업원의 '혼다 정신'에 불을 붙였다.

---

1)　筑摩書房編輯部, 本田宗一郎 - ものづくり日本を世界に示した技術屋　魂, 筑摩書房, 2014.

세계의 실력을 자랑스럽게 보인 맨섬 레이스

'맨섬 TT 레이스'는 영국 맨섬에서 개최되고 있는 세계 최고봉의 오토바이 레이스로, 'TT'란 'Tourist Trophy'를 가리킨다. 일주 61km의 코스를 평균시속 120km에서 150km로 달려서 빠져나가 우승을 다투는 것이다. 전 세계의 오토바이 관계자가 그 경쟁 차의 개발에 심혈을 기울여, 넘버원을 목표로 하는 인기 무대이다.

🌐 그림 2-2 영국의 잉글랜드와 아일랜드 사이에 있는 맨섬

혼다가 이 레이스에 나가는 것에 대해서, 소이치로는 구체적인 의의를 말하고 있다. 하나는 세계에 알려진 이 레이스에 출장해서 우수한 성적을 올리지 않으면, 이탈리아나 독일이 석권하고 있는 세계의 오토바이 시장을 탈취하는 것은

불가능하다. 그것을 달성할 수 없으면, 일본의 기술이 레벨업해서 수입방지 등 가능할리도 없다고 하는 것이었다. 더욱이 소이치로는 드림호를 만들어 냈을 때에 고무된 수영의 후루하시(古橋) 선수의 활약도 다시 이 꿈에 포개고 있다.

나에게는 후루하시 선수와 같은 체력은 없지만 기술이라고 하는 것을 가지고 있다. 기술, 즉 두뇌에 의한 승리가 어떻게 일본인에게 큰 희망을 줄 것인가, 특히 젊은 층에게 주는 영향은 대단히 클 것이다. 게다가 다이나믹한 그랑프리 레이스이기 때문에, 여기에서 우승하면 수출이 유리해지는 것도 당연하지만, 일본인으로서의 프라이드를 갖게 할 수 있다고 생각했다.

《혼다 소이치로 꿈을 힘으로(本田宗一郎 夢を力に) 중에서》

1955년 6월 9일, 소이치로는 여행길에 오른다. 그러나 레이스를 실제로 보러 가서, 그 현실에 머리를 두들겨 맞은 듯한 충격을 받게 된다.

자료: motorcyclenews.com

그림 2-3 한 명씩 순차적으로 나가는 타임 트라이얼 경기 방식

소이치로가 본 것은 자신이 본 적도 없는, 꿈에도 생각하지 않은 오토바이였다. 세계 제일이 된다고 선언했기는 하지만, 거기에서 실행되고 있던 레이스와 레이스 차는, 전 세계의 오토바이 관계자가 최고봉의 두뇌와 기술을 경합하고 있는 것이며, 그들의 오토바이는 혼다의 오토바이를 훨씬 능가하고 있었다.

구미의 메이커는 50년에 이르는 축적이 있다. 반면에 혼다는 창업으로부터 불과 6년이다. 세계에서는 무명이라고 해도 좋을 존재이다. 예를 들면, 독일이나 이탈리아의 경주차는 같은 배기량으로도 혼다의 3배 마력을 자랑하고 있었다. 이래가지고는 승부가 되지 않는다.

마음이 무너지는 듯한 충격을 받은 소이치로였지만, 이걸로 단념할 소이치로도 아니다. 냉정하게 생각해 보면, '그들은 오랜 역사 속에서 이만큼 물건을 만들었다. 혼다에 역사는 없지만, 이것을 보았다고 하는 현실은 역사와 같은 효과가 있다.'고 생각했던 것이다.

자료: werdna.egloos.com

⬡ 그림 2-4 독일제 BMW 오토바이

그 후 영국, 독일, 프랑스, 이탈리아 등 오토바이 선진국을 방문한 소이치로는 레이스용의 림, 타이어, 카브레타 등을 정력적으로 보러 다녔다.

이탈리아의 오토바이 공장에서는 "일본에서도 엔진을 만들 수 있을까."라고 하는 말을 들으면서도, 쓸 수 있을 만한 레이스 부품을 몽땅 매입했다. 그리하여 중량 초과로 비난받으며, 개인이 소지할 수 있는 한도의 부품을 몸에 걸친다고 하는 고생도 거듭하면서 일본에 가지고 돌아왔다.

소이치로가 유럽에서 가지고 돌아온 것 중에는 레이스용 부품이 아닌 의외의 것도 포함되어 있었다. 그때까지 일본의 산업계에서는 거의 쓰이고 있지 않았던 크로스 나사(플러스 나사)였다.

자료: pixabay.com

◉ 그림 2-5 크로스 나사

"이런 물건을 주워왔다."고 소이치로는 후지사와에게 보여주었다. 종래의 마이너스 나사는 압착공기로 단단히 죌 수가 없었다.

"공장의 바닥에 떨어져 있던 하나의 나사에 눈을 멈춘 혼다의 형안은, 바로 신기(神技)라고 해도 좋다."고 후지사와는 크로스 나사의 채용이 얼마만큼 일본의 공업에 공헌했는지를 열변하고 있다. 혼다는 재빨리 생산현장에 크로스 나사를 도입하여 생산성을 올려갔다.

세계 최고봉의 오토바이 레이스에 대한 도전을 향해서 의기가 드높은 생각으로 귀국한 소이치로인데, 회사의 경영은 여전히 줄타기라고 해도 좋을 위험한 상태가 계속되고 있었다.

도산의 염려로부터는 벗어날 수 없었다. 공항에 마중 나온 후지사와에게 재빨리 "어음은 떨어졌는기?"라고 묻자, "괜찮아요. 회사 일은 걱정 없어요."라고 하는 말에 소이치로는 기쁨의 눈물을 흘렸다고 한다.

'외국인도 되는데 일본인이 안 될 리가 없다. 그러기 위해서는 하나도 둘도 연구를 하지 않으면'이라고 생각한 소이치로는, 귀국 후 'TT 레이스 추진본부'를 설립했다. 레이싱 엔진의 개발을 명했다. "정말로 나가는 겁니까?"라고 물은 레이싱 엔진 담당으로 후에 2대째 사장이 되는 가와시마 키요시(河島喜好)에게 소이치로는 이렇게 말하고 있다.

무슨 일이 있어도 나간다. 우물쭈물하고 있으면, 점점 뒤처진다. …… 지금 모두가 고생하고 있는 때이지. 이럴 때야말로 꿈이 아쉽지 않을까, 내일 피게 할 꽃은 지금 씨를 뿌리지 않으면 안 된다.

(〈전해 내려가고 싶은 이야기 도전 50년

(語り継ぎたいこと チャレンジの50年)〉창립 50년 기념사사)

그러나 "내년, 출장한다."고 하는 레이스의 공약을 하려면, 아직 시간이 걸렸다.

아사마 화산 레이스와 독창적인 드림 C70

1955년 4월, '드림 E형'의 후속차인 350cc의 '드림 SB', 5월에는 250cc의 '드림 SA'가 발매되었다. 혼다 최초가 되는 OHC(Over Head Camshaft) 엔진을 탑재한 10마력을 넘는 오토바이였다. 이 무렵, 이륜 메이커는 심한 판매경쟁 중에 있어, 이기면 선전효과로 이어지는 국내 각지의 레이스에 자차를 모두 모아 출장시켰다.

같은 해 11월, 아사마(淺間) 고원을 무대로 한 전 일본 오토바이 내구(耐久) 로드 레이스(아사마 화산 레이스) 제1회가 개최되었다. '드림 SA'를 개조한 3대는 250cc, 350cc, 500cc의 세 클래스에 출장해서 2위, 1위, 1위를 획득했다. 그런데 125cc 클래스에 나간 '벤리이 JC'는 패배하고, 야마하의 오토바이가 1위에서 4위까지를 독점해 버렸다.

자료: mdmotors.com

⊛ 그림 2-6 1955 혼다 드림 SA 250

레이스를 보고 온 소이치로는 얼굴이 새빨갛게 되어 화를 냈다고 한다. 거친 땅을 달려 빠져나가는 아사마 화산 레이스는 어떻게 빨리 시판하는 차를 체인지 업할 수 있는가를 경쟁하는 '달리는 실험실'의 선구가 되었다.

제3회의 레이스에서 혼다는 250cc 클래스에 혼다 최초가 되는 병렬4기통의 머신 'RC160'을 출장시켜, 1위에서 3위까지를 독점했다. 맨섬 레이스로 가는 길이 조금씩 이어져갔다.

1957년 혼다는 그때까지 없었던 독창성을 가진 오토바이를 완성시켰다. 그때까지 250cc 클래스의 4스트로크 엔진은 단기통이 주류였는데, '드림 C70'은 2기통 4스트로크의 엔진을 탑재하고 있었다.

7만4천 회전, 18마력이라고 하는 고회전, 고출력을 가진 세계시장에의 수출도 충분히 고려되는 오토바이였다. 이것은 혼다가 사운을 걸고 구미에서 사들인 공작기계로 만들어진 최초의 제품이었다.

자료: honda.co.jp

🔶 그림 2-7 혼다 드림 C70

세계를 목표로 한 오토바이는 디자인도 세계를 관점에 넣은 유니크한 것이었다. 구미 각국의 오토바이에는 독자적인 디자인이 있었다. 독일은 합리적, 이탈리아는 세련됨, 영국은 위풍당당, 미국은 와일드하다고 하는 상태에, 한눈에 특징을 알 수 있는 디자인성을 가지고 있었던 것이다.

드림 C70의 탱크 측면의 엔진은 불상의 눈썹에서 코에 이르는 선을 머리에 그리면서 혼다 소이치로 자신이 디자인했다.

나라나 교토를 여행하고 이 디자인을 생각했다고 하는 소이치로는, '조형계장'이라고 하는 별명이 있을 만큼 디자인을 생각하는 일도 좋아했던 것이다. 이것도 "누구도 생각한 적이 없는 것을 생각하고, 누구의 흉내도 내지 않는 아이디어를 만들어 낸다."고 하는 정신의 발로였다.

국제 클래스의 성능과 독자성을 자랑하는 디자인으로 히트한 '드림 C70'의 성공도 있고, 가까스로 혼다는 경영위기를 탈출하여, 업적도 오름세로 바뀌었다.

그러나 세계의 혼다가 되려면 누구라도 탈 수 있는 오토바이의 탄생을 기다리지 않으면 안 된다. 그것이 '슈퍼커브'이다.

누구도 본 적이 없는, 어디에서도 만든 적이 없는 탈것을 만들어라

자전거 보조 엔진이었던 '커브 F'의 대중노선상에 목표로 한 것은, 지금까지 전혀 없는 콘셉트를 실현하는 모터사이클의 개발이었다.

전년, 유럽 시찰여행을 떠난 소이치로와 후지사와는 현지에서 유행하고 있던 모페드(moped)에 주목하고 있었다. 페달이 달린 소형 바이크로, 누구나 타고 돌아다닐 수 있는 간편한 탈것으로서 인기를 떨치고 있던 것이다. 엔진이 부착된 자전거로 면허가 필요 없고, 일본에도 유사한 모페드가 모습을 나타내기 시작한 무렵이었다.

자료: wizardiron.tisory.com

그림 2-8 자전거에 엔진을 장착한 모페드

1957년, 새로운 혼다의 도전이 시작되었다. 먼저 '덩어리 M작전'[2]의 프로젝트 팀이 만들어졌다. M은 모페드의 약호(略號)인데, 소이치로에게는 당초부터 모페드를 흉내낼 계획은 없었다.

---

2) '덩어리 M작전(マルM作戰)'은 '커브 F형'의 매출이 급격히 떨어지자 회사에 위기감이 있었으므로, "전사 한 덩어리(一丸)가 되어 개발을 백업하자!"고 하는 분위기가 있었기 때문에 만들어진 기획이다.

누구나 면허를 취하여 타고 싶은 기분이 일어나서, 여러 가지 용도로 쓸 수 있는 일본 발상의 탈것을 만들어내고 싶다. 오토바이도 아니고 스쿠터도 아닌 독창적인 모터사이클의 창조였다. 소이치로의 정열은 열기를 띠어갔다.

설계실에 오면 아침 제일 먼저, 지난 밤 떠오른 아이디어를 큰 소리로 외치는 소이치로의 모습이 있었다. 자신의 생각을 입에서 게거품을 물며 계속해서 말한다.

흥분해서 계속 말하는 소이치로를 사원들이 에워싸면, 열은 한층 더 올라간다. 속이 타게 되면 그 자리에 주저앉아 바닥에 분필로 구상을 그리기 시작하여, 아무래도 틀렸다 싶으면 지우고 또 그린다고 하는 모양새이다.

소이치로는 꾸밈이 없는 감정에 마음먹은 대로 실행하는 타입의 인간으로, 생각한 것은 바로 입 밖에 내고, 작업의 실패 따위에는 말보다 먼저 손이 나오는 타입이었다.

"해보지도 않고 무엇을 알 수 있나?"가 입버릇으로, 간단히 포기하는 인간에 대해서는 노여움을 감추지 않았다. 그러나 그러한 소이치로의 직선적인 성격은 사원을 분발시키고, '오야지'라고 부르며 따르게 되었던 것이다.

또한 소이치로는 아이디어의 창출이 그리 간단한 것이 아니라는 것도 말하고 있다.

사람은, 나의 머릿속에 상상력이라고 하는 배터리가 가득 차 있어서, 차례차례 아이디어가 튀어나오는 것처럼 생각하고 있지만, 그러한 일은 없다. 갖은 고생 끝에, 이를테면 궁즉통(窮則通)의 문득 떠오른 생각인 것이다. 보통 사람과 같은 정도는 빗나간 호기심과 노력과 반성의 사이클을 회전시켜 녹초가 되면서 아이디어를 찾아내고 있는 것이 현상이다. (《자신의 장기를 발휘할 좋은 기회를 만나 신바람이 나서(得手に帆あげて)》 중에서)

누계 8천7백만 대의 세계 제일 많이 팔린 슈퍼커브

엔진은 도심지에서 소음을 흩뿌리지 않는 4스트로크로 처음부터 정해져 있었다. 그러나 50cc의 4스트로크 엔진은 세계 어디에서도 양산을 하고 있지 않는 것이었다. 작은 엔진에 고기능을 갖게 하여, 압도적인 좋은 연비를 실현하고, 싼값에 제공한다. 이것도 소이치로가 목표로 한 독자적인 방향성이었다.

누구라도 능숙하게 탈 수 있는 바이크로 하려고, 조작성에도 독자적인 아이디어를 도입했다. "메밀국숫집의 배달원이 한 손으로 탈 수 있는 차로 한다."

이것이 신차의 콘셉트였다. 배달원이 한 손으로 철가방을 들고 바이크에 타면 수동변속은 불가능하다. 클러치 조작을 손에 의지하지 않는다고 하는 발상이다. 손에 의한 클러치 레버의 조작을 생략한 자동변속장치의 개발이 시작되었다.

클러치 레버가 없는 것은 '드림 D형'에서도 도전했지만, 아직 완전한 것은 아니었다. 그것은 발로 페달을 밟는 것만으로 클러치가 변환되는 자동원심 클러치로 결실을 맺는다.

차체의 구조나 디자인에도 철저하게 신경을 썼다. 종래에 없는 경쾌함이나 연비성능을 높이기 위해서, 소이치로가 엄격히 주문한 것이 중량의 경감이었다.

담당 기술자는 조금이라도 가볍게 되도록 깎고 깎아서 최종적으로는 55kg이라고 하는 파격적인 무게로 가볍게 할 수가 있었다. 당시 등장하기 시작한 폴리에틸렌과 같은 신소재를 적극적으로 받아들이고, 대량생산을 향상시키는 전기용접 등의 신기술도 착착 도입했다.

자료: world.honda.com

⬡ 그림 2-9 혼다 '슈퍼커브'

또한, 당시는 전혀 생산되고 있지 않았던 17인치 타이어의 채용도 획기적이었다. 조종의 안정성이나 거친 노면에서의 주파성, 탈 때나 멈추었을 때 발의 놓임새를 생각하면, "이것밖에 없다."고 하는 판단이었다.

디자인도 혼다다움을 전면적으로 내세웠다. 유럽의 모페드는 탱크가 앞에 있어, 발을 올리고 걸터앉는 것이었다.

"스커트를 입은 고객도 사주는 차다. 방해가 되는 곳에 놓지 마라."

소이치로의 생각을 받아들여서, 스커트를 입은 여성이라도 경쾌하게 탈 수 있도록 가솔린 탱크의 위치를 뒤로 하고, 더욱이 엔진 부분에 커버를 씌워서 옷이 더럽혀지지 않는 궁리도 집중시켰다. 전체도 커버를 많이 이용해서 우아한 디자인으로 하고, 색상에도 신경을 썼다.

대중이 쌍수를 들고 절찬하는 상품은, 대중이 전혀 신경 쓰지 않았던 즐거움을 제공하는, 새로운 내용의 것이 아니면 안 된다. 소이치로는 항상 이렇게 생각하여, 새로운 '모노즈쿠리'에 도전해간다.

자료: dealbada.com

🏵 그림 2-10 스커트를 입은 여성도 경쾌하게 탈 수 있는 슈퍼커브

완성한 혼다의 모터사이클은 지금까지 없는 탈것, 운반도구로서 새로운 세계를 만들어냈다. 그때까지 오토바이에 탄 적이 없는 초심자, 여성, 여러 가지 배달을 하는 사람들, 통근, 통학용을 비롯하여 각종의 레저 등에서 쓸 수 있는 대중의 발로서, 혼다의 신제품 '슈퍼커브'는 뜨거운 주목을 받았다. 최종적인 시작품(試作品)이 완성되었을 때, 소이치로는 후지사와를 불러, 어느 정도 팔리는지를 물어보았다.

"월, 3만 대"

당시, 일본의 모든 오토바이의 전 판매대수가 월 4만 대의 시대이다. 소이치로도 역시 눈을 크게 떴는데, 현실은 그것을 능가하는 기세가 되었다. 다음해에는 연간 41만 대를 매출하여, 발매 15년째에는 천5백만 대, 2014년에는 누계 8천7백만 대를 파는 세계 제일의 대 베스트셀러로 성장을 계속했던 것이다.

혼다를 설립하고 불과 10년, 세계로의 발판을 만든 것도 이 '슈퍼커브'였다.

혼다가 왜 여기까지 발전했는가. 그 이유로서, 소이치로는 혼다에 전통이 없었다는 것을 들고 있다.

과거가 없으므로 미래밖에 없다. 오래된 관련이 성가시게 하지 않아 구애됨이 없이 할 수 있었다. 혼다에는 10년이라든가 30년의 역사를 자랑하는 전통을 가지게 하고 싶지 않다. 구태여 전통이라고 하는 말을 쓴다면 전통이 없는 전통, '날로 새롭다'고 하는 전통을 후세에 전하고 싶다.

전통이 없는 미래밖에 없는 회사는, 다음의 도전을 향해서 돌진한다.

남의 흉내를 그만두고 세계 제일을 쟁취한 맨섬 레이스

'슈퍼커브'의 대 히트로, 혼다밖에 안 되는 '모노즈쿠리'의 길은 확립되었지만, 소이치로가 전 사원에게 외친 '선언'은 아직 실현되어 있지 않았다. 레이스에서 승리하여 세계 제일이 되는 것. 소이치로는 스스로 이때의 일을 이렇게 말하고 있다.

나는 흉내를 내는 것이 싫기 때문에, 우리는 우리의 방식으로 하자고 하는 것으로 고생했던 것이다. 그러나 그들을 따라잡기까지 시간을 들여서 노력한 것이, 따라잡고 난 후의 기술력의 차이가 되었다. 우리들은 처음부터 고생하는 방법을 취했기 때문에, 그 다음은 쉬워졌다. 흉내를 내서 편해진 것은 그 후에 고생하게 된다. 연구자로서 중요한 점은 거기일 것이라고, 나는 언제나 생각하고 있다. 한 번, 흉내를 내면, 영구히 흉내를 내가는 것이다.

《나의 손이 말한다(私の手が語る)》 중에서)

자료: blog.naver.com

🌐 그림 2-11 맨섬 레이스의 꿈

1959년 6월, 가까스로 레이스용의 머신(경주용 자동차)이 완성되어, 혼다의 팀이 맨섬에 쳐들어가는 날이 찾아왔다. 세계의 레이스에서 이기기 위해서는 고회전, 고압력의 엔진이 반드시 필요하다. 남의 흉내를 내는 일 없이 독자적인 기술로 그것을 성취하고 싶다고 하는 소이치로의 신념이 결실을 맺고 있었다.

소이치로는 기술진을 계속해서 격려하고 용기를 주었다. 트레이닝이 시작되자, 별난 일본인이라고 말을 걸어오는 사람들도 많았다.

"어디의 오토바이로 나오는가?"

"일본의 혼다다."

믿어지지 않는다고 하는 얼굴을 한 사람들의 눈앞에서, 혼다 팀은 처음으로 달리게 되는 포장된 공도(公道)에서의 레이스 트레이닝에 힘썼다.

처음 참전하는 125cc로, 4명의 라이더(rider)가 혼다 차로 레이스에 감연히 대처했다. 완주하는 것조차 어렵다고 생각된 레이스에서, 혼다는 6위, 7위, 8위, 10위라고 하는 성적을 올렸다.

자료: edaily.co.kr

🔹 그림 2-12 1959년 맨섬 TT 레이스에 처음 출장한 혼다 팀

우승에는 손이 미치지 못했지만, 전원 완주해서 팀상을 수상하게 되었다. 처음 참전에서 단체우승을 달성한 것은, 무명의 오토바이 메이커의 쾌거로서 현지에서 보도되었다.

혼다의 레이스 도전은 계속된다. 다음 해의 맨섬 레이스에서는 눈에 띄는 성적을 올리지 못했지만, 독일 그랑프리에서는 250cc 클래스에서 3위 입상을 한다. 일본인이 처음으로 시상대에 오르게 되어 일본의 모터 스포츠계 최초의 쾌거로 된 것이다.

3년째는 세계 GP 시리즈에 모두 참전해서, 맨섬 레이스에서는 125cc와 250cc의 클래스에서 1위에서 5위를 혼다가 독점했다. 소이치로의 '선언'이 현실이 되어, "세계 제일이 된다."고 하는 혼다 전 사원의 꿈이 실현되었다.

영국의 〈데일리 미러〉(Daily Mirror) 지에 이러한 기사가 게재되었다.

우리들이 일본의 차를 분해해 보고, 솔직히 말해서 우리들을 놀라게 할 만한 우수성은 있었다. 차는 손목시계처럼 만들어져 있었다. 그리고 그것은 누구의 복제품이 아니었다.

《혼다 소이치로와의 100시간(本田宗一郎との100時間)》 중에서)

자료: carpang.com

🔷 그림 2-13 1961년 레이스에서는 1위에서 5위를 독점하는 쾌거를 올린 혼다 팀

소이치로의 철학이 담긴 스즈카 공장의 완성

1959년, 슈퍼커브의 증산에 대처하기 위해서도, 혼다는 새로운 공장을 만들게 되었다. 몇 군데 후보지는 있었지만, 소이치로가 결정한 것은 미에현(三重県) 스즈카시(鈴鹿市)였다.

소이치로는 '모노즈쿠리'뿐만 아니라, 그 현장이 되는 공장에도 독자적인 생각을 가지고 있었다. 예를 들면, 1952년에 시라코(白子) 공장(사이타마현 와코시, 埼玉県和光市)을 구입했을 때도 혼다가 아니고는 없는 방식을 관철하고 있다. 공장을 보수할 때에, 최초로 말한 것은, 당시 아직 적었던 수세식 화장실을 만들라고 하는 것이었다.

"인간은 들어가는 곳과 나오는 곳을 깨끗이 하지 않고, 어떻게 아름다운 제품

을 만들어 낼 수 있겠는가."라고, 공장견학에 온 사람에게는 먼저 화장실을 안내
하여 얼마나 청결한지, 어디 근무처로부터도 가까운지를 열심히 설명했다.

 또한 혼다 공장 사원의 트레이드 마크가 되어 있는 상하 순백의 제복도 소이치
로가 관여한 것이었다. 당시, 공장은 어느 회사라도 사복이 많았던 시대이다. 흰
제복이라면 더러운 부분이 눈에 띄고, 가능한 한 현장을 깨끗이 하게 된다고 하
는 이유 때문이었다. 소이치로는 회사에 가면 사원과 같은 제복을 바로 껴입고,
항상 현장에 있는 것을 좋아했다.

자료: hondatwins.net

 그림 2-14 제복 차림의 소이치로

 "에어컨디션은 기계나 제품에 좋을 뿐만 아니라 무엇보다 공장에서 일하는 사
람들이 기분 좋게 일할 수 있다고 하는 이점이 있다."고 남보다 빨리 공장에 에
어컨을 들여놓았다.

소음을 방지하는 것도 혼다는 일찍부터 열심히 몰두하고 있었다. 일하는 사람을 소중히 하고 싶다, 남에게 페를 끼치지 않는다고 하는 '인간존중'의 사고방식이 근본에 있었던 것이다.

신공장이 스즈카에 결정된 하나의 요인에, 스즈카시 측의 대응이 있었다. 공장이 진출한다는 이야기가 나오자 어디에서나 공장의 이야기는 뒤로 미루고, 시내 유력자가 나가 영접해서 매우 호사스러운 접대가 시작된다.

그런데 현지를 방문한 일행을 당시의 스즈카 시장은 작업복 차림으로 출영하여, 차가운 차가 한 잔 나온 것뿐으로, 소이치로 등은 재빨리 현지에 안내되었다. 시장이 신호를 하자, 아득히 멀리서 일제히 깃발이 올라갔다. 광대한 용지의 전모나 특징이 한눈에 알 수 있도록 한다고 하는 선처였던 것이다.

"토지나 물이나 전기 전에 사람이 먼저야. 거기에 있는 사람을 택하는 것이야."

이것도 소이치로가 했던 말이다. 소이치로에게는 '인간본위'의 사고방식이 항상 있었다. 사장인 체하고 있는 것도 싫어했다.

과장, 부장, 사장이나 요리사, 맹장, 탈장도 마찬가지이다. 요컨대 부호인 것이다. 명령 계통을 확실히 하기 위해서 부호가 있는 것이지, 인간의 가치와는 전혀 관계가 없다.

(《자신의 장기를 발휘할 좋은 기회를 만나 신바람이 나서(得手に帆あげて)》중에서)

호텔에 체크인할 때, 직업난에 언제나 '회사원'이라고 소이치로는 썼다. 직함이나 신분으로 인간을 보지 않는 소이치로다운 사고방식이었다.

소이치로는 또한 공장이 지역사회에 융합되는 것도 이상으로 했다. 견학자를 위해서 통로를 미리 마련한 것을 비롯하여, 큰 구매점을 만들지 않고 그 고장에서 쇼핑을 하도록 배려한다거나 사내에 병원을 만들지 않고 일반병원을 지정병원으로 한다거나 했다. 혼다의 '성시(城市)'[3]가 되지 않도록 사택을 만들지 않은 것도 그 철학이었다.

---

3) 성을 중심으로 발달한 도시

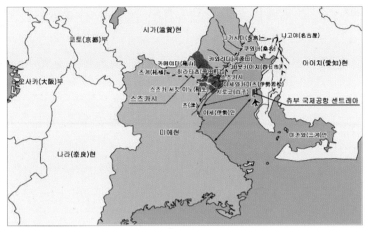

자료: kanko.suzuka.mie.jp.e.oy.hp.transer.com

🔷 그림 2-15 스즈카시 위치

나중에 스즈카시는 도시에 큰 번영을 가져옴으로써 시의 이름을 '혼다시'로 하자고 제안했지만 자기의 이름을 회사명으로 한 것도 후회하고 있었다고 하는 소이치로는 그 자리에서 거절했다.[4)]

소이치로는 이 스즈카의 신공장을 혼다의 철학을 체현하는 것으로 생각하고 있었다. 그리하여 "창의고안하여 스즈카에 모델 공장을 만들어라."고 지령을 내렸던 것이다.

소이치로가 결정한 것은 스즈카라고 하는 공장의 장소뿐이고, 20대의 젊은이 그룹에게 나머지 모든 것을 맡겼다.

"일찍이 어디에도 없는, 합리적인 수법을 구사한 대량생산 공장일 것", "투자액은 제한이 없지만, 2년에 회수한다.", "지역사회에 밀착한 것으로 한다."이 세 가지를 조건으로 획기적인 공장이 출발했다.

---

4) 이에 비해서 도요타시(豊田市)는 일본 아이치현 중북부에 있는 시이다. 원래 도시 명칭은 고로모시(挙母市)였으나 이 지역에 위치한 회사 도요타 자동차가 유명해지면서 이름을 본떠서 개명하였다.

지역에 폐를 끼치면서 제품을 만들지 않으면 안 되는 기업이었다면, 바로 폐업해야 한다.

(《혼다 소이치로 어록(本田宗一郎語錄)》 중에서)

　　소이치로는 언제나 그렇게 생각하고 있었다. 공해문제가 세상을 떠들썩하게 하기 전부터 절대로 더러워진 물건은 출하하지 않는 것을 철저히 하고, 배연(排煙)이나 배수(排水)를 엄격하게 통제하며, 어두운 곳을 만들지 않기 위해서 가로조명도 다수 설치했다. 그때까지 주류였던 철골 슬레이트 공장이 아니라, 철근 콘크리트로 창문이 없고 완전한 에어컨디션을 갖추고, 공장과 도시를 가로막는 벽이 없는 신공장이 모습을 나타냈다.

자료: carlife.net

　🌐 그림 2-16 스즈카 제작소의 완공 때 모습

　　1960년, 공장은 완성되었다. 그 다음해 6월, 슈퍼커브의 생산대수는 1백만 대를 돌파해서 '슈퍼커브' 전 기종도 사이타마 제작소에서 이관되고, 스즈카 제작소는 혼다의 미래를 선취한 공장이 되어 간다. 약 34억 엔 들인 비용도 2년 반 정도로 회수할 만큼 효율적인 대량생산이 가능하게 되어 코스트도 내려가고, 경영에도 탄력이 붙었다.

이 공장은 당연히 '슈퍼커브'의 생산을 목적으로 하고 있었지만, 실은 공장의 설계를 맡은 젊은 기술자들은 이때 이미 혼다가 자동차를 만들 때에도 대응할 수 있는 신축성(flexibility)을 포함시키고 있었다. 소이치로의 꿈이 슈퍼커브로 멈출 것은 아니라는 것을 알고 있었기 때문이다.

연구 제일을 목적으로 혼다기술연구소를 설립

스즈카 제작소가 가동한 1960년, 혼다는 획기적인 회사의 기구개혁을 실시했다. 보통, 연구소는 사내에 두는 것이 상식이었는데, 기술자 집단의 회사를 별도로 만들어버린다고 하는 혼다익 독자적인 발상이었다. 소이치로가 스스로 보인 바와 같이 혼다의 '모노즈쿠리'는 날로 새로운 것에 대한 도전이 근저에 있었다.

"모든 연구라고 하는 것은 실패의 연속이며 99% 이상은 실패라고 각오하지 않으면 안 된다."고 소이치로가 항상 말하고 있었듯이, 새로운 도전은 많은 실패를 수반하는 것이다. 그리하여 연구는 이익으로 직결하는 것도 아니다.

거기에는 연구소를 "오직 생산으로 이윤을 추구하는 회사의 안에 두면, 아무래도 의붓자식 취급받는 경향이 많아진다. 그래서는 훌륭한 연구를 계속할 수는 없다."라고 하는 사고방식이 있었다.

자료: carlife.net

⬡ 그림 2-17 도치기(栃木) 혼다기술연구소를 방문한 한국 기자단

그것이 연구소를 독립시켜서 별개의 회사로 한 이유였다. 하나하나의 연구에 성과를 묻는 것이 아니라, 연구소가 혼다기연공업의 매출의 3%(나중에 5%)를 기술개발에 쓴다고 하는 획기적인 시스템이다. 피라미드형의 조직이 아니라, 한 사람 한 사람이 리더가 되어 책임을 지는 것이 요구된다. 여기에서는 연구자가 자유로운 발상과 연구에 전념할 수가 있고, 가령 실패하더라도 기술자의 자신감과 프라이드를 지킬 수 있다. 그리하여 기술자에게 '모노즈쿠리'의 이상적인 환경을 제공함과 동시에, 남의 흉내가 아닌 전혀 새로운 것을 만들어 내는 것을, 소이치로는 기술자 한 사람 한 사람에게 부과한 것이다.

거기에는 또한 혼다 소이치로라고 하는 천재에게 지나치게 의지해왔다고 하는 반성과, '혼다 소이치로'가 몇 명이고 나타나는 것이 혼다의 미래에는 필요하다고 하는 생각도 있었다.

미국에서 받아들인 일본의 오토바이

이 무렵, 소이치로의 또 하나의 꿈을 실현하고자 하는 도전이 시작되고 있었다. 오토바이를 해외에 파는 것이었다. 목표로 한 것은 자동차 대국인 미국이다.

이미 미국에서는 자동차가 보급되어 있어, 당초에는 동남아시아에 수출할 생각도 있었지만, 혼다가 세계 제일이 되기 위해서는 세계의 시장을 개척하지 않으면 의미가 없다. 감히 미국에서 혼다를 파는 과감한 도전이 시작되었다.

생산 메이커는 제품을 외국에 판매하기 위해서 상사의 루트를 이용했지만, 혼다는 상사의 손을 빌리지 않고, 직접 해외시장을 자신들의 손으로 획득하고자 했다.

혼다는 굳이 고생스러운 길을 택하여, 1959년 6월, 현지법인인 아메리칸 혼다 모터를 로스앤젤레스에 설립한다. 그러나 처음 1개월에 판매한 오토바이는 불과 8대였다.

당시의 미국은 대중의 발로써 자동차가 쓰이고 있어, 오토바이는 대형의 것이 선호되고 있었다. 할리 데이비슨(미), NSU(독), BMW(독), 트라이엄프(Triumph)(영), 노튼(영) 등 대형 바이크가 연간 6만 대 정도 팔리는 시장이었다. 이것을 타는 사람들은 '블랙재킷'이라고 불리고, 대배기량과 중후한 엔진 소리, 차체의 디자인 등은 그들의 취미에 맞춘 것이었다.

그래서 혼다가 생각한 것은, "레저를 좋아하고 취미관련 산업도 발달한 미국의 나라 사정을 검토하여, '놀이의 발'로서의 시장을 만들 수 있지 않을까."하는 것이었다.

먼저 영업맨이 향한 곳은 낚시용품점이었다. 해변이나 강까지 자동차로 간다고 하더라도 험로가 많은 물가의 좁은 길 등에는 대형의 오토바이로는 갈 수 없다. 물가까지 가볍게 이동할 수 있는 혼다의 경쾌하고 소형인 오토바이를 쓸 것을 제안했던 것이다.

운동구점, 모터보트 판매점 등 레저 분야를 점찍은 혼다는, 레저에 특화된 '헌터커브'도 개발한다. 교통체증 때나 잠깐 동안 산보할 때 발 노릇을 하는 혼다는 인기가 있었다.

자료: pictastar.com

🌐 그림 2-18 헌터커브

"Young meet the Nicest People on a Honda(멋있는 사람 혼다를 탄다)."라고 하는 한 페이지 광고를 'Life'에 내는 등, 대대적인 전미(全美) 캠페인도 전개했다. 검정색 복장의 남자들로부터 보통의 미국인에게 판로를 넓힌 혼다의 오토바이는 시장의 70%를 제패하는 결과가 되었다.

자료: popularmechanics.com

🔷 그림 2-19 혼다의 광고

1961년, 독일에 유럽 혼다 모터를 설립했다. 다음해 62년에는 벨기에에서 현지 생산을 시작했다. 이 공장은 일본이 처음으로 당시의 EEC(유럽경제공동체) 지역에 만든 현지 생산 공장이 되는 등, 혼다의 세계 진출이 남보다 빨리 진행되었다.

자료: m.post.naver.com

🔷 그림 2-20 1962년에 벨기에에 공장을 설립, 슈퍼커브를 현지 생산해 판매에 돌입

2. 최대의 꿈, 혼다가 자동차회사가 되다

1961년 5월, 자동차업계에 거센 바람이 불어닥쳤다. 통산성(현, 경제산업성)으로부터 자동차 행정의 기본방침이 발표되었던 것이다. 나중에 '특정산업진흥임시조치법'(특진법)이 되는 것이다.

당시의 미국은 자동차, 컴퓨터, IC(집적회로)의 무역자유화를 요구하고 있었다. 그래서 국제경쟁력이 약한 자동차, 특수강, 석유화학의 세 분야를 특수산업으로 지정하고, 행정주도로 국제경쟁력을 강화하고자 했던 것이다.

이것은 자동차회사를 ① 양산차(도요타, 닛산, 마쓰다), ② 특수차량(프린스, 이스즈, 히노), ③ 미니카/경자동차(후지중공업, 마쓰다)의 세 그룹으로 재편성해서 신규 참가를 제한하고자 하는 것이었다.

수입자유화를 1963년부터 하고, 신규 참가는 통산성의 허가제가 된다. 그 실제는 완성차 메이커를 집약화하여, 법안 성립까지 생산 실적을 필요로 하는 것으로, 신참자는 자동차를 만들지 말라고 하는 것과 같았다.

"자유롭게 자동차를 만들 수 없는 거야."

누구보다도 '통제를 싫어하고, 경쟁을 좋아하는' 인물이며 "양품에 국경은 없다.", "자유경쟁이 산업을 키운다."가 지론인 소이치로가 격노한 것은 당연하다.

세상에는 기술을 주체로 생각하고 회사의 발전을 도모해야 하는 바를, 정치의 힘을 빌려서 경영을 재정비하고자 하는 경향이 있는데, 이것은 큰 잘못이다.

《또 한 사람의 혼다 소이치로(もう一人の本田宗一郎)》중에서

소이치로는 "사륜 메이커가 난립하면 국제경쟁력이 약해지므로, 정치의 힘으로 통제한다."고 주장하는 관료의 톱과도 격돌한다. 이 법안은 폐안(廢案)이 되었지만, 민간인이 끝까지 자기의 의견을 주장하고, 관리들과 당당히 논쟁을 벌인 것은 전대미문이었다.

실은 혼다에서는 오토바이의 다음 시대를 내다보고, 1958년경부터 사륜차의

개발이 시작되고 있었다. 이것에는 통산성이 55년에 발표한 '국민차 구상'도 계기가 되었다.

"네 명이 타고 시속 100km, 판매가격 15만 엔"이라고 하는 누구나 살 수 있고, 그럼으로써 생활을 즐길 수 있는 자동차의 보급목표이다.

시라코(白子) 공장 내의 기술연구소에 50명 가까운 기술자를 모아서, 은밀하게 사륜자동차의 연구, 개발이 시작되었다. 1959년에는 시제품이 완성되었는데, 소이치로는 일본의 자동차를 세계에 통용시키기 위해서는 "이륜에서 실시하고 있던 레이스를 선전에 활용해야 한다."고 스포츠카의 개발을 지시했다.

한편, 후지사와 타케오(藤澤武夫)는 "상용차의 수요가 커진다."고 경트럭의 개발을 지시했으므로, 두 가지 자동차의 개발이 동시진행돼가고 있었다.

이 무렵, 혼다는 일본 최초가 되는 본격적인 레이스장인 스즈카 서킷의 건설도 추진하고 있었다. 고속도로도 아직 개통되지 않고, 자동차 메이커에 테스트 코스도 없는 시절에, 소이치로의 레이스에 기울인 생각이 모습을 갖추어가고 있었다.

자료: m.post.naver.com
🔆 그림 2-21 스즈카 8시간 내구 레이스가 열리는 스즈카 서킷

1962년 6월, 건설 도중의 스즈카 서킷에서 실시된 제11회 전국혼다회총회(혼다회, 판매점총회)에서, 혼다 최초의 자동차가 공개되었다.

경트럭의 'T360'과 경사룬스포츠카 'S360'이 모습을 나타낸 것이다. 소이치로 자신이 운전해서 등장한 것은, 새빨간 차체, 흰색으로 가장자리를 꾸민 타이어가 눈에 띄는 오픈카였다. 빨갛게 도장된 자동차 자체가 정말로 획기적이다. 당시 자동차의 빨간색은 소방차, 구급차로 구별하기 위해서 금지되어 있었다.

자료: pinterst.com

🔶 그림 2-22 혼다 S360

"빨간색은 디자인의 기본이다. 세계의 일류 국가에서 국가가 색을 독점하는 예는 없다."고 소이치로가 반기를 든 것이 빨간색이었던 것이다.

다음해 혼다의 자동차의 출발점이 되는 스포츠카로 파워를 올린 'S500'과 경트럭 'T360'이 발매되었다. 그러나 기대를 모았던 그 자동차의 평판이 좋지는 않아, 소이치로는 재빨리 다음 도전으로 향해 달리기 시작한다.

일본다운 승용차 'N360'이 대히트

1960년대에 일본은 본격적인 모터리제이션(motorization)의 시대를 맞이하게 된다. 1966년, 일본의 자동차 생산 수는 세계 3위로 228만 대를 생산한다. 다음 해 1967년에는 315만 대를 생산해서 미국에 이어서 세계 2위의 생산국이 되었던 것이다. 혼다는 자동차 메이커로서 경합에 나서기는 했으나, 히트에 이르는 자동차의 생산이 안 되고, 모색의 시간을 거듭하고 있었다. 자동차 시장에서는 소형 승용차를 둘러싸고 앞서가는 대기업이 냉엄한 경쟁을 펼치고 있었다. 그 사이즈나 성능에 관해서 혼다에서도 여러 가지 논쟁이 이루어지고 있었다.

자료: graphicdream.deviantart.com

🌐 그림 2-23 혼다 S500

"자동차가 소형이 되더라도 타는 인간은 소형이 되지 않는다. 자동차만을 소형으로 하는 것은 어렵다. 거주성의 문제에서 닷산 정도가 최소이다.", "지금까지 다수 만들어진 경자동차는 결코 일본의 도로에 적합하지 않다. 그 이유는 마력이 없기 때문으로, 마력은 감정을 지배하는 것이며, 마력이 없으면 가속이나 스피드가 나오지 않는다. 달리고 있어도 추월이 불가능하기 때문에 사고가 많은 원인이 된다." (〈전해 내려가고 싶은 이야기 도전 50년(語り繼ぎたいこと チャレンジの50年)〉)

자료: it.chosun.com

🔷 그림 2-24 혼다의 첫 대량생산 경차 N360

일본의 경자동차에 대해서 소이치로가 한 말이다. 콤팩트하게 하는 것만으로 거주성이 없고, 파워도 없는 자동차로부터의 탈피가 목표였다.

지금까지의 경자동차는 스피드가 충분히 나오지 않고, 좁아서 거주성(居住性)에도 만족할 수 있는 것은 아니었다. 좁은 것을 참지 않고 여유가 있는 공간을 확보하기 위해서 혼다가 먼저 집중한 것이 캐빈(객실)의 설계였다.

"작은 것은 크게 보이도록 하고, 큰 것은 콤팩트하게 한데 모은다."

이러한 모토(motto)를 내걸고, 소이치로 스스로 점토 모델을 반죽해서 디자인 연구가 진척되었다. 자동차의 공간을 크게 세 부분으로 나누어서, 엔진 등의 메카니컬(mechanical) 부분을 가능한 한 작게 하고 객실을 최대한으로 크게 하며, 화물을 많이 담는 트렁크룸을 마련하는 설계가 완성되어 갔다. 더욱이 바퀴를 차체의 네 구석에 최대한 배치하고, 후륜구동이 주류였던 데 비해서, 공간에 여유가 있는 전륜구동 FF방식(프론트 엔진·프론트 드라이브)을 채용했다.

혼다가 사운을 건 새로운 자동차의 콘셉트가 굳어져 갔다. '저가격의 추구', '타고 바로 그 차에 익숙해지는 운전의 용이함', '스피드나 동력성에 여유를 갖게 한다', '고속도로에서도 안전', '원거리 운전에서도 쾌적' 등, 혼다 독자적인 경자동차의 형태가 모습을 나타내가고 있었다.

자료: bong8nim.com

⚙ 그림 2-25 소이치로 "내가 지금까지 한 일 중 99%는 실패였다."

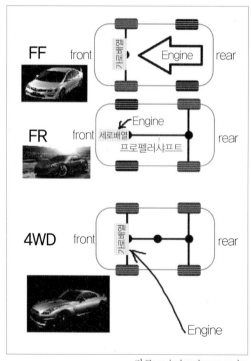

자료: m.bobaedream.co.kr

⚙ 그림 2-26 자동차 구동방식

타는 사람이 최대한의 만족을 얻고, 불만을 최소로 한다고 하는 '유틸리티 미니멈'이라고 하는 혼다 독자적인 사상이 명확히 드러났다. 1966년 10월, 혼다 최초의 본격적인 양산 경자동차 'N360'의 발표와 시승회가 개최되었다.

"N360은 먼저 객실부터 설계를 시작했습니다."

자동차의 설명이 시작되고, 그 디자인의 오리지널리티와 스포츠카와 같은 수준의 성능에 방문한 사람들은 놀라움을 감추지 못했다.

당시의 경자동차가 20마력 정도였던 것과 비교해서, 'N360'은 31마력의 파워를 자랑하고, 최고 스피드는 시속 115km, 오토바이 기술을 최대한으로 살린 소형고회전 엔진을 탑재하고, 레이스에서 가꾸어온 코너를 고속으로 도는 스티어링 기술도 주목을 받았다. 게다가 다른 메이커의 경자동차가 35~39만 엔이었던 데 비해서 31만3천 엔이라고 하는 가격도 매력이었다.

자료: nihon.tistory.com

🔶 그림 2-27 혼다가 본격적으로 양산을 시작한 첫 승용차 N360[5]

---

5) N은 일본말로 탈것이란 뜻의 乗り物(노리모노)의 일본어 발음의 로마자 첫 글자인 N이라고 한다. 타는 사람이 최대한의 만족을 얻고, 불만을 최소로 한다고 하는 '유틸리티 미니멈'이라고 하는 혼다 독자적인 사상이 명확히 드러났다.

다음해 3월에 'N360'이 판매되기 시작하여, 발매 2개월에 업계 톱으로 오르게 된다. 3개월 후에 5천 대를 매출하여 '스바루360'[6]이 독주하고 있던 경자동차 월간 판매대수를 앞지른다. 당시 경자동차의 생산이 연간 6만 대의 시대에, 'N360'은 10만 대, 4년에 70만 대를 파는 대히트가 되었던 것이다.

자료: goodspress.jp

🕸 그림 2-28 스바루360

거주성(居住性), 안전성, 고성능으로 출중한 외에 복층(複層) 유리나 플라스틱을 많이 사용한 선진성을 'N360'은 가지고 있었다. 처음으로 '일본다운 승용차'라고 만족스럽게 부를 수 있는 자동차가 현실이 되었던 것이다.

고속도로에서나 일반도로에서나 보통차에 지지 않는 달리기와 어른 4명이 넉넉히 앉을 수 있는 거주성을 가진 'N360'은, "보통차를 살 수 없어서 경자동차를 사는 것이 아니라, 자기에게 최적이므로 산다."고 하는 자동차에 대한 사고방식이나 가치관도 바뀌었던 것이다.

"앞으로 자동차를 가지고 있는 것은 당연한 것이고, 오히려 가지고 있지 않은

---

6) 일본의 자동차 제조사 스바루에서 1958년부터 1970년까지 생산한 경차이다.

쪽이 이상하다고 하는 시대가 된다. 그렇다고 큰 자동차를 타면 반드시 위대하다고는 생각되지 않는다."

소이치로는 자동차에 기울인 생각을 기자회견에서 이렇게 말했다. 혼다가 진짜 자동차 메이커가 됨으로써 업계의 지도가 크게 달라지게 된다.

결함차 소동으로 고소. 혼다의 절체절명(絕體絕命)인가

'N360'으로 당당하게 사륜 메이커가 된 혼다였지만, 생각하지 못한 역풍이 미국으로부터 불어오게 된다. 당시, 미국에서는 변호사인 랄프 네이더가 자동차의 안전성에 문제의식을 가지고, 대기업 GM의 결함차를 고발하는 등, 소비자보호 운동이 높아지고 있던 시기였다.

자료: koreamonitorusa.com

🔷 그림 2-29 소비자 보호운동의 기수 랄프 네이더(Ralph Nader)

이 운동의 영향을 받아서 일본에서도 1970년에 일본 자동차 유저유니온이라고 하는 소비자단체가 새로 일을 시작하게 된 것이다.

'마이카 집단, 단결하라'의 기치 아래 자동차 메이커를 소비자의 입장에서 감시하고자 하는 활동이 시작되고, 그 표적이 되었던 것이 혼다의 'N360'이었다. 그 압도적인 인기와 판매실적은 그들이 타깃(target)으로 하는 데 충분했던 것이다.

일본의 네이더를 지향한 단체는 집요하게 'N360'을 추궁했다. 시속 80km로 주행하면 갑자기 구불구불 나아간다고 하는 '결함'을 세상에 어필했다.

이 영향을 크게 받아서 'N360'은 급격히 팔림새가 저하했다. 소이치로가 판매 책임자로서 도쿄중앙지방검찰청에 고소되었던 것이다.

우리들은 교통기관을 다루고 있는 한, 책임이라고 하는 것을 절대적으로 가지고 있다. …… 교통기관이라고 하는 것은 사람을 죽이기 때문이다. …… 우리들이 흠진 물건을 판다면 큰일이 되고 만다. 그러므로 이 직업에 대한 마지막, 절대적인 책임의 소재를 분명히 한다.

(〈전해 내려가고 싶은 이야기 도전 50년(語り繼ぎたいこと チャレンジの50年)〉)

소이치로는 자동차를 만드는 인간은 평상시 사회적으로 책임이 있다고 생각하고 있었다.

"어려운 문제에 부딪혔을 때일지언정, 문제를 주시하고 바로 정면에서 파악하자."라고 하는 소이치로의 철학이 거기에 있었다.

소이치로의 지시로 국회 자문에 혼다의 임원이 서서, 설계상에 비판을 받을 만한 결함이 없다는 것을 주장했다. 혼다 측도 여러 가지 관점에서 결함이 없다는 것을 계속 반증했다. 결국, 오랜 시간은 걸렸지만, 사고와 차체의 결함성에 인과관계는 없다고 불기소되고, 이 소비자단체가 혼다를 포함한 자동차회사 여러 회사를 공갈하고 있었다는 사실이 밝혀지는 등 우여곡절 끝에, 이 문제는 해결되었다.

이 사이에 혼다가 받은 타격은 큰 것이었지만, 자동차의 안전이나 사회적인 존재에 관해서, 혼다는 독자적인 이상을 추구해 가게 된다.

자동차 최후발의 혼다가 F1 레이스 도전을 선언

1964년, 혼다는 사람들을 놀라게 하고 어이가 없게 하는 '선언'을 다시 세상에 공표한다. 자동차 레이스의 최고봉인 F1에 혼다가 참전한다고 한 것이다.

"자신이 제작한 자동차로 전 세계의 자동차 경쟁의 패자가 된다."고 하는 꿈을 실현하고자 달리기 시작했다.

일본 국내의 어느 자동차 메이커도 경악했다. 이때 혼다는 전년도에 경트럭 'T360'과 소형 스포츠카 'S500'을 발매했을 뿐인 회사이며, 사륜차의 최후발 메이커였다. 그 회사가 모터스포츠의 최고봉에 도전한다고 하는 것이므로, 놀라는 것은 당연했다.

F는 포뮬러(formular; 정식의, 공식의)를 의미한다. 중량, 배기량, 타이어사이즈, 급유 등 여러 가지 규제조건이 정해진 레이스이며, 그 중에서도 최대, 최고, 최속의 것이 F1 세계선수권 레이스이다. 세계 십수 개국의 서킷을 전전하고 16회 전후의 레이스를 실시하여, 연간 득점에 의해서 그랑프리가 정해진다. 최고 시속은 350km 이상이다. F1에서 승리한 자동차는 세계에서 가장 빠르고, 그 메이커는 세계 제일의 기술력이 있다고 칭찬받게 된다. 일본 국내의 다른 메이커는 일본 국내시장을 향해서 여러 가지 프로모션을 전개하고 있었는데, 혼다만은 레이스에 대한 의의를 확실히 의식하고 있었던 것이다.

자료: carlife.net

🌸 그림 2-30 후발주자 혼다, F1에 도전하다

연구가 시작되었는데, 무엇을 어떻게 하면 좋을지 오리무중 속에서 망망대해에 배를 타고 나아간 것 같았다.

"승리하기 위해서는 이만큼 내라."고 소이치로가 270마력이라고 하는 목표를 설정하고, F1 머신에는 'R270'이라고 하는 코드네임이 붙여졌다. "참가하는 이상은 이기지 않으면 의미는 없다."고, 밤을 새며 설계에 분투하는 소이치로의 모습에 개발 팀도 분발했다.

가까스로 만족할 만한 엔진이 만들어지고 참전할 체제도 갖추어졌는데, 당시의 혼다에는 차대(섀시, chassis)를 만드는 기술은 없었다. 그래서 유럽의 F1 팀 중 로터스에 혼다의 엔진을 공급하는 방법으로 참전이 정해졌다. 그런데 상대방의 사내 사정으로 F1에 참가할 수 없게 되자, 고심 끝에 아이보리 화이트에 새빨간 붉은 원이 그려진 F1 머신 제1호 'R271'이 완성되었다.

자료: en.wikipedia.org

🌐 그림 2-31 혼다 R271

1964년 8월, 독일 그랑프리에서 일본으로부터 참전한 F1 머신이 세계의 영광스러운 무대에 섰다. 제1전은 나머지 3바퀴 남겨놓은 곳에서 머신은 충돌사고(crash)로 탈락했다. 결승에서는 9위까지 바싹 뒤쫓았지만, 결과는 참패라고 할 수 있는 것이었다. 그 해 혼다는 3번 참전해서 모두 탈락이라고 하는 결과를 가져왔던 것이다. 그러나 이 패배는 소이치로의 '세계 제일 정신'에 불을 붙였다.

1965년의 멕시코 그랑프리. 표고(標高) 2,000m의 고지에 서킷(circuit)이 있다. 공기가 희박한 레이스 환경하에서, 독자적인 연료분사장치가 효력을 발휘한 점도 있고, 혼다의 머신은 출발부터 맹렬한 질주(dash)를 보였다.

혼다는 출발부터 선두를 달려서 그대로 끝까지 유지했다. 참전 2년째 이미 세계 제일이 된 것이다. 멕시코 그랑프리 최초 우승 기자회견에서, 소이치로는 이렇게 말하고 있다.

우리들은 자동차를 만드는 이상, 가장 어려운 길을 걷는다고 하는 마음으로 그랑프리 레이스에 출장했다. 이기든 지든 그 원인을 추구하고 그 기술을 신차에 착착 도입해가고 싶다.

《《혼다 소이치로 꿈을 힘으로(本田宗一郎 夢を力に)》》

자료: carholic.net

🔷 그림 2-32 1965년 F1 최종전에서 당당히 우승을 차지한 혼다

F1은 '달리는 실험실'이 되어, 도전이 사람을 키우고 새로운 기술도 생겨났다. 소이치로의 은퇴 후에 역대 사장이나 고명한 기술자는, 레이스에 참가한 기술자로부터 많이 배출하게 된다. 레이스에서 길러진 여러 가지 기술이 시판하는 자동차에 반영되고 있었던 것이다.

1967년, 혼다의 머신은 이탈리아 그랑프리에서 두 번째의 승리를 쟁취하는 등, 혼다의 자동차 메이커로서의 이름은 높아져 갔다.

그러나 혼다 소이치로라고 하는 희대의 천재가 이끄는 조직은 한 사람의 재능에 모든 것을 맡긴 폐해도 일어나기 시작한다.

공랭 엔진을 탑재한 경자동차 'N360'의 대성공으로 소이치로는 "세계에서 통용되는 엔진은 공랭(空冷)이 아니면 안 된다."고, 이것에 이어지는 본격적인 공랭에 의한 소형승용차의 개발과 F1용의 공랭 엔진의 개발을 명했던 것이다.

소이치로는, 독일의 롬멜 장군이 사하라 사막에서 영국군을 타파한 것은, 독일의 전차가 공랭 엔진이었기 때문이라고 하는 전쟁 중의 이야기까지 꺼내서 공랭에 사로잡혔다.

그러나 젊은이를 중심으로 하는 기술진은 공랭이 시대에 뒤지고, 앞으로는 수냉 엔진이 주류가 되어 간다고 주장했다. 결국, 두 가지 방식으로 개발은 진행하게 되고, 새로운 것에 대한 일환이 되어 도전해가는 혼다의 '모노즈쿠리'가 전도다난(前途多難)한 사태를 맞이하게 된 것이다.

자료: monthly.chosun.com

그림 2-33 혼다가 제작한 F1 경주 자동차 위에 앉은 혼다 소이치로

소이치로의 생각을 담은 공랭 엔진의 머신은, 1968년의 프랑스 그랑프리에 참전한다. 그러나 결전에서 그 머신은 코너를 끝까지 돌지 못하고 제방에 돌진하여 드라이버인 죠 슈레이서가 불에 타죽는 뼈아픈 사고도 일어났다.

　또한 공랭 엔진을 탑재한 소형차의 개발에도 '수냉·공랭 논쟁'이 먹구름을 가져와서, 'N360'의 다음에 개발한 공랭 소형자동차가 판매부진이 되어 혼다의 경영은 급속히 악화되게 된다.

　소이치로의 꿈을 실은 F1이었는데, 그 해로 혼다의 F1에 대한 도전, 그 제1기는 막을 내렸다.

제4차 산업혁명의 기린아 | 기술자의 왕국 혼다 |

혼다 소이치로의
DNA

CHAPTER 03

혼다 소이치로의 DNA

1. 수냉이냐 공랭이냐

1967년 9월, 혼다는 'N360'의 대 히트를 이어서 본격적인 승용차에 대한 진출을 결정한다.

전년 1966년은 일본의 사륜차 생산대수가 미국, 서독(당시)에 이어서 세계 3위가 된 해이다. 일본 국내에서는 닛산의 서니, 도요타의 카로라, 미쓰비시의 콜트, 후지중공(富士重工)의 스바루, 동양공업(현, 마쓰다)의 패밀리아 등 1,000cc 클래스의 소형승용차가 대중차의 패권을 다투어 격렬한 판매경쟁을 하고 있었다.[1]

혼다는 'N360'이 팔리기는 했으나 자동차 메이커로서도 본격적인 승용차를 히트시키는 것이 필요했다. "기왕 할 거라면 도요타, 닛산의 앞을 간다."라고, "독창적인 공랭 엔진으로 고출력을 가진 FF(전륜구동)의 고급 세단"이라고 하는 콘셉트를 내세운 'H1300'의 개발이 시작되었다.

'세계에 통용하는 자동차'를 만들자고, 기술진은 연구를 진척하지만, 본격적인 승용차의 제작은 누구에게나 처음은 시행착오의 연속으로, 현장에도 혼란을 가져왔다. 그 중에서 "정말로 수냉식으로 괜찮을까."라고 하는 의문을 품은 개발은 큰 딜레마나 혼란을 가져왔다. "수냉 엔진은 마지막에는 물을 공기로 식히는

---

1) 筑摩書房編輯部, 本田宗一郎 ― ものづくり日本を世界に示した技術屋 魂, 筑摩書房, 2014.

것이므로, 처음부터 공기로 식히면 된다. 그렇게 하면 물이 샐 걱정도 없고, 정비도 하기 쉽다."

이것이 소이치로의 공랭식(空冷式) 엔진의 사고방식이었다.

자료: carlife.net

🏵 그림 3-1 현장에서 진두지휘하고 있는 소이치로

"이러한데 어쩐다. 설계변경이다."

최초의 보통승용차에 대한 도전에 소이치로의 머리에는 차례차례 생각이 떠올라서, 설계변경, 다시 하는 것이 계속되었다. "그것을 이렇게 하고 싶다."고 한 소이치로의 한마디로 현장이 혼란했던 것이다.

희대의 발명가가 현장에서 진두지휘를 하고 직접 지시를 내리는 것이나, 강력한 창업자가 기술자로서 최고경영자에 있는 것은 혼다의 쾌조(快調)의 근원이 됐지만, 큰 문제도 내포하고 있었던 것이다.

양산 라인 개발 후도 설계변경이 행해지고 연일 밤샘으로 피로도 거듭되어, 화장실에서 앉아서 조는 사원도 있을 정도었다. 발매는 연기되고, 결국에는 엔진을 내리고 다시 한 번 라인에 되돌리는 '라인의 역송(逆送)'이라고 하는 전대미문의 사태도 일어났다.

1968년 10월, 가까스로 혼다 최초의 소형승용차 'H1300'이 발표되었다. 1,300cc로 96마력, 최고속도 175km의 고성능을 자랑하는 승용차였다. "자동차 메이커의 최종목표라고도 할 만한 이상적인 엔진"이라고 하는 전문지의 기사가 게재된 것처럼 기술적인 평가는 높았다.

자료: world.honda.com

🔹 그림 3-2 혼다 H1300

'H1300'을 양산하는 가운데, 그때까지는 차체(車體)의 이음매를 땜납으로 성형하는 납땜 작업이 행해지고 있었는데, 땜납에서 나오는 가스가 유해했으므로 이것을 폐지한 것을 비롯하여 새로운 생산방식에 도전해서 종합용접기 등도 다른 기업에 앞서서 도입했다. 또한 종래는 사이드 패널을 분할해서 프레스하고 있었는데, 정밀도가 있고 마무리도 아름답게 일체 성형하는 방법 등도 창안하여 전 세계의 자동차가 받아들이는 표준이 되었다.

그러나 아무리 전문가나 업계의 평가가 높더라도, 판매에는 이어지지 않았다. 자동차 마니아(mania)에게는 받아들여졌지만, 대중에 대한 호소력(呼訴力)이 빠진 혼다 초기의 소형승용차 'H1300'은 실패작이 되어 버렸던 것이다.

공랭식 엔진 자체가 무겁고, 프론트가 무거워져 타이어가 편마모를 일으킨 것도 비인기의 이유이다. 더욱이 타사의 같은 클래스와 비교해서 가격도 비싼 것이었다.

공랭 엔진은 케케묵은 기술의 이미지가 있었다. 또한 혼다의 다음 도전이 될 배기 가스를 정화하는 기술에 관해서, 공랭은 불리하다고 하는 의견이 커져갔다. 소이치로는 심플한 공랭으로 저공해차를 만드는 것의 의의를 주장했지만, 공랭식으로 새로운 기술을 창출하는 데는 한계가 있었던 것이다.

사내의 동요는 그때까지 하느님의 입장이었던 소이치로에 대한 의문으로도 이어져 나갔다. 그때에 큰 존재가 된 것이 부사장인 후지사와 타케오였다.

기술의 이야기가 되면 사장의 입장을 망각하고 일개 기술자로서 진짜로 싸우는 소이치로에 대해서, 사원은 물러날 수밖에 없는 현실이 큰 문제가 되고 있었다.

기술자의 전체 의견을 헤아려 후지사와는 소이치로와 만났다. "사장이라면 젊은 사원의 이야기를 들어라."고, 완고한 소이치로에 대해서 후지사와는 기술자의 이야기를 직접 듣도록 타일렀다. 소이치로가 끝까지 공랭에 얽매이면 후지사와는 혼다를 그만둘 생각이었다.

자료: blog.livedoor.jp

🔷 그림 3-3 소이치로의 명참모 후지사와 타케오

"반드시 수냉 엔진으로 하게 해 주십시오. 이대로는 배출 가스 대응도 충분하지 못하게 됩니다."

소이치로에게 젊은 기술자들이 물고 늘어졌다.

잠시 침묵하던 소이치로는 "마음대로 해라. 그 대신 물의 정비만은 확실히 해야 돼."이렇게 말했다.

나중에 소이치로는 "기술쟁이의 긍지가 있더라도 체면으로 고집을 부리는 것은 좋지 않아.", "지도자층이 고령화하고 원활한 세대교체가 이루어지지 않아 조직이 노화했는지도 몰라.", "우리 시대는 지나갔다고 생각했네."라고도 말했다.

혼다는 이것을 계기로 변하기 시작한다. 소이치로 한 사람이 짊어졌던 혼다는 소이치로의 DNA를 이어받는 자들이 그 진화를 떠맡게 된다.

자료: bluezinenewsletter.tistory.com

🔷 그림 3-4 공장을 둘러보고 있는 혼다 소이치로

2. 배출 가스를 규제하는 머스키법

1960년대 중반부터 모터리제이션의 본격화와 함께 자동차의 배출 가스에 의한 공해도 문제화되어 간다.

일본에서는 1966년에 운수성이 자동차의 배출 가스의 배출 기준을 보이고, 1967년에는 공해대책기본법, 1968년에는 대기오염방지법이 시행되었다. 1970년, 통상산업성은 자동차 가솔린에 의한 납의 해를 방지하기 위한 가솔린의 가연량(加鉛量)에 대해서 행정지도에 적극적으로 나섰다. 또한 1970년은 도쿄 스기나미구에서 광화학 스모그의 발생이 사회문제로 되었다.

미국에서는 1963년에 연방정부에 의해서 전 미국을 대상으로 대기청정법, 1965년에는 자동차오염방지법이 제정되었다.

로스앤젤레스의 대기오염이 심각했던 캘리포니아 주에서는 1966년부터 대기자원국이 배출 가스 규제를 개시하여, 연방정부도 대기오염방지를 위한 규제를 시작했다.

1970년에는 보건·교육·후생성에서 행하고 있던 환경행정을 신설 EPA(환경보호국 나중에 환경보호성)에 일원화했다. 같은 해 상원의원인 에드먼드 머스키(Edmund Muskie)가 대기오염방지법을 대폭으로 개정한 법안 '1970년 대기청정법'(통칭 머스키법)을 의회에 제출했다.

자료: wikiwand.com

그림 3-5 에드먼드 머스키

이 법안은 대단히 엄격한 것이었다. 5년 후인 1975년형 차부터 CO(일산화탄소), HC(탄화수소)를, 1976년형 차부터 NOx(질소산화물)를 각각 종래의 10분의 1로 한다고 하는 것이다.

GM, 포드, 크라이슬러 등 3대 메이커는 물론 전 세계의 자동차 메이커는 실현 불가능하다고 주장했지만, 그 머스키법이 동년 12월 31일에 발효했던 것이다.

1965년, 혼다는 장래 미국에 자동차를 수출할 것을 생각하여 기술연구소에 대기오염연구 그룹을 발족시켰다.

그러나 당시의 혼다는 사륜차업계에 막 진출한 무렵으로, 신규의 자동차개발이나 참전을 '선언'해버린 F1 엔진의 개발에 쫓길 뿐이었다. 대기오염의 연구에 좀처럼 돈이나 인원을 할애할 수 있는 상황이 아니었다.

다음해 1966년, 일본자동차공업회가 미국에 대한 자동차 공해의 현상 시찰을 목적으로 조사단을 파견하고, 그 중에는 혼다의 기술자도 참가했다. 그 실태를 피부로 느낀 기술자들로 대기오염대책연구실(통칭, AP연)이 발족한다.

F1 참전이나 새로운 사륜차 개발은 고회전, 고출력을 추구하는 것으로, 배출 가스의 연구는 누구에게 있어서도 미지의 분야였다. 대학을 나온 젊은이를 중심으로 30명의 체제로 시작한 새로운 도전은, 배출 가스를 측정하는 기재(機材)도 없었던 완전한 제로로부터의 출발이었다. 눈에 보이지 않는 화학물질을 상대로 하는 연구는 물건을 만드는 것과는 달라서 좀처럼 반응이 없는 매일이었다.

자료: blog.xuite.net

⊛ 그림 3-6 도전 정신이 강한 소이치로

그러나 소이치로는 자동차업계 전체에 있어서도 위기인 상황에 대해서, 독자적인 생각을 가지고 있었다. 타고난 활력과 오기가 다시 머리를 쳐들었던 것이다. 위기를 절호의 찬스로 생각했다.

　머스키법은 하늘의 도움이다. 이제 전 세계의 자동차 메이커는 저공해 엔진의 개발에서 동시에 스타트를 끊는다. 이런 찬스는 없다. 그것은 바로 세계에서 가장 후발 메이커인 혼다가, 이 개발경쟁에서 이기면 세계 제일의 메이커가 되는 것이다.

《정본 혼다 소이치로전(定本 本田宗一郎傳)》

　아직 아무도 한 적이 없는 저공해 엔진을 세계에 앞서서 성공하는 것은, F1의 레이스에 우승해서 세계 제일이 되는 것과 같다. 고회전, 고출력을 목표로 하는 F1 제패의 꿈과 세계 제일의 공해를 배출하지 않는 엔진을 만든다고 하는 꿈의 실현이 동시에 시작되었다.

　혼다가 여러 가지 조사, 연구를 거듭해서 내놓은 배출 가스 대책은, 호기(呼氣, 내쉬는 숨)와 연소를 제어하는 것을 기본으로 해서, 그런데도 나오는 유독물질은 후처리장치로 없애고자 하는 것이었다.

　후처리방법에 이용하는 산화촉매장치는 공장의 매연처리 등에 쓰이는 것인데, 자동차에 장착하면 진동으로 닳아서 줄어들거나 타거나 할 위험성이나 내구성 등에 문제가 있었다. 소이치로도 후처리방법은 "독을 먹으면서 약을 마시고 있는 것과 같다."고 이 방법에 반대했다.

　1969년, 시행착오 끝에 빛이 보였다. 연한 혼합기(混合氣)를 태우면 배기 가스의 발생이 적어진다는 것을 알았던 것이다. 완전연소시키면 유독물질은 줄어들지만, 연료가 적으면 연소는 안정적이지 못했는데 이것을 어떻게 제어할 수 있는지가 초점이 되었다.

　그래서 혼다는 부연소실이 붙은 엔진의 개발에 도전한다. 연소실의 옆에 부연소실을 만들어, 거기에서 태우기 쉬운 혼합기를 만들어 점화하고, 그 불꽃을 2단째의 주연소실에 분출해서 희박혼합기를 태우는 방법이었다. 디젤 엔진의 일부에서는 부연소실이 붙은 엔진은 실용화되어 있지만, 조악한 연료에 대한 대응이나 연비의 개선 등이 목적이었다.

"이거라면 머스키법을 헤쳐 나갈 수 있는 세계 최초의 엔진을 만들 수 있다."

혼다는 배출 가스 대책에 필요한 수냉 엔진의 개발을 진행하고, 대기오염대책연구실(AP연)도 해산해서 제4연구실과 제5연구실로 되어, 100명이 넘는 체제로 했다.

1971년 2월, 'CVCC·복합와류조정연소'라고 하는 이름의 새 엔진이 완성되었다. CVCC란 Compound Vortex Controlled Combustion의 약어로, 주연소실과 부연소실의 복합, Vortex(와류, 소용돌이; 渦流), 연소속도를 적절히 컨트롤하고 있는 것을 나타내고 있다. 어려운 명칭은 아직 특허를 취하지 않고 있는데, 이름으로부터 구조가 타사에 알려지지 않도록 하는 배려이다.

혼다는 머스키법을 헤쳐 나가는 자동차를 세계에 앞서서 1973년부터 상품화한다고 발표했다. 연소실을 주연료실과 부연소실로 나누어서 효율이 좋은 완전연소를 목표로 하고, 오염물질을 본디부터 없애는 엔진을 만들어내는 것이다.

1972년 10월의 발표회는 세계에 충격을 주었다. 일본에서도 사륜차로는 최후발 메이커가 전 세계에서 누구라도 불가능하다고 생각하고 있던 머스키법의 통과에 성공했기 때문이다.

이제까지의 엔진 본체를 그대로 쓸 수 있으므로 생산설비를 바꿀 필요가 없고, 실린더헤드를 교환하는 것뿐이므로, 다른 메이커의 엔진에 응용할 수 있다. 그리고 엔진 내부에서 깨끗한 연소를 행하므로, 촉매 등을 사용한 배출 가스 정화장치가 필요 없다는 사실 등, 공해의 원인이 되는 자동차를 저공해화, 양산화하는 제1보를 혼다가 보였던 것이다.

미국의 EPA(환경보호국, 현 환경보호성)로부터 즉시 탑재차의 제출을 요구받았다. 미시간 주 앤아버(Ann Arbor)에서 테스트가 행해져, 혼다의 CVCC 엔진은 모든 규제치를 통과했다. 1975년 규제의 머스키법 합격 제1호 차가 되었다.

자료: jsae.or.jp

🕸 그림 3-7 머스키법을 세계 최초로 헤쳐 나간 저공해 CVCC 엔진

공해대책기술은 자동차회사의 사회적 책임으로, 널리 공개하겠다고 혼다는 분명히 말했다. 이 CVCC는 도요타에 기술이 제공되고, 포드, 크라이슬러라고 하는 미국의 메이커에도 마찬가지로 기술이 제공되었다.

혼다의 세계를 상대로 한 도전은, 혼다의 이름을 세계에 널리 알리게 하여 글로벌한 존재로 만들었다. 그러나 그 쾌거를 소이치로 자신은 이렇게 말하고 있다.

이번의 CVCC만 하더라도 "혼다는 성공했다. 아 훌륭하다."고 간단히 말하지만, 이 CVCC의 성공 배후에는 얼마만큼의 실패가 있었는가 ……. 그러나 실패라고 하는 것은 영원히 실패가 아닌 것입니다. 어째서 실패했는가, 라고 하는 것을 추구해서 반성해 보고, 이렇게 했기 때문에 실패했다, 그러므로 이번에는 이렇게 하면 훌륭한 것이 될 것이야, 이러한 것이 쌓여서 현재의 CVCC가 만들어진 것입니다.

《혼다 소이치로로부터의 편지(本田宗一郞からの手紙)》

1973년, 혼다는 CVCC 엔진을 탑재한 '시빅'을 발매했다. 수냉, 4도어, 1,500cc의 본격적인 소형승용차는 1973년도의 '키 오브 더 이어(Car of the Year)'에 선출된 것을 비롯하여, 큰 주목을 끌었다. 3년 후에는 17만6천 대를 판매하는 히트 차가 되었다. 또한 연비에서는 4년 연속 1위가 되어, 사회에 공해를 끼치지 않는 연비가 좋은 자동차로서, 에너지 절약 시대, 에콜로지 시대를 앞서가는 탈것이 된 것이다.

자료: hobbiesxstyle.com

⬡ 그림 3-8 혼다 시빅(Civic) CVCC

3. 사장 퇴임

'시빅 CVCC'가 등장한 1973년, 혼다는 다시 세상을 놀라게 한다. 소이치로가 혼다의 사장을 퇴임한다고 발표했던 것이다. 소이치로는 당시 67세였다. 다른 회사에서는 현역으로 충분히 통용되는 연대였다. 창립 때부터 명 파트너였던 후지사와 타케오도 63세로 부사장을 퇴임했다.

"그저 그런 정도로 됐어.", "그래요. 어지간합니다.", "행복했어.", "정말로 행복했습니다."

이러한 말을 두 사람이 주고받았다고 한다.

'나를 앞질러가는 자네에게'라는 제목하에 사원을 향한 소이치로의 말이 있다.

혼다는 꿈과 젊음을 갖고, 이론과 시간과 아이디어를 존중하는 회사이다. 특히 젊음이란 '곤란에 감연히 대처하는 의욕'과 '틀에 얽매이지 않고 새로운 가치를 만들어내는 지혜'라고 생각한다. 나는 아직 마음이든 몸이든 그런 의미에서 젊고, 여러분에게 지지 않을 참이다. 하지만 현실문제로서 유감스럽게도 "젊은 사람은 좋겠어, 젊은 사람에게는 당할 수 없어"라고 느끼는 경우가 많아졌다. …… 혼다와 함께 살아온 25년간은 나에게 가장 충실하고 삶의 보람을 피부로 느낀 매일이었다. 여러분 모두 잘해 주었다. 고맙다. 정말로 감사하다.

(《혼다 소이치로로부터의 편지(本田宗一郎からの手紙)》)

혼다의 두 번째 사장은 가와시마 키요시(河島喜好)다. 기술계 출신의 45세로 실력본위의 발탁이었다. 소이치로는 친족을 후계자로 하는 일은 없었다. 공사혼동하는 것을 온당한 것으로 보지 않아, 동생을 후계자로 삼지 않고 회사를 떠나게 했다. 아들도 혼다에는 입사시키지 않았던 것이다.

자료: blog.naver.com

그림 3-9 브리티시 레일랜드(BL)-혼다 간의 기술제휴 관련 협상에 대해 최종 서명을 하는 마이클 에드워즈 BL 회장과 가와시마 키요시 혼다 회장

소이치로는 혼다의 최고고문에 취임했다. 현역을 은퇴하더라도 기술자의 정신은 좀처럼 버릴 수가 없었다. 아침이 되면 자동차를 타고 반쯤 무의식적으로 연구소를 향하고자 한 적이 몇 번이나 있었다.

1974년, 그러한 소이치로는 한 가지 생각을 실행하기로 결심했다. 전국의 혼다 영업소, SF(서비스 공장) 등 모든 사업소를 돌아, 전원과 악수를 하는 것이었다. 1년 반 걸려서 2, 3명의 판매점에서 해외의 공장까지 하루 10건에서 15건, 700개소를 도는 장대한 여행이 되었다. 하루에 400km나 자동차로 달린 적도 있었다.

자료: autopro.com.vn

🔷 그림 3-10 사원들과 동거동락하는 소이치로

한 사람 한 사람 손을 잡으며 나는 눈물을 흘렸다. 상대방 젊은 사람들도 울었다. 하지만 나는 사기를 고무할 기분은 아니다. 자신이 기쁘니까 하는 것이다. 나는 사장을 그만두고 겨우 인간다운 것에 부딪쳤다.

《하고 싶은 것을 해라(やりたいことをやれ)》

현장에서 일하고 있는 사원이 소이치로가 손을 내밀자 기름투성이가 된 손을 훔치려고 한다. 소이치로는 이렇게 말했다.

"아니야, 괜찮네. 그 기름투성이 손이 좋아. 나는 기름 냄새를 매우 좋아하네."

4. 소이치로의 철학

소이치로가 은퇴한 후도 그의 정신을 이어받은 DNA가 여러 가지 꽃을 피워갔다. 1983년, 혼다는 F1 레이스에 복귀했다. 소이치로는 머신에 대해서 아이디어를 계속 냈다.

"이길 때까지 계속합니다."

"그래, 해볼까."

담당 기술자의 말을 기쁜 듯이 듣는 소이치로의 모습을 볼 수 있었다. 현역 기술자들에게 폐가 된다고 해서 현장에는 가지 않았지만, F1 세계 제일의 꿈을 계속 쫓았다.

1985년에는 일찍이 1승을 거두고, 1985년에는 통산 4승, 1986년에는 9승, 1987년에는 11승 등 혼다 머신의 쾌조는 계속된다. 특히 1988년은 16전 중 15승한다고 하는 압도적인 강함을 보였다.

자료: avantgarde.egloos.com

🌐 그림 3-11 1988 애로우즈-메가트론 A10B. 1986년부터는 혼다 터보 엔진의
팀들이 압도적 강세를 보였으며, 1988년은 맥라렌-혼다 팀이 1위를 차지

사장 은퇴 후에도 소이치로는 해를 거듭해서 확고한 신념에 기초한 사회활동이나 소이치로다운 행동력을 보인다. 남동생과 함께 40억 엔의 사제를 털어서 국제교류나 환경문제 등에 기여하기 위해서 혼다재단 외에 국제교통안전학회 등을 설립한다거나 산업계, 교육계, 스포츠계 등 많은 공직도 적극적으로 인수했다. 모험심도 쇠약해지는 일 없이 알프스를 열기구를 타고 넘는다거나 행글라이더의 비행에도 도전했다.

　　그러나 사람의 상상을 초월하는 활력의 덩어리였던 소이치로도 병에는 이길 수가 없었다.

　　"나는 원래 비행기쟁이이니까 '인생의 착륙'만은 멋지게 하고 싶다."고 말하고 있던 소이치로는, 1991년 8월 5일, 암이 침범하여 입원한 병원에서 84세의 생애를 마감했다. 마지막 시기가 가까워졌을 무렵, 도전의 원점이었던 '하마마쓰에 돌아간다'고 잠꼬대처럼 반복했다고 한다.

자료: m.blog.daum.net

🏵 그림 3-12　그의 업적에 대한 것은 수많은 말이 있을 수 있겠지만 일본에서는 역시 1989년, 일본인으로서는 처음으로 미국 '자동차의 전당'에 이름을 남긴 것으로 유명하다고 하겠다.

생애에 470건의 특허·발명을 달성하고 꿈을 좇아 계속 꿈에 도전한 인간이었다. 그의 서거는 많은 사람들에게 충격을 주고, 그 죽음을 애도하는 목소리와 고인을 예찬하는 목소리가 세상을 뒤덮었다.

"일본 정부에 맞서고, 전후의 폐허 속에서 세계 유수의 혁신적인 자동차 메이커를 만든, 자동차업계의 반항아, 죽다."

미국의 뉴욕타임즈는 헨리 포드와 나란히 미국 디트로이트에서 일본인으로서 처음 '자동차의 전당'에 이름을 남긴 소이치로의 죽음을 이렇게 보도했다.

생전에 소이치로는 개인의 명성에는 흥미가 없었다. 종업원조합이 동상을 만들고 싶다고 말해왔을 때에, 소이치로는 "용서해 주게."라고 이것을 거절했다.

"혼다라고 하는 사람이 있었다, 정도로 좋아. 아니 혼다라고 하는 것을 잊어버리는 사람이 괜찮을지도 모르지. 현재만을 중요하게 여기면 그만이야."

또한 소이치로는 자신의 인생에 대해서 이렇게 말하고 있다.

자료: avantgarde.egloos.com

🏵 그림 3-13 1991 맥라렌-혼다 MP4/6. 걸출한 드라이버 아일톤 세나가 이 차를 타고 1991년 F1 시즌 총 16라운드 중 우승을 7회나 차지하며 전성기를 달렸다.

"너는 여러 가지 실패도 했지만, 그래도 이런 큰일도 했지 않은가."라고 사람들이 말해주는 인생. 이것이 충실한 인생이라고 생각한다.

《혼다 소이치로로부터의 편지(本田宗一郎からの手紙)》

소이치로 서거 6일 후인 8월 11일, 헝가리 그랑프리에서 아일톤 세나는 맥라렌-혼다로 우승을 차지했다. 핸들을 잡은 손에는 검은 완장이 감겨 있었다. 인터뷰에서 세나는 레이스에 관한 것이 아니라 소치이로에 대한 생각을 계속해서 말했다.

소이치로의 장례식은 행해지지 않았다. 밀장(密葬)도 하지 않고 무종교, 계명 역시 사용하지 않고, 속명 그대로 화장을 했다. 모두 소이치로 생전의 의향에 따른 것이었다.

그가 타계했을 당시의 일화도 유명한데, 그가 타계한 후 일본신문에 유족들과 지인들이 조문객들을 돌려보내는 사진이 실렸다. 이는 다름 아닌 혼다의 유언 때문이었는데 그는 임종 시 유언으로 "가뜩이나 자동차가 많아 교통체증이 심해 서민들이 불편을 겪으니 내 장례식은 절대로 치르지 마라!"고 했다는 것이다. 유족들과 지인들은 그의 유언을 지키기 위해 장례식 대신 '감사의 모임'이라는 이름의 조촐한 추모자리를 만들었다고 한다.

"회사장 같은 것을 하면 교통정체의 원인이 되어 세상에 폐를 끼친다. 그런 일은 자동차쟁이로서 절대로 해서는 안 된다."

소이치로의 사진이나 취미였던 회화, 혼다가 만든 이륜, 사륜차, F1 카 등이 전시된 누구라도 참가할 수 있는 자리였다. 분향소 중앙에는 보드가 걸려, 소이치로의 사진과 함께 이러한 소이치로의 말이 첨부되어 있었다.

"여러분의 덕분으로 행복한 인생이었습니다. 대단히 감사합니다."

꿈을 끝없이 좇아간 사람, 천재기술자에게 작별을 고하러 온 사람들은 3일간 6만2천 명에 이르렀다.

자료: shindonga.donga.com

🕸 그림 3-14 평생을 자동차 개발에 힘을 쏟았던 혼다 소이치로(왼쪽)는 작고하며
교통체증을 우려해 장례식을 치르지 말라는 유언을 남겼다(오른쪽).

"인간은 실패할 권리를 지녔다. 그렇지만 실패에는 반성이라는 의무가 따라붙는다."라는 명언을 남겼을 정도로 도전정신을 높게 샀다. 소이치로는 실패가 두려워 몸을 사리는 것보다 되든 안 되든 일단 부딪혀보는 도전정신을 높게 샀다. 다만, 자신의 직종이 직종인지라 언제나 꼼꼼하고 철두철미한 관리와 점검을 강조했는데 자동차 리콜 같은 사태를 거부하는 기업들에 대해서는 '도덕의 결여'라고 호되게 나무랄 정도였다.

자료: blogs.yahoo.co.jp

🕸 그림 3-15 파란만장한 소이치로의 일생

소이치로는 '본업에 전념한다'는 사훈을 내세워 정치권과의 교류 역시 거부했다. 당시 일본 경제에 만연하고 있었던 정경유착에서 자유로웠던 인물이다.

그 배후에는 "정치에는 관여하지 마세요."라고 정계 진출을 적극 만류했던 부인 사치 어사의 영향도 있다. 소이치로는 끝끼지 이 당부를 지켰다.

자료: bike-linage.org

그림 3-16 말년의 소이치로 부부

5. 사치 부인이 본 소이치로

일본의 원로 경영학자 노나카 이쿠지로(野中郁次郎)는 '일본의 기업가' 전집 시리즈《혼다 소이치로(本田宗一郎)》에서 소이치로 주변의 여러 사람들과의 인터뷰를 통하여 그의 진면목을 찾고자 노력했다. 특히 소이치로의 부인 사치와의 인터뷰에서 들은 그의 참모습을 알아보기로 한다.[2]

---

2) 野中郁次郎, 本田宗一郎 夢を追い續けた知的バーバリアン, 株式會社PHP研究所, 2017.

일이 취미인 메이지 사람

남편은 하루 세 번의 식사보다 자동차 만들기를 좋아했다. 오토바이와 사륜차인데, 차 이외의 것을 생각하는 것은 귀찮은 느낌으로, 아이들에게도 "공부했는가."라든가 "숙제는 했는가."라든가 "점수는 어땠는가?" 등 말한 적은 일체 없다. 나를 신뢰하고 있었는지 어떤지는 모르겠으나, 전부 나 몰라라 하는 식이었다.

사장직을 물러나고 나서는 그림을 그린다거나 골프를 한다거나 하는 취미를 가지게 되었지만, 사장 시절은 일이 곧 취미라고 하는 형편이었다. 다만, 오로지 일에 전념하는 자세는 남편만이 아니라 메이지(明治) 출생의 기업인에게 공통적인 것은 아닐까. 나도 다이쇼(大正) 초 출생으로 교육을 받은 방법도 그다지는 다르지 않으므로, 남편만의 특별한 사는 방식, 사고방식이라고는 생각하지 않았다.

나는 밤에 반드시 남편의 머리맡에 종이와 연필을 갖추어 놓고, 프라스코(frasco)에 물을 넣어 두는 것이 일과로 되어 있었다. 남편은 일이 걱정이 되어 잠을 못 이룬다거나 문득 생각이 떠오른다거나 할 때 메모를 한다. 자나 깨나 일의 매일이었다고 생각한다.

자료: world.honda.com

🏵 그림 3-17 1952년 미국 출장길에 오른 소이치로를 배웅 나온 식구들

예민하고 깐깐한 성질

식사에 대해서는 식재료에 잔소리가 많고, 재료의 신선함에 얽매이고 있었다.

예를 들면, 의사로부터 "바지라기는 간장에 좋습니다."라고 하는 이야기를 들으면 즉실천인데, 그것도 남편에게 말을 시키면 "내지의 강바닥에서 잡히는 바지라기가 아니면 안 돼. 홋카이도 것이 좋은 것 같네."라고 시작한다. 내가 근처의 생선가게에 "이 바지락은 어디에서 잡은 것인가요?"라고 물으면, "홋카이도 산입니다."라고 하는 대답에 대단히 기쁘게 샀다. 그리하여 그날부터 바지라기의 된장국을 1개월이나 2개월 매일 식탁에 올려놓았다. 남편은 물렸어도 이제 필요 없다고는 결코 말하지 않는다. 조금씩 남긴다. 그 모습에서 "아, 이것은 조금 물렸구나."하고 느끼는 것이다.

사과도 매우 좋아했는데, 그것도 긴자의 센비키야[3] 것을 좋아했다.

자료: m.blog.daum.net
🌐 그림 3-18 센비키야의 옛 모습[4]

아무리 해도 센비키야까지 사러 갈 시간이 없어서, 근처의 가게에서 구했을 때, "여보 오늘 사과는 어디에서 샀나?"라고 묻는다. '앗, 올 것이 왔구나.'라고 생각해서 "이것은 센비키야인데요."라고 순간적으로 거짓말을 하고 말았다. "센비키

---

3) 센비키야(千疋屋)는 일본의 과일 전문점이다. 1834년에 창업했으며, 본점은 도쿄 도 주오 구 니혼무로마치에 있다.
4) 시인 이상은 죽기 전 지인들에게 센비키야의 멜론이 먹고 싶다고 했다고 한다. 센비키야는 1834년에 문을 연 도쿄 긴자의 고급 과일가게다.

야에 이런 사과를 팔면 가게의 이름이 깎인다고 잘 말하게.", "그런가요. 다음에 그렇게 말해 놓겠어요."라고 시치미 떼기를 했으나, 내 모습으로부터 센비키야의 물건이 아니라는 것을 남편은 알고 있는 것 같다. 남편 혀의 예민함에는 식은 땀이 날 지경이었다.

자료: pictastar.com

그림 3-19 센비키야의 현재 모습

자료: m.blog.naver.com 자료: sembikiya.co.jp

그림 3-20 포장된 사과[5]와 회사 로고

5) 과일 전문점 센비키야에서는 사과 한 개도 이렇게 정성스런 박스포장을 한다. 무쯔라는 이름의 이 사과는 홍옥과 부사를 합쳐놓은 맛이다.

이런 일도 있었다. 홋카이도에 갔을 때, 사과밭에서 사과를 수확하고 있는 광경이 눈에 띄었다. 남편이 "여보, 저 사람에게 부탁해서 한 개라도 좋으니 사다 주지 않겠어."라고 말한다. "한 개라면 드리지요."라고, 건네받은 사과를 그 자리에서 먹고 "갓 딴 사과! 이것은 최고다!"라고 감격하던 것이 생각난다. 소재의 신선함이 남편에게 있어서 무엇보다 중요하고, 기뻤던 것이다.

후지사와 타케오 씨와의 만남

회사의 경영면은 남편의 좋은 파트너이며 부사장을 오랫동안 역임한 후지사와 타케오 씨에게 부탁했다.

내가 후지사와 씨를 처음 만난 것은 1948년 혼다기연(本田技研)이 설립된 해이다. 아마 7월인가 8월경의 무더운 날에 도쿄에서 하마마쓰 우리 집에 오셨다. 나에게 당시의 도쿄는 지금의 뉴욕에 해당하는 정도의 감각이었기 때문에, "어머, 큰일이다."라고 당황했다.

자료: blogs.yahoo.co.jp
🕸 그림 3-21 젊은 시절의 후지사와 타케오

하나는 아직 어린 아이들이 우리 집의 미닫이를 제멋대로 찢어놨던 것이다. "이 미닫이의 구멍, 어찌 한다?"라고 남편이 물어서, "그렇지만 할 수 없지요. 사고 싶지만 미닫이 종이는 팔지 않고, 아이들이 한 짓이니 하는 수 없잖아요."라고 나는 말했는데, 아이들은 아이들 나름으로 마음 아파했던 것 같다. 초등학교 다니고 있던 위의 아이가 어디에서 흰 종이를 입수해 와서 열심히 구멍을 틀어 막고 있었다. "도쿄에서 중요한 손님이 오시는데 보기 싫으니, 아이도 자신들의 책임을 느끼고 있었구먼."하고 남편도 조용히 말하고 있었다.

또 하나의 문제는 후지사와 씨에게 무엇을 대접해 드릴까 하는 것이었다. 아직 먹을 것도 별로 없는 가난한 시절, 우리 집은 땅만은 300평 정도 있어, 당장 가지, 오이, 토마토, 양배추, 배추 등의 채소에서 밀, 깨, 고구마, 감자까지 모든 것을 경작하고 있었다. 아이들이 아직 어려서, 나는 산지에 식료품을 사러 가지 않았기 때문에, 자급자족하고 있었다.

남편은 "여보, 손님의 식사는 집에 있는 것으로 괜찮아."라고 말했지만, 어떠한 것을 좋아하는 분이신지도 모르고, 나는 '있는 것이라고 해도 도대체 무엇을 만들면 좋을까.'라고 생각을 하다 지쳐 버렸다. 마침 그 무렵, 집 근처에 물물교환을 해주는 곳이 있어서, 우리 집의 밭에서 농사지은 밀을 가지고 가서 메밀국수랑 우동으로 바꿀 수 있었다. 그것이 생각나서 남편에게 물었더니, "아, 그거 좋아. 별로 차리지 않아도 되잖아."라고 말해 주는 것이었다.

언제나 해산물을 짊어지고 오는 아주머니로부터 입수해 놓은 쪄서 말린 멸치와 다시마로 국물을 만들었다. 후지사와 씨는 그 메밀국수를 "맛있다, 정말 맛있다."라고 하면서 더 청하여 드셨다. 그때의 일은 잊을 수가 없다.

자료: circle888.com

🕸 그림 3-22 명 파트너 소이치로와 후지사와 타케오

자료: ameblo.jp

🌐 그림 3-23 말년의 소이치로와 후지사와 타케오

시대의 앞이 보이는 사람

남편은 원기 왕성하고, 끊임없이 앞을 보고 있는 사람이었다. 또한 앞이 보이는 사람이기도 했다. 나에게는, 남편이 생각하고 있는 것은 10년이 지나야 비로소 알 수 있다고 하는 것뿐이었다.

자료: outlet.historicimages.com

🌐 그림 3-24 1989년 헨리 포드 박물관을 방문한 소이치로 부부

1935년의 어느 날, 내가 "주판과 습자를 배우고 싶다."고 남편에게 말했더니, "그 사이에 계산기가 만들어지고, 문자도 기계로 나타낼 수가 있게 된다고 생각하기 때문에, 배우기 어려우니 필요가 없어."라고, 오늘날 말하는 PC를 예측하고 있었다.

그리고 1944년에는, 나의 양친이 모내기를 하고 있는 것을 본 남편은 "힘든 일이야. 하지만 머지않아 기계로 모내기를 할 수 있는 날이 올 거야."라고 말하고 있었다.

정확히 오늘 말한 것은 확실하게 10년이나 15년 후에는 현실이 되어 있었다. 나는 남편과의 생활 중에서, 그것을 반복하여 경험했다. 흔히 "혼다 소이치로는 허풍을 떨어서 입을 여는 인간이다."라고 뒤에서 험담을 듣고 있었지만, 시간이 지나면 남편의 말대로 되었으므로, 나는 내심 놀라고 정말로 희한하다고 생각했던 것이다.

남에게 가르침을 받은 것도 아니고, 자기 자신의 오랜 세월의 체험, 거듭해온 사고, 그것에 길러진 직감력이 피와 살이 되어, 보이는 것이 아닐까 하고 생각한다.

자료: outlet.historicimages.com

그림 3-25 부인 사치와 망중한을 즐기는 소이치로

공사혼동은 절대로 안 된다

남편은 시즈오카현의 고등소학교를 졸업하고, 상경하여 견습 점원부터 일을 시작한 사람이다. 그 탓일까, 빈부나 학력으로 사람을 차별한다거나 인간에게 상하를 정한다거나 하는 것을 가장 싫어했다. "공사혼동은 절대로 안 된다."라고 하는 사람이었다.

남편은 우리들 가족에게는, 회사의 차를 개인 일에 절대로 사용하도록 해주지 않았다. 물론 내 차는 가까운 곳의 혼다 판매점에서 자신의 돈으로 샀다. 값을 깎는 것도 안 된다고 들었다. 그것은 아이들도 마찬가지였다. 딸이 "아버지, 저는 공짜로 아버지 회사의 차를 받은 것처럼 모두가 생각하고 있어요. 정말로 재미없어요."라고 말한 적이 있다. "그러면 자동차에 써놓아. 확실히 자신이 샀다고 말이야."

그런 남편이었다. 사장이라고 하는 입장에 있는 이상, 자신이 공사혼동해서는 사원에게 무례한 일이 있는 경우, 아무것도 말할 수 없다, 이렇게 생각하고 있었던 것이다.

자료: taringa.net

🌐 그림 3-26 공사다망한 소이치로

자료: blogs.yahoo.co.jp

🏵 그림 3-27 부인 사치와의 즐거운 한때

제4차 산업혁명의 기린아 | 기술자의 왕국 혼다 |

CHAPTER
04

황당무계한
목표설정

CHAPTER 04

황당무계한 목표설정

1. 중단되는 소이치로의 꿈

지금일까, 지금일까 … 기다리는 동안, 먼 하늘에 아주 작은 점이 나타났다. 콩알은 점차 윤곽을 드러내면서 접근해온다. 대형 제트 여객기가 이착륙하는 하네다공항에서는, 마치 팔랑팔랑 날아 떨어지는 나뭇잎 같은 존재감에 지나지 않는다. 이윽고 보도진이 기다리는 장소에서 저쪽의 활주로에 소리도 없이 내려섰다.

혼다제트가 2015년 4월 23일, 시범 비행을 위해 일본의 하늘에 처음 선을 보였다. 그것은 혼다 창업자 소이치로의 어릴 때부터의 꿈이 실현된 순간이다. 소이치로의 꿈은 제자들에게 이어져 드디어 혼다제트로 결실을 맺었다.[1]

자료: airtravelinfor.kr

🔷 그림 4-1 혼다제트(HondaJet)

---

1) 片山 修, 技術屋の王國 ホンダの不思議力, 東洋經濟新聞社, 2017.

이것은 일반적인 견해이고 매스컴도 그렇게 보도했다. 그것은 참으로 아름다운 이야기이다. 스토리는 단순하고 이해하기 쉽다. 꿈이 부족한 시대에 혼다제트의 스토리는 한층 더 눈부시게 빛난다.

혼다제트는 소이치로의 꿈의 실현이다. 결과로서는 확실히 그대로일 것이다. 그러나 그렇게 간단한 이야기일까.

혼다제트의 개발 당초부터 2015년에 현역을 은퇴하기까지 약 30년간 혼다제트에 관여했던 전 혼다기술연구소 사장 야마모토 요시하루(山本芳春)는 다음과 같이 증언한다.

"이렇게 말하면 화를 낼지도 모르겠습니다만, 현장에서 개발에 참여하고 있던 사람으로부터 들은 이야기는, 창업자의 꿈을 뒤쫓아갈 계획은 전혀 없었답니다. 소이치로 씨의 꿈은, 자기들의 꿈이 아닙니다. 솔직히 말해서, 인생 30년이나 소비해서 타인의 꿈을 같이 할 수 있을까 하면, 그렇게 간단한 이야기는 아닙니다. 역시 자신의 꿈으로 해나가지 않으면 계속할 수 없겠지요."

이러한 감상을 누설하는 것은 그들만이 아니다. 혼다제트의 설계자인 후지노 미치마사(藤野道格)도 다음과 같이 기자회견에서 말했다.

"창업자의 꿈의 실현이라고 하는 면도 있습니다만, 나 자신은 일로서 매일의 업무를 처리해간다고 하는 느낌이었습니다."

그렇다면, 혼다제트는 소이치로의 비행기에 대한 '꿈'과 어디가 어떻게 다를까. 또한 어디에서 어떻게 서로 엇갈릴까. 어떠한 시대환경 속에서 '앎'의 비약(飛躍)에 비약을 거듭하여 혼다제트라고 하는 새로운 가치창조를 이룬 것일까.

생전의 소이치로는 비록 지켜보지 못했지만, 이제 그의 꿈은 실현되었다. 7인승 소형 비즈니스 제트기 혼다제트는, 엔진이 주익(主翼)의 상부에 얹혀진 기발한 설계로 세계의 기술자들을 놀라게 했다. 미국 자회사 '혼다 에어크래프트 컴퍼니'의 '후지노 미치마사 사장이 개발의 중심이 되어, 약 30년의 세월 동안 달려온 끝에 마침내 완성되었다. 탁월한 연비 등이 호평을 받으며 판매가 호조를 보이고 있다. 2017년 상반기 출하 수는 24기로 세계 최고를 자랑한다.

혼다제트 개발 작업은 사실상 은퇴 신분이었던 소이치로에게는 비밀로 부쳐진

상태에서 착수되었다. 본인이 알게 되면, 기쁨에 겨워 누군가에게 발설해 버릴 가능성도 있었고, 무엇보다, 연구개발 현장에 나타나 업무에 지장을 초래하게 될 염려도 있었기 때문이라고 한다.

자료: etoday.co.kr

◈ 그림 4-2 혼다제트기

본격적인 사업화를 결정하고 나서야 비로소 후지노 미치마사는, 소이치로의 영전에 이를 보고했다. 그런데, 사치 부인이 그때 누구도 예상치 못한 말을 했다. "저는 비행기 면허 갖고 있어요." 그렇다면 아마 일본 여성 파일럿의 효시에 가까울 것으로 추정된다.

주요 업체별 제트기 사양 비교

제트기명	제조사	항속거리 (km)	최대시속 (km/h)	최고순항 고도(m)	승객수	가격 (달러)
혼다제트	혼다	2,185	778	13,106	6	450만
사이테이션 머스탱	세스나	2,222	630	12,497	5	335만
페놈100	엠브라에르	2,182	720	12,497	6	416만

자료: etoday.co.kr

◈ 그림 4-3 주요 업체별 제트기 사양 비교

로마는 하루아침에 이뤄지지 않았다고 하는데, 혼다제트도 마찬가지이다.

혼다제트에 이르기까지에는, 소이치로의 '꿈'에서 시작하는 긴 역사가 있다.

혼다의 역사는 앞에서 자세히 살펴본 바와 같다. 자동차 메이커이면서 비행기와의 접점이 의외로 많다는 사실이 눈에 띈다. 혼다에는 비행기와의 관계나 연결의 흔적이 이상하게 땅속 깊이 묻혀 있는 것이다. 혼다제트의 전사(前史)이다.

창업자와 비행기의 접점

이야기는 100년 이상 전으로 거슬러 올라간다.

1917년 시즈오카현 하마마쓰 보병연대의 와지야마(和地山) 연병장의 옆에 서 있는 소나무 위에, 11세의 혼다 소이치로 소년의 모습이 있었다. 한 대의 비행기가 춤을 추고 있었다. 미국 비행사 아트 스미스(Art Smith)가 조종하는 커티스 쌍엽기이다. 소이치로와 비행기의 만남이다.

소이치로는 비행기를 보기 위하여 집에서 20km 이상 떨어진 하마마쓰의 연병장에, 아버지의 자전거를 몰고 달렸다. 그런데 가지고 온 돈이 부족하여 입장할 수 없어, 나무에 올라 곡예 비행을 감상했던 것이다. 그 후, 소이치로가 비행기를 계속해서 동경한 사실은 유명하다.

자료: blog.naver.com

🔷 그림 4-4 미국 비행사 아트 스미스

소이치로와 비행기의 접점이라고 하면, 2차 대전 전에 또 하나 있다.

소이치로는 동해정기중공업(東海精機重工業)을 설립해서 피스톤 링의 연구를 거듭하며, 기초지식을 보충하기 위하여, 하마마쓰 고등공업학교(현 시즈오카대학 공학부) 기계과의 청강생이 되는 등의 노력 끝에 제조에 성공했다. 일본이 태평양전쟁에 돌입하자 동해정기는 점점 군수공업화된다.

"전쟁이 끝날 때까지 피스톤 링의 제조를 하고 있었다. 그것도 자동차뿐만 아니라 해군의 배라든가 나카지마 비행기의 부품까지 만들었다."

《혼다 소이치로 꿈을 힘으로 나의 이력서
(本田宗一郎 夢を力に 私の履歴書)》日經ビジネス人文庫)

자료: blog.daum.net

그림 4-5 나카지마 비행기 1식전투기 하야부사

나카지마 비행기는 전시 중, 동양 최대의 항공기 메이커로서 제국육군용의 1식전투기(一式戰鬪機) '하야부사(隼)'나 2식단좌전투기(二式單座戰鬪機) '쇼키(鍾馗)'를 비롯하여 많은 전투기를 제조했다. 동해정기가 만든 부품은 그 전투기에 사용되어 하늘을 날아다녔다.

자료: blog.naver.com

🔷 그림 4-6 나카지마 2식단좌전투기, 쇼키

굴욕 체험을 거쳐 철학을 형성

처음 비행기를 보고 나서 5년 후인 1922년 16세의 소이치로는 도쿄 혼고에 있는 아트 상회의 견습 점원이 된다. 지참한 것은 버들고리 하나였다. 이 아트 상회에서의 견습 점원이 소이치로 인생철학의 원점을 형성한다.

"내가 품고 있던 꿈과 현실은 전혀 달랐다. 고향을 떠나 도쿄 땅을 밟을 때는 불타는 듯한 희망에 가슴을 부풀리고 있었다. 하지만 사실은 날이면 날마다 주인의 애기 돌보는 일밖에 시키지 않았다. 등이 찡하고 따뜻해지면 애기의 오줌이었다. 그러면 '혼다의 등에 또 세계지도가 그려져 있지'라고 동문의 선배들로부터 업신여겨지고 조롱당했다. (중략) 손에 쥐어진 것은 꿈에 본 수리도구인 스패너가 아니라, 걸레뿐이었다. 실망과 비참함에 나는 몇 번이나 버들고리를 정리하여 2층에서 로프를 타고 이동하여 도망치려고 생각했다. 그때 고향의 아버지의 화난 얼굴과 어머니의 우는 모습이 눈에 떠올라 결의가 무뎌졌다."

《혼다 소이치로 꿈을 힘으로 나의 이력서
(本田宗一郎 夢を力に 私の履歴書)》日經ビジネス人文庫

시골에서 자유분방하게 자란 개구쟁이 소이치로는, 견습 점원 생활에서 '불타는 듯한 희망'이 단숨에 부셔지고 밑바닥에 떨어진다. 10대의 다감한 소년에게 있어서 굴욕 체험이 아닐 수가 없었다. 그러나 전후 혼다를 시내에 있는 작은 공장에서 대기업으로 발전시킨 소이치로, 언제나 아트 상회의 견습 점원 시절의 고생을 새삼스럽게 밝게 말했다.

자료: ktymtskz.my.coocan.jp

◈ 그림 4-7 아트 상회

소이치로 소년은 도대체 애보기를 하면서 무엇을 생각하고 있었을까. 기술이나 능력이 아닌 점에서 부당하게 차별받고 있다고 느끼고 있었을 것이다. 오기가 센 그가 얼마만큼 분해했을지는 상상하고도 남음이 있다.

그 증거로 반년 후 주인에게 "어이 애송이, 거들어."라고 처음으로 자동차 수리를 거들게 해주었을 때의 감격을, 평생 잊지 못한다고 말하고 있다. 아트 상회에서의 굴욕 체험이 '모든 인간은 기술 앞에 평등', '인간존중'이라고 하는 소이치로의 철학으로 이어졌다고 생각해도 좋다. 파나소닉 창업자인 마쓰시타 고노스케(松下幸之助)가 9살의 어린 나이에 '미야다'라는 화로를 제조, 판매하는 상점에서 '뎃치'[2] 신분으로 3개월 동안 일하면서 장사의 원점을 발견한 것과 같다고 할 수 있다.

---

2)　상점에서 기숙하면서 심부름을 하거나 일을 배우는 가장 낮은 단계

자료: post.naver.com

🎖 그림 4-8 자전거점포에서 심부름꾼으로 일하던 시절의 마쓰시다 고노스케

'세계 제일'에 대한 도전의 '장'

소이치로는 패전의 다음해인 1946년에 혼다기술연구소를 개설한다. 예전 육군 6호 무선기발전용 소형 엔진을 개조한 자전거용 보조 엔진을 제작하여 자전거에 설치했다. 이것을 히트시키자, 엔진 제작에 직접 손대서 3년 후인 1949년에는 본격적인 모터사이클인 '드림 D형'을 제작했다.

자료: carlife.net

🎖 그림 4-9 혼다의 첫 번째 모터사이클 드림 D형

혼다는 급속한 발전의 역사를 걷기 시작한다. 1954년에 오토바이 레이스 세계 최고봉 '맨섬 TT 레이스 출장선언'을 시작으로, 1959년에 처음 출장을 했다. 1961

년에는 같은 레이스에서 125cc 클래스, 250cc 클래스 모두 1위에서 5위를 독점하는 쾌거를 올렸다. 혼다는 처음으로 '세계 제일'을 경험함과 동시에, '세계 제일', '세계 최초'를 조직으로서 의식하게 된다. 항상 세계를 의식해서 '꿈'을 추구하는 조직문화의 형성을 볼 수 있다.[3]

자료: this.kiji.is

🏵 그림 4-10 F1 맥라렌 혼다[4]

3) 片山修, 本田宗一郎と「昭和の男」たち, 文藝春秋, 2004.
4) 맥라렌 혼다(McLaren Honda)는 영국 서리 주 워킹에 근거지를 두고 있는 포뮬러 원 팀이다. 1963년 브루스 매클래런에 의해 창단된 이 팀은 페라리에 이어 현재 포뮬러 원에서 두 번째로 오래된 팀이다. 1966년 모나코 그랑프리 이후 포뮬러 원에 참가하기 시작하여 현재까지 175회의 그랑프리 우승과 12회의 드라이버 챔피언십 우승, 8회의 컨스트럭터 챔피언십 우승을 거두었다. 2012 시즌 이후 루이스 해밀턴이 메르세데스 GP로 이적하였고, 2015년 기준으로 페라리 소속이었던 페르난도 알론소를 영입하여 젠슨 버튼과 함께 드라이버로 활동하고 있다. 젠슨 버튼이 2016년을 마지막으로 은퇴하고 난 뒤, 맥라렌은 지난 2015년에 리저브 드라이버를 맡았던 벨기에의 스토펠 반도른을 영입하였다. 1992년, 세계에서 가장 빠른 자동차 중에 하나였던 맥라렌 F1을 만들었으며, 2000년 이후 메르세데스-벤츠의 SLR 프로젝트를 도와 SLR 맥라렌을 만들었다. 2011년, 맥라렌 MP4-12C를 출시했으며, 2015년부터는 메르세데스-벤츠와 결별하고 1988년부터 1992년까지 파트너였던 혼다와 다시 파트너십 계약을 체결하였다.

'맨섬 TT 레이스'에 이어서, 1960년대에는 'F1'레이스에도 참전한다. 레이스는 기술자에게 세계를 의식하게 하는 '장(場)'이며, '세계 제일'에 대한 도전의 '장'이 었다. '개(個)'의 지력, 담력, 실천력을 시험해 보는 무대였다.

올림픽과 마찬가지로 레이스에서 이겨서 금메달을 손에 쥐려면, '세계 제일'의 기술을 몸에 익히고 자기를 닦아서 완성하지 않으면 안 된다. 가령 '세계 제일'이 되었다고 하더라도 당장 회사의 업적에 공헌할 수 있는 것은 아니다. 그럼에도 불구하고 기술자들은 한 푼도 되지 않는 레이스 활동에 홀린 듯이 매진했다. 다른 자동차 메이커에게는 보이지 않는 기업풍토라고 할 수 있다. '세상에도 드문 기업'인 까닭이다.

자료: blog.naver.com

🔷 그림 4-11 맨섬 TT 레이스에서 질주하고 있는 혼다 팀

결론부터 먼저 말하자면, 혼다가 엔진 및 기체(機體)를 포함해서 항공기의 개발에 도전한 것도 바로 '맨섬 TT 레이스'나 'F1' 체험이 있었기 때문이다. 그것은 얼마나 험난한 길이었던가, "하면 된다!"라든가 자신의 손으로 '세계 제일'을 쟁

취한 혼다 기술쟁이의 자부심과 긍지가 있었다. 혼다제트의 '혼(魂)'의 원류는 '맨섬 TT 레이스'에 있다고 해도 지장이 없을 것이다.

'맨섬 TT 레이스'에서의 혼다의 활약을 보고, 혼다에는 혼다제트를 추진할 특이한 재능이 있는 사원이 속속 입사했다.

소이치로는 그동안 하늘에 대한 꿈을 계속 가지고 있었다.

2차 대전 후 소이치로와 비행기와의 관계는 일시적으로 중단된다. GHQ(연합군최고사령부)는 종전 직후부터 항공기의 생산이나 연구, 실험 등 일체의 활동을 금지했다. 세상에서 말하는 '항공금지령'이다. 이것에 의해서 일본의 항공업계는 '공백의 7년간'을 강요받는다. 1952년, '공백의 7년간'은 돌연 존재가 사라진다. 미국은 50년에 발발한 한국 6·25전쟁을 계기로, 일본에서 군수부품의 조달이나 조립을 실시하고자 생각하여 '항공금지령'을 해제했다. GHQ는 정부에 대하여 항공기·병기의 제조허가를 지시했다. 일본의 하늘의 역사는 다시 움직이기 시작했다.

소이치로의 비행기를 좋아하는 마음속은 금세 좀이 쑤셔서 도무지 견딜 수가 없었다. 그는 활발하게 움직이기 시작했다.

항공기 개발의 계보

'국산 경비행기 설계를 모집'

1962년 1월 12일부의 아사히신문(朝日新聞)에는 이러한 괘로 두른 사고(社告)가 게재되었다. 사고 기사에는 '주최 아사히신문사 후원 통산성·운수성 협찬 혼다기술연구소'라고 쓰여 있었다.

혼다는 1952년 초, 아사히신문사로부터 글라이더 보조동력용 엔진을 제공하기 바란다고 하는 이야기를 받아들여, 2사이클 직립단기통인 1.2PS(마력) 엔진을 제공했다. 그 후 항공기용 엔진으로서 10PS 클래스 보조 엔진 'L형'의 제작을 추진했다. 그런데 항공국의 개입 등으로 개발은 생각하는 대로 되지 않고, 1년 정도 중지되어 프로젝트는 흐지부지되었다.

그와 관련하여 혼다가 사륜 사업에 진출한 것은 1963년이고, F1 출장선언을 한 것이 1964년이다. 결국 이 기획에 대한 협찬은 사륜 사업 참여의 1년 전 및 F1 참여의 2년 전에 해당한다.

이 '국산 경비행기 설계를 모집'의 사고에 관해서 1962년 2월 호의 혼다 사내보에는, 소이치로와 2인3각으로 혼다를 키워온 후지사와 타케오의 연두소신(年頭所信)이 게재되어 있다. 이하 일부를 인용해 보기로 한다.

🔷 그림 4-12 세계의 혼다를 만들어낸 주역, 후지사와 타케오

"1월 12일 호 아사히신문을 보시면 알 수 있겠습니다만, 주최가 아사히이고, 연구소가 협찬, 후원이 통산성·운수성의 두 성이라고 하는 형태로 경비행기의 기체에 대해서 설계모집을 했습니다.

이것은 어떠한 것인가 하면, 지금 세계의 항공기는 제트기의 방향으로 나아가고 있습니다. 한편, 100마력 정도의 경비행기가 현재 자가용기로서 미국이나 각국에서 필요한 시대가 된 것입니다. 그런데 100마력의 엔진은 폴크스바겐 등의 자동차 회사의 것을 많이 사용히고 있습니다.

이것이 하나의 맹점이라고 하는 것입니다. 게다가 비행기는 다량생산이 아니고, 소량생산입니다. 그렇게 되면, 미국보다 일본 쪽이 장기가 있으므로 이것을 장래 하게 돼도 상당히 기업화가 가능할 것이라고 하는 것입니다.

그것과 동시에 작년 GP 레이스(이륜의 세계 그랑프리 레이스)에서 세계 제일이 되어, 젊은이들에게 상당한 꿈을 주었습니다. 이번에는 젊은 사람들에게 다시 한 번 하늘에 대한 꿈을 갖게 하고자 하는 것이 아니겠습니까.

그것과 또 하나는, 현재 그대로 가면 장래 파일럿(pilot)이 일본에서 없어진다, 지금 면허를 가지고 있는 40대의 사람이 없어지면, 일본의 하늘에 파일럿으로서 타는 것은, 외국인 이외에는 없어진다고 하는 것을 들었습니다. 이것은 역시 우리들로서 생각해 두지 않으면 안 된다고 생각한 것입니다.

그래서, 그렇다면 한 가지 일본에서 할 수 없는 것일까 하는 생각이 들어 도쿄대학의 교수님들이나 우리 연구소의 사람들도 그룹이 되어서 하기로 했습니다. 그러나 이렇게 함으로써 일본의 항공계도 글라이더에서 경비행기로 이행하는 시대가 탄생하는 것은 아닐까 하고 생각합니다."

자료: saiaku.tistory.com

그림 4-13 혼다 경비행기 시대의 개막

요컨대, 혼다의 비행기에 대한 관련은 단순히 소이치로의 '꿈'의 실현을 목표로 한 것은 아니라는 것이 이 문장으로부터도 추찰된다. 항공기 산업에서 일본 산업의 미래를 보고 있었다. 또한 젊은이에게 '꿈'을 갖게 하고자 생각하고 있던 것이다. 경비행기 시대의 도래에 의지하는 기대가 전해져 오는 것이 아닐까. 그 뒤, 4대째 사장을 역임한 가와모토 노부히코(川本信彦)도 항공기의 개발에 즈음해서, 실은 마찬가지로 '일본 산업의 미래'를 보고 파악했다.

어려서부터 움직이는 것을 좋아했던 4대 사장, 가와모토 노부히코는 도호쿠대학(東北大學) 대학원에서 정밀공학을 전공하고 1963년에 혼다기연에 입사했다. 그는 학교에 있을 적에 혼다가 F1에 출전할 것이라는 소문을 듣고 다른 회사에는 지원할 생각조차 하지 않았다. 그해 혼다는 창사 이래 처음으로 80명이나 되는 많은 대졸사원을 채용했는데, 그것은 승용차사업에 본격적으로 진입하기 위한 준비였다.

가와모토 노부히코는 전통을 바탕으로 한 개혁을 통해 지금의 혼다를 만들었다고 평가되고 있다.

자료: carlife.net

🏵 그림 4-14 가와모토 노부히코

만화로 끝난 경비행기의 엔진 설계도

아사히신문의 사고(社告)에는 다음과 같이 기록되어 있다.

"금년은 민간항공 재개의 10주년에 해당합니다. 이것을 기념해서, 본사는 국산 경비행기의 기체 제작을 위한 설계도면을 모집합니다. 일본의 민간항공은 재발 후에 급속히 발전했습니다만, 현재의 보유기 수 331기의 대부분이 수입기라고 하는 것이 실정으로, 국산기의 탄생이 강하게 요구되고 있습니다. 경 엔진을 실어, 구조가 간단하고 제작비가 싸게 드는 경비행기, 국민차에 상당하는 '국민기(國民機)'에 대한 새로운 구상이 모아지기를 기대합니다. 그리고 당선자에게는 다음의 상을 증정합니다."

이어서 상의 개요가 기록되어 있다. 제1부의 '일반'부, 제2부의 '만18세 이하의 사람'부의 2부로 나누어진다. 각각 구체적인 상장과 부상에 대하여 기록되어 있다.

당시 초임급이 15,000엔 정도였던 시절에 상금 200만 엔, 현재 가치로 2,000만 엔 이상의 상금이 준비되어 있었던 것이다.

심사위원에는 도쿄대학 교수 등 10여 명의 이름에 이어서 혼다 소이치로(혼다기술연구소 사장), 가와시마 키요시(河島喜好, 혼다기술연구소 이사)의 이름도 있었다.

이 경비행기 설계모집의 심사결과는 1962년 7월 14일의 아사히신문 제15면에 발표되었다. 2,289건의 응모가 있어, 제1부와 제2부의 당선자가 각각 발표되었다. 제1부의 1등은 미야하라 아키라(宮原旭)로 밝혀졌다. 미야하라는 업계의 제1인자였다. 어떤 의미에서 수상은 당연한 결과라고 할 수 있다. 프로 중의 프로가 응모할 정도로 대대적인 공모였다고 할 수 있을 것이다.

수상자 결정 후는 동년 8월호의 혼다 사내보에 "'국산 경비행기의 설계모집' 입선자 정해지다"로서 4페이지에 걸쳐서 심사강평 등이 게재되었다.

도쿄대학 공학부 항공학과를 졸업 후, 1963년에 입사하여 5대째 사장을 맡고 있는 요시노 히로유키(吉野浩行)는 아사히신문의 사고를 보고 입사를 결정했다고 한다. 게재된 엔진에 실체는 없었다.

자료: carpang.com

⬡ 그림 4-15 요시노 히로유키[5]

"사고에 실은 도면은 좀 더 분명한 것이 남아 있지만, 물건은 만들지 않았습니다. 혼다 사내에서는 통칭 만화였다고 합니다만, 만화로 끝. 만들지 않는다."고 가와모토는 증언하고 있다.

도쿄대학 공학부 항공학과 출신으로 나카지마 비행기에서 항공기 엔진의 개발을 직접 다룬 전 혼다 상무인 나카무라 요시오(中村良夫)는 저서에서 다음과 같이 적고 있다.[6]

"혼다의 소형 항공기 엔진의 이야기만은 착착 진척되고 있어, 아사히신문사의 항공부가 대단한 관심을 가지고 이 새로운 혼다 엔진을 싣는 것을 조건으로 해서, 소형 항공기 설계 콘테스트를 하는 것이, 예고보도되었다거나 하게 되어 버렸다. (중략) 실체는 전혀 없는 가공의 엔진이다."

가와모토 노부히코(川本信彦)가 말하듯이 '만화로 끝'이었던 것이다.

---

5) 혼다자동차의 요시노 히로유키 회장은 2001년 110만 대의 자동차를 미국 시장에 판매해 사상 최대의 실적을 올렸다. 일본 국내에서는 자동차 제조업체 2위로 부상했다.
6) 中村良夫, クルマよ, 何處へ行き給ふや, クランプリ出版, 1989.

단, 동년 5월 31일에 발간된 혼다 사내보의 임시호 권두(卷頭)에는, 겐다 미노루(源田實)[7]와 소이치로의 대담 '공중인생'이 게재되었다. 그 모두(冒頭)는 소이치로의 다음과 같은 이야기로 시작하고 있다.

자료: namu.wiki

🏵 그림 4-16 겐다 미노루

"드디어 우리 회사에서도 경비행기를 개발하고자 생각하고 있습니다. 이 비행기는 누구라도 탈 수 있고 조종하기 쉬우며 값이 싸다고 하는, 하지만 겐다 씨와 같은 좀 훌륭한 분에게는 어울리지 않는 비행기입니다(웃음)."[8]

자료: blog.naver.com   자료: m.blog.daum.net

🏵 그림 4-17 천재 파일럿 겐다 미노루(왼쪽)와 카미카제 특공부대 지휘관 시절의 겐다 미노루(좌측, 1944년)

---

7) 겐다 미노루(1904~1989년). 전시에는 해군 대좌(대령), 전후에 일본 항공자위대 막료장(참모총장)을 지냈고 일본 자민당 소속 참의원으로 정치 활동을 하기도 하였다.

8) 겐다 미노루는 1941년 봄 비밀리에 수립된 진주만 기습전의 작전계획을 수립한 촉망받는 조종사 중 하나였으며, 카미카제 특공부대 지휘관을 역임했다.

소이치로의 '비행기개발선언'이라고도 할 수 있는 말이지만, 이 기운이 무르익는 일은 없었다.

"혼다의 항공 엔진 프로젝트도 이 아사히신문 애드벌룬으로 그 꿈을 접었다."[9]는 것이다.

경영환경이 허락하지 않았다

혼다는 아사히신문의 사고(社告) 이후, 비행기로부터 멀어졌는가 하면, 그렇지 않다. 가는 실로 이어져 간다. 항공기 엔진의 개발 이야기가 떠오르는 것이다.

가와모토는 다음과 같이 말한다.

"내가 1963년에 입사해서 곧 관여했던 것이, 그 해의 10월 발매인 혼다 최초의 보통 승용차·소형 스포츠카 'S500'의 엔진입니다. 수냉 직열 4기통 4사이클, 더블 오버 헤드 캠으로 당시에 초고회전으로 주목을 받았던 것입니다. 그 후 후계의 엔진 계획이 있었지요. 엔진을 단품으로 파는 것도 좋지 않을까 하는 이야기가 나와, 비행기와 보트의 엔진으로 팔게 되었습니다."

주임 설계자는 혼다 3대째 사장을 역임한 쿠메 타다시(久米是志)였다. 항공기의 엔진을 어떻게 개발할 것인가 했을 때, "오야지(소이치로)가 떨어뜨린 '파이퍼 커브(파이퍼 에어크래프트 사의 프로펠러 경비행기)'[10]의 엔진이 굴러다니고 있기 때문에, 그것을 쓰려고 한다는 이야기가 되었다."라고 가와모토는 말한다.

소이치로는 스스로 '파이퍼 커브'의 조종간(操縱杆)을 쥐고 있었는데, 여러 번 사고를 일으켰다. 마지막의 사고는 하마마쓰의 비행장에서 착륙에 실패하여, 기체가 파손되었다. 이 사건을 계기로 소이치로는 스스로 조종하는 일은 없어졌다.

---

9)   中村良夫, 前揭書.
10) 현재 사용 중인 항공기 중 그 수명이 가장 긴 모델로 1938년에 생산을 개시한 항공기이며, 원래는 조종을 배우는 비행 강습생들이 쉽게 비행술을 익힐 수가 있는 훈련기 개념으로 디자인된 것이다.

자료: mnd9090.tistory.com

🔷 그림 4-18 파이퍼 커브

"사내에서는 사고에 대해서 '절대로 말하지 마라'고 했기 때문에, 말하지 않았지만요." 가와모토의 증언이다.

사실, 사내에서는 지금도 착륙 실패의 건은 극비로 되어 있다. 계속하여 덧붙여 말하자면, 소이치로 부인 사치도 조종 면허를 가지고 있었다.

소이치로가 착륙에 실패한 '파이퍼 커브'에 탑재되어 있던 엔진 '라이커밍(Lycoming) O-290'[11]은 보존되어 있었다. 가와모토 등은 그것을 당시 다치카와(立川) 시에 있던 후지 자동차(73년에 제노아, 79년에 고마쓰 제노아, 현 고마쓰)에 가지고 가서 항공 엔진의 성능 테스트를 실시했다.

후지 자동차[12]는 당시, 점령군 자동차의 수리나 해체, 재생 사업을 직접 하고 있었다. 소위 오버홀(overhaul)[13]이다.

"내연기관 내에서 발생하는 이상연소의 테스트를 하고자 하는 이야기가 되지요."

그리고 가와모토는 다음과 같이 회상한다.

---

11) Lycoming O-290은 이중 점화, 4기통, 공랭식, 수평 대향 항공기 엔진이다. 그것은 1939년에 처음으로 운영되어 3년 후 생산에 들어갔다. 유형의 일반적인 변형은 O-290-G로 지상 발전기의 일부로 발전기를 구동하도록 설계된 단일 점화 모델이다.

12) 1955년 창설된 후지중공업의 자동차 부문. 2017년 4월부터는 후지중공업 사명도 스바루로 바뀌었다. 2016년 3분기 현재 대주주는 지분의 16.5%를 보유하고 있는 도요타이다.

13) 자동차나 비행기 따위를 분해하여 점검하고 수리하는 일. 분해 검사.

"겨울의 추운 날이었습니다. 바람이 쌩쌩 부는 가운데, 테스트에 입회했지요. 복합점화이기 때문에, 하나는 멈추고 시험하고자 했습니다."

자료: Lycoming

🔷 그림 4-19 라이커밍 O-290 시리즈의 앞면과 뒷면(오른쪽)

그러나 혼다류의 거친 방식은 후지 자동차에게 힘겨웠던 것 같다. 담당자는 "그런 일을 했다가는 고장 납니다."라고 하소연했다.

"아니, 고장 나도 좋으니 해줘."라고 가와모토 등은 말했다.

그러나 결국, 담당자는 도중에 "이제 용서해 주십시오. 그만두게 해 주세요."라고 말했다.

"그런 일이 있은 이후, 사내에서는 비행기의 이야기는 일체 없어졌다."라고 가와모토는 회고한다.

소이치로가 혼다의 자회사인 '혼다에어포트(1970년에 혼다항공으로 개칭)'를 설치한 것은, 이것과 같은 시기에 해당하는 1964년의 일이다.

혼다항공은 항공기 사용사업 면허나 부정기 항공수송사업 면허를 취득하여, 현재 사이타마 현(埼玉縣)의 방제 헬리콥터나 독쿄(獨協) 의과대학병원의 닥터 헬리콥터의 운항 등을 맡고 있다. 지정된 항공종사자 양성시설로서 파일럿의 양성도 실시하고 있다.

1978년에 혼다에 입사한 전 사장인 이토 다카노부(伊東孝紳)는 다음과 같이 증언한다.

"입사 당시, 와코(和光)에 있던 연구소에는 비행기의 엔진이 놓여 있었습니다."

아마도 가와모토 등이 실험에 쓰려고 했던, 소이치로의 '피이피 거브'의 엔진이 아닐까.

자료: magazine.hakyung.com

🔶 그림 4-20 이토 다카노부

소이치로는 비행기에 도전하고 싶다고 하는 생각을 계속 가지고 있었음에 틀림없다. 하지만 그 '꿈'은 당시 너무 크고 또한 멀었다. 혼다의 경영환경이 그것을 허락하지 않았다.

"1963년에 최초의 사륜을 발매하게 되죠. 혼다의 경영을 생각하면, 그 무렵, 사륜에 집중할 수밖에 없지 않았겠어요. 그러므로 오야지는 '비행기를 하고 싶다'라고는 말하지 못했지요. '비행기'라는 말은 그 후, 오야지로부터 전혀 들은 바가 없기 때문입니다." 그렇게 말하는 가와모토는 다음과 같이 단언하는 것이다.

"혼다 내의 비행기 개발의 계보는, 여기에서 한 차례 뚝 중단되는 것입니다."

2. 대담하고 기상천외한 비전

분에 넘치는 이노베이터

혼다 내에서 '비행기'의 '비'자가 완전히 사라진지 22년 후.

1986년, 혼다제트의 모체가 되는 기초기술연구센터(약칭, 기초연)이 혼다기술
연구소 내에 비밀리에 설립된다. 연구 테마의 하나가 비행기 개발로, 그 제1보는
멤버 소집이었다.

당시 기초연(基礎研)의 '창시자'인 가와모토 노부히코는 한 사람의 남자에게
말을 걸었다.

"이노 씨, 비행기를 하고 싶다만"

'이노 씨'는 바로 이노우에 카즈오(井上和雄)를 가리키는데, 그는 혼다의 항공
기 개발의 제1기를 담당한 전설의 기술자이다. 혼다제트 제1의 중요 인물(key
person)이다.

이노우에는 도쿄대학 공학부 항공학과 출신으로, 1959년에 혼다에 입사했다.
입사 3년째인 1962년, GT(가스터빈)연구실에서 가스터빈의 개발에 관여한다.
당시의 GT연구실은 사륜차용의 가스터빈 엔진의 연구를 위해서 설치되었다.

가스터빈과 레시프로(피스톤) 엔진[14]은 기본적으로 동작원리가 다르다. 레시
프로 엔진의 기본운동이 왕복운동인 데 비해서 가스터빈은 회전운동이다. 가스
터빈 엔진은 고속비행하는 항공기에 적합하여 제트 전투기나 제트 여객기, 더
나아가 선박용, 화력발전소용 등에 이용되고 있다.

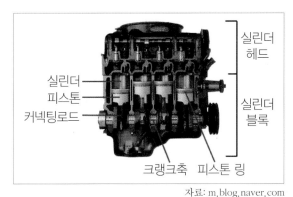

자료: m.blog.naver.com

🔷 그림 4-21 레시프로 엔진 구조

---

14) 레시프로케이팅 엔진, 줄여서 레시프로 엔진이라고 한다. 보통 레시프로 엔진은 휘발유
     엔진을 지칭하지만 넓은 의미에서는 디젤 엔진도 포함된다.

단, 레시프로 엔진과 비교하면, 소형이고 고출력인 한편, 저속회전 시의 연비가 압도적으로 나쁘다. 또한 회전수를 조절하는 것이 어렵기 때문에, 회전수가 빈번히 바뀌는 용도에 부적합하다고 하는 결점이 있다.

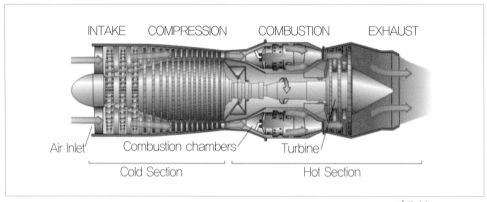

자료: blog.naver.com

그림 4-22 가스터빈 엔진 구조

자동차의 동력은 지금도 레시프로 엔진이지만, 가스터빈을 동력으로 사용하는 시도는 1950년대 이후 세계적으로 행해졌다. 1961년에는 영국 로버(Rover)가 가스터빈을 탑재한 프로토타입 차를 제작했다.

1963년에는 미국 크라이슬러가 가스터빈을 탑재한 '크라이슬러 터바인'을 개발하여, 약 50대를 생산해서 전 세계에서 모니터로서 공개했다. 그 중 한 대가 일본에서 공개되어, 혼다로부터는 전술한 요시노 히로유키(吉野浩行) 등 여러 사람이 시승에 나섰다.

이 외에 인디애나폴리스 500마일 레이스(인디 500)나 르망 24시간 레이스[15])에는 1950년대부터 1960년대에 가스터빈 차가 출장했다.

---

15) 모터스포츠에는 '최단시간' 대신 '최장거리'를 재는 경기가 있다. 바로 24시간 동안 누가 더 먼 거리를 가는지 겨루는 '르망 24시간 내구 레이스'다. 르망 24시간은 매년 6월 말, 프랑스의 작은 도시 '르망(Le Mans)'에서 열린다.

🔅 그림 4-23 1963 크라이슬러 터바인

일본 국내에서도 도요타는 1960년대부터 1970년대에 가스터빈에 의해서 발전하고 모터에 의해서 구동하는 하이브리드 차의 개발을 실시하고 있었다. 이러한 흐름 속에서 혼다도 또한 가스터빈에 주목하여 1962년에 GT연구실을 발족시켰던 것이다. GT의 제1인자는 이노우에였다. 말하자면 제트엔진의 개발에는 꼭 맞는 인재였다. 요시노 히로유키는 다음과 같이 증언한다.

"GT연구실은 새로 설계된 건물로, 설비를 들이고 연구를 시작했지요. 그 톱이 이노우에 씨이고, 연구소의 한구석이라고 할까, 가장 끝에 자리 잡았습니다."

혼다의 GT연구실은 1971년, 가스터빈 엔진 탑재 차의 개발에 이르렀는데, 1970년에 미국에서 '대기청정법개정법(머스키법)'이 성립한 것을 인정하여 연구는 중지되었다.

잘 알려진 바와 같이 머스키법은 "1975년형 차부터 종래 차에 비해서 일산화탄소(CO), 탄화수소(HC)를 모두 10분의 1, 질소산화물(NOx)을 1976년형 차부터 종래 차의 10분의 1"로 한다는 극히 엄격한 내용이었다. 자동차 메이커는 그 대책에 쫓겼다.

GT 개발에 관여하고 있던 이노우에는 개발중지를 인정하고, 1973년에 설립된 아사가스미(朝霞)연구소로 옮겨 이륜 엔진의 개발에 종사했다. '세계 최초'

의 터보차저 장착의 양산차로서 발표된 '혼다 CX500 터보'용 엔진의 개발을 주
도했다. 그 후, 사륜으로 이동하여 야기(八木)연구실에 소속되었는데, 야기 시
즈오(八木靜夫)의 퇴임 후, 야기연구실이 '제5연구실'로 바뀌자 그 실장으로서
'VTEC(가변 밸브 기구) 엔진'에 이어지는 신기술개발에 참여했다.

'VTEC'은 1989년에 판매된 승용차의 2대째 '인테그라'에 처음 탑재된 이래, 현
재에 이르기까지, 혼다가 생산하는 거의 모든 자동차의 엔진에 응용되어 사용되
고 있는, 밸브의 개폐시간과 흡배기량의 조절을 행하는 기술의 하나이다.

자료: alphawiki.org

◈ 그림 4-24 혼다 인테그라

자료: jdmautoreports.tistory.com

그림 4-25 VTEC 엔진

이노우에가 주도해서 개발한 '세계 최초'의 이륜 터보 'CX500 터보'와 'VTEC'의 어느 쪽도 혼다의 기술사상에 이름을 남기는 쾌거이다. 그는 그 양쪽에 관여했다. 확실히 전설의 기술자이다.

자료: coys.co.uk

그림 4-26 혼다 CX500 터보

다만, 이노우에는 너무 과하여 분에 넘치는 사람으로 지나치게 예민한 신경의 소유자였다.

이노우에에 대한 인물평을 들으면, 이노베이터의 숙명인가, 세상에서 말하는 '좋은 사람', '상식적인 사람'이라고 말하는 사람은 어디에도 없었다. 전술한 이토 다카노부(伊東孝紳)는 이노우에에 대해서 추억을 다음과 같이 말한다.

이토는 입사 후, 연수기간에 이륜의 엔진 테스트를 하는 조직에 배속되었다. 거기에서 매니저를 맡고 있던 사람이 이노우에였다. 어느 날 실험 자료를 제출하고 설명할 기회가 있었다. 그런데 언뜻 자료를 보았을 뿐, 이후 모른 체하고 일체 말을 건네지 않았다. 이노우에는 제출 자료가 마음에 들지 않았던 것이다.

"매우 무서운 사람으로, 호되게 기합을 받았지요, 하지만 기술에 대한 집착이라고 할까, 깊이 생각하는 것은 극히 강한 분이었지요."라고 이토는 회상한다.

'엄격한 사람', '면도칼 같은 사람', '무서운 정도가 아니라, 화를 내면 부들부들 떤다'라고 하는 것이 부하들의 일반적인 이노우에 평이다. 강한 아우라(aura)를 발하고, 독재적이며, 자기 주장이 강하기 때문에 적도 많았다. 세간에서 흔히 말하는 5미터 범위 내에 가까이 하고 싶지 않은 타입이었다.

그렇다고 해서 아귀차기만 한 벽창호는 아니었다. 바이크를 좋아하고, 연구소의 이사가 되어서도 친목회에 바이크를 타고 갔다. 취미는 1급 솜씨의 스키, 그리고 한때 윈드서핑에도 열중했다.

이노우에는 강렬한 개성의 소유자로 일종의 '열성파(熱誠派)'였다고 가와모토는 말한다.

"이노 씨가 지나치게 넘치는 사람이므로, 그 무렵, 아사가스미(朝霞)연구소는 처치곤란해 했던 것이지요."

가와모토가 이노우에에게 말을 걸었던 것은, 이노우에를 이륜의 아사가스미연구소에서 파묻히게 해서는 안 된다고 하는 생각이 있었기 때문이다. 이노우에와 같은 개성이 강한 인재는 통상, 조직 속에서 갈 곳을 잃어버릴지도 모른다. 그러나 개성이 강하기 때문에, 이노베이션을 일으킬 수 있다. 실제로 상식적인 '좋은 사람'에게는 이노베이션은 일으키게 할 수 없다. 그리하여 개성이 강한 인재를 살리는 것은 혼다의 도량이라고 해도 좋다. 그것은 바로 혼다의 경쟁력의 원천이다.

인간을 있는 그대로 존중하는 '인간존중'

혼다는 세계의 자동차 업계에서, 규모로는 결코 크다고는 할 수 없다. 그 혼다가 왜 CVCC 등 '세계 최초'의 개발이 가능했을까. 그리고 왜 '세계 제일'의 규모를 자랑하는 도요타가 아니라, 혼다가 제트기를 개발할 수 있었는가. 그 답은, 강렬한 개성을 가진 이능(異能, 남다른 능력)의 존재와 그 개성을 존중하고 철저하게 살리는 풍토에 있다.

혼다는 기본이념으로서, 자립·평등·신뢰를 기축으로 하는 '인간존중'을 내세운다. 소이치로의 '기술 앞에 모든 기술자는 평등하다.'라고 하는 말이 있듯이, '기술'과 '개성'을 존중하고 타사에는 없는 물건의 개발, 즉 독자성에 얽매인다. 'HONDA' 브랜드의 평가가 세계적으로 높은 이유이다.

자료: gpkorea.com

🔷 그림 4-27 혼다의 역사는 곧 기술의 역사라고 할 수 있다.

Interbrand

01	02	03	04	05	06	07	08
	Google	Coca-Cola	Microsoft	IBM	TOYOTA	SAMSUNG	GE
+43% 170,276 $m	+12% 120,314 $m	-4% 78,423 $m	+11% 67,670 $m	-10% 66,095 $m	+16% 49,048 $m	0% 45,297 $m	-7% 42,267 $m

09	10	11	12	13	14	15	16
M	amazon	BMW	Mercedes-Benz	Disney	intel	CISCO	ORACLE
-6% 39,809 $m	+29% 37,948 $m	+9% 37,212 $m	+7% 36,711 $m	+13% 36,514 $m	+4% 35,415 $m	-3% 29,854 $m	+5% 27,283 $m

17	18	19	20	21	22	23	24
Nike	hp	HONDA	LOUIS VUITTON	H&M	Gillette	f	pepsi
+16% 23,070 $m	-3% 23,056 $m	+6% 22,975 $m	-1% 22,250 $m	+5% 22,222 $m	-3% 22,218 $m	+54% 22,029 $m	+3% 19,622 $m

25	26	27	28	29	30	31	32
American Express	SAP	IKEA	Pampers	UPS	ZARA	Budweiser	ebay
-3% 18,922 $m	+8% 18,768 $m	+4% 16,541 $m	+8% 15,267 $m	+2% 14,723 $m	+16% 14,031 $m	+7% 13,943 $m	-3% 13,940 $m

33	34	35	36	37	38	39	40
J.P.Morgan	Kellogg's	VW	NESCAFÉ	HSBC	Ford	HYUNDAI	Canon
+10% 13,749 $m	-6% 12,637 $m	-9% 12,545 $m	+7% 12,257 $m	-11% 11,656 $m	+6% 11,578 $m	+8% 11,293 $m	-4% 11,278 $m

자료: bizwatch.co.kr

◎ 그림 4-28 '인터브랜드(Interbrand)'가 발표한 '2015 글로벌 100대 브랜드'

한편, 도요타는 도요타 웨이(Toyota Way) 중에서 '인간성존중'을 내세운다.

혼다의 '인간존중'에 비해서 도요타의 '인간성존중', 도대체 '인간'과 '인간성'의 차이는 무엇을 의미하는가?

실패와 성공을 포함해서 있는 그대로의 인간을 존중하는 혼다에 비해서, 도요타는 인간에 감추어진 속성인 무한의 능력을 존중한다. 그것은 도요타 웨이에서 내세운 '지혜와 개선'에 연결된다.

혼다는 '개(個)'[16]의 강함이 무기이다. 도요타는 '개선'에 몰두하여 현재의 지위를 쌓아 올렸다. 그 강함은 모든 레벨의 종업원의 의욕과 학습능력을 살리는 조직력이다. 감히 말하자면 '사람의 혼다'에 비해서 '조직의 도요타'이다.

---

16) 하나하나의 사물·사람.

🏵 그림 4-29 도요타 vs. 혼다

　도요타가 조직구성원들의 동질성을 중시하고 합리적인 생산방식을 추구하는
반면, 혼다는 조직구성원들의 개성과 이질성을 존중하며 기술제일주의를 추구
하는 기업문화상의 차이점을 가지고 있다. 도요타 자동차의 경우, 경영철학은
도요타의 창시자인 도요타 사키치(豊田佐吉)의 발명정신과 도요타 자동차의 창
업자인 도요타 키이치로(豊田喜一郎)의 창업정신이라는 기업가정신을 근간으
로 형성된 합리주의(생산의 합리화와 관리의 합리화)로 요약할 수 있다. 그리
고 이러한 경영철학은 도요타 가문(豊田家)에 대한 강한 신뢰감, 동질집단주의
(연고기반의 가족주의), 현장개선주의, 체질화된 절약정신이라는 도요타 자동차
의 기업문화를 형성하게 하였다. 이에 비해 혼다 소이치로(本田宗一郎)의 경영
철학은 그의 독특한 개성과 기술 및 연구개발에 대한 도전정신과 같은 기업가정
신을 근간으로 형성된 인본주의와 기술제일주의로 요약할 수 있다. 이러한 그의
경영철학은 이질집단주의(연고배제 가족주의), 제품독창주의(제품의 차별화),
기술자 우대정신이라는 혼다 자동차의 독특한 기업문화를 형성하는 기반이 되
었다고 할 수 있다.[17]

---

17) 임외석, 토요타와 혼다의 기업문화와 경영권승계에 관한 비교연구, 한국산업경영학회,
　　經營研究 第25卷 第2號, 2010, pp.307~340.

'개(個)의 존중'으로 세계에 침투

전술한 요시노 히로유키(吉野浩行)는 1989년부터 4년간, 미국 오하이오 주에 차리는 HAM(Honda of America Manufacturing)의 사장을 맡았다. 그는 혼다의 기본이념의 텍스트 제작, 즉 영역(英譯)에 몰두했다. 현지의 스태프에 대해서 혼다의 사시(社是)를 정확히 정리해서 알기 쉽게 해설하지 않으면 안 된다고 생각했기 때문이다.

요시노는 먼저 '인간존중'을 어떻게 영어로 전할까에 몹시 고생했다.

"내가 서툰 영어로 'respect for human being'이라고 번역해 말하자, 그들은 전혀 알 수 없다고 하는 표정을 짓는 것이야. 의미가 통하지 않는다는 것이지."

그렇게 말하고 요시노는 쓴웃음을 지었다.

"그것은 도대체 어떠한 것인가."라고 그들로부터 들었다. '인간존중'이라는 혼다의 철학은 외국인에게는 통하지 않는 것일까. 요시노는 말을 고르면서 다음과 같이 열심히 답했다.

"인간은 모두 한 사람 한 사람이 개성을 가지고 태어나, 각각 다른 능력을 가지고 있다. 혼다는 일하는 인간 한 사람 한 사람에게 스스로의 개성이나 능력을 가능한 한 발휘할 수 있도록 하는 회사경영을 목표로 하고 있다. 내가 말하고 싶은 것은 그러한 것이다."

그러자, 미국인 중 한 사람이 말했다.

"아, 그거라면 'respect for the individual'이 맞아요. 'human being(인류)'을 'respect(존중)'하고자 하는 것은 의미가 통하지 않아요. 그렇지 않고 미스터 요시노가 말하고 싶은 것은 'the individual(개, 個)'을 'respect(존중)'한다고 하는 것이지요. 이거라면 누구라도 이해할 수 있지요."

> human being – 인류   the individual – 개(個)

요시노는 'respect for the individual'이라고 하는 말을 듣고, 소이치로가 말하고 싶었던 것도 바로 이 말이라고 생각했다.

자료: shacyoyutai.com

🔷 그림 4-30 65세에 은퇴한 소이치로는 수천 곳에 있는 판매점이나 공장에서 일하는
종업원 한 사람 한 사람에게 감사의 말을 전하고 싶어서 전국 순례여행을 떠난다.

'인간존중', 즉 '개(個)의 존중'을 기본이념으로 내세우는 혼다는 '개(個)를 살린다.'고 하는 것에 관해서는 타사를 압도하고 있다. 요시노는, 소이치로가 정한 '인간존중'의 철학이 어떻게 보편성을 가진 콘셉트일까를, 미국에 가서 새삼스럽게 통감했던 것이다.

이리하여 소이치로로부터 이어받은 혼다 필로소피의 '인간존중'은 'respect for the individual'='개(個)의 존중'이라고 번역되어, 전 세계의 혼다에 침투되고 있다. 혼다가 '세계 제일'이나 '세계 최초'를 잇달아 만들어내는 것은, 그 '인간존중'의 철학이 지켜지고 있기 때문이다.

엔진, 기체의 양쪽을 개발하다

강렬한 개성을 가진 이노우에 카즈오는 가와모토 노부히코에게 스카웃되어 기초연(基礎研) 설치의 준비를 위해서 사륜의 와코연구소로 이동했다. 거기에서 항공기 프로젝트 전체의 총괄책임자를 맡는다. 1985년의 일이다.

가와모토는 혼다제트에 대한 인터뷰에 응하는 조건으로 이노우에 카즈오를 동석시킬 것을 원했다. 가와모토로 말하자면, 번거로운 항공기 개발에 이노우에를 끌어들인 체면도 있고, 그의 고생담을 들어보고 싶다고 생각한 것은 틀림없다.

그런 연유로 2015년 3월 2일 78세의 이노우에는 미시시피 주립대학으로부터 증정받았다고 하는 기념 메달이나 엔진 'HF-120'의 형식증명서인 레플리카(replica)[18] 등, 관계되는 물건을 휴대하고 인터뷰 장소인 와코연구소에 찾아왔다. 그 기념품들은 그에게 있어서 훈장이며, 자랑인 것은 틀림없다. 그로부터 1년 3개월 후, 그는 사망했다.

이노우에의 이야기에 의하면, 가와모토로부터 부탁받은 항공기 개발의 책임자라고 하는 큰 역할에 대해서는 생각하지 않을 수 없었다고 한다. 왜냐하면, 가와모토는 엔진과 기체의 양쪽 개발을 생각하고 있었기 때문이다. 이노우에는 다음과 같이 말했다.

"항공기 엔진의 개발은 모두 찬성이었습니다. 그러나 기체 개발에는 사내에서 찬성의 목소리가 별로 나오지 않았어요. 하지만, 저의 감각으로는 아마 엔진을 만들어도 팔리지 않을 것이라는 생각이 들었습니다.

항공기에 있어서 엔진이라고 하는 것은 하나의 파트인 것입니다. 항공기 메이커는 과거의 실적을 보고, 탑재할 엔진을 결정합니다. 결국 실적이 없는 혼다의 엔진 따위, 간단히 팔리지 않는다는 것을 각오하지 않으면 안 되는 것이지요."

GE, 롤스로이스, 프랫 앤 휘트니(Pratt & Whitney)[19] 등 항공기 엔진 메이커는 오랜 역사 속에서 신용, 신뢰를 쌓아오고 있다. 신참자인 혼다가 항공기 엔진 시장에 헤치고 들어간 상황에서, 채용할 기체 메이커, 즉 항공기 메이커가 있다고는 생각할 수 없었다.

그렇다고 해서 이노우에는 항공기 엔진을 단념할 방향으로는 생각하지 않았다. 이노우에의 밑에 '엔진 개발팀'과 '기체 개발팀'의 두 가지 프로젝트가 가동되고 있었다.

---

18) 본래의 정의는 제작자 자신에 의해 만들어진 사본(복제품)을 의미하는 말이다. 현재 이 단어는 단순한 복제품을 의미하는 단어로 사용된다. 레플리카는 종종 박물관의 전시 등 역사학적인 목적으로 제작된다.
19) 미국의 항공기 엔진 제작회사이다. 항공기 엔진 제작 업체로는 제너럴 일렉트릭과 롤스로이스 plc에 이어 세계 3위에 해당한다. 이 회사는 항공기 엔진뿐만 아니라 산업/발전용 가스 터빈, 선박용 터빈, 로켓 엔진 등을 제작하고 있다.

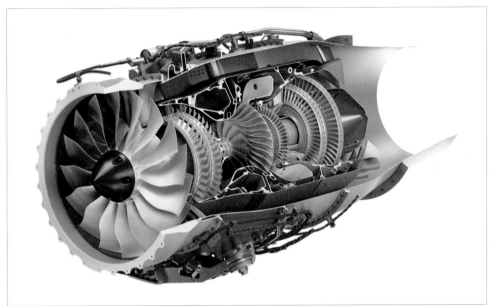

자료: gehonda.com

⚜ 그림 4-31 GE 혼다 HF-120 엔진

"혼다제(製)의 항공기 엔진을 팔려면, 엔진의 실적을 쌓을 필요가 있는 것이지요. 요컨대 혼다제 엔진을 실어서 기체를 만들지 않으면 안 된다. 기체를 만드는 이상, 우리 회사에서 만드는 엔진에 딱 맞는 기체를 만들자고 생각했습니다."

의외로 알려져 있지 않지만, 혼다는 원래 '세계 제일'의 엔진 메이커이다. 혼다의 오토바이 16년의 생산대수는 1,700만 대를 넘는다. 사륜차는 약 500만 대이다. 더욱이 범용 엔진은 약 600만 대에 달한다. 엔진 생산대수의 총계는 약 2,800만 대에 이른다. 그 특징은 소형, 경량, 고효율이다.

'세계 제일'의 엔진 메이커인 혼다에게 있어서, 항공기 엔진의 개발은 그럭저럭 그 분야의 사정에 밝은 분야이다. 그 점에서 본다면, 기체의 개발은 미지의 영역이다.

혼다 내부에는 혼다제트를 둘러싸고, 애당초 "엔진과 기체는 어느 쪽이 먼저 생겼는가."라고 하는 논의가 있다. 즉, 엔진을 위해서 기체를 만들었는가, 기체를 위해서 엔진을 만들었는가, 라고 하는 논의이다.

'엔진쟁이'에게 말하게 하면 "혼다는 원래 엔진 메이커다. 논의할 것까지도 없이 엔진이 먼저다."라고 된다. '기체쟁이'에게 말을 시키면, "혼다제드가 없으면, 혼다제의 엔진을 얹을 기체 메이커 따위 없었다. 그러니 기체가 있고 엔진이다." 라고 된다.

자동차의 분야에서도 '엔진쟁이'와 '차체쟁이'는 반드시 사이가 좋지 않다고 일컬어지고 있는데, 엔진 개발팀과 기체 개발팀은 그 후, 미묘한 라이벌 관계하에서 서로 절차탁마하면서 개발경쟁을 하게 된다.

혼다류 '험담'의 진상

먼저 엔진 개발팀의 이야기부터 시작하자.

이노우에에게 스카웃되어 그의 밑에서 항공기 엔진의 개발을 담당한 것은 구보타 오사무(窪田理)이다. 제2의 중요 인물(keyman)이다.

'엔진쟁이'인 구보타는 이토 다카노부(伊東孝紳)와 동기인 1978년, 혼다에 입사했다. 이노우에와 마찬가지로 도쿄대학 공학부 항공학과 출신이다. 항공원동기를 전공했다. 말하자면 항공기 엔진의 전문가이다.

혼다 입사 후, 1년간의 연수를 거쳐 1979년에 아사가스미연구소에 배속되었다. 이륜 'CB250RS'나 'CX500 터보'의 개발을 담당한 후, 1984년에 터보차저의 연구개발로 바꾸고, 와코연구소의 제5연구실로 옮겼다.

터보차저[20]는 배기가스의 에너지를 이용해서 터빈을 돌리고, 압축한 공기를 엔진 내에 들여보내는 장치인데, 그 구조는 가스 터빈 엔진, 즉 항공기 엔진과 매우 비슷하다. 기초연구소 설립과 동시에, 엔진 팀에 들어가서 현장의 리더를 맡게 된 것은 타당한 인사였다.

---

20) 터보차저(turbocharger)는 내연기관에서 필연적으로 발생하는 엔진의 배출가스 압력을 이용해 터빈을 돌린 후, 이 회전력을 이용해 흡입하는 공기를 대기압보다 강한 압력으로 밀어넣어 출력을 높이기 위한 기관이다. 공기를 압축하면 온도가 높아지는데, 이 때문에 효율이 떨어지는 우려가 있어 인터쿨러(Inter cooler)와 함께 사용되는 경우가 많다.

자료: ko.wikipedia.org

🏵 그림 4-32 터보차저 단면

구보타는 혼다제트의 완성을 보지 못하고 2007년에 병으로 타계했다. 구보타는 작가 가타야마 오사무(片山 修)와의 인터뷰에서 다음과 같이 말했다.[21]

"기초연구소가 생겼을 때는 항공기 엔진을 한다고 하는 것은 알고 있었습니다. 저는 취직불황으로 할 수 없이 혼다에 입사했습니다. 사륜이 하고 싶었는데 이륜에 배속되어, 개인적으로는 전혀 희망이 통하지 않는 회사라고 생각하면서 일을 하고 있었지요."

그는 이륜(二輪)에서 터보를 하고 있었으므로, 기술쟁이로서 더욱 높은 기술에 도전하고 싶다고 생각하고 있었다. 엔진 담당자로서 비행기를 할 수 있다고 알았을 때는, 솔직히 기쁨을 느꼈다. "야, 됐다. 거기까지 할 수 있게 됐구나."라고 몹시 기뻐 좋아했다.

구보타에 대한 평가에 대해서는, 밑에서 일한 후배 기술자들의 목소리를 들으면, "우수한 엔지니어이다.", "직감이 날카롭다.", "부하를 잘 돌봐 준다.", "사람을 잘 쓴다.", "젊은이를 대단히 잘 돌봐 주는 분이었습니다. 기초연구소 내에서

---

21) 片山 修, 技術屋の王國 ホンダの不思議力, 東洋經濟新聞社, 2017, pp.47~48.

도 젊은이들과 여러 가지 이야기를 하고 다니셨지요. 두목 기질이었지요." 등으로 호의적인 평가가 많았다. 그런 의미에서 '엄격한' 이노우에와 '잘 돌봐 주는' 구보타의 콤비는 미묘하게 균형이 잡혀 있었다.

자료: gereports.kr

🔷 그림 4-33 항공기 엔진 단면

동기 입사로 라이벌이었던 이토의 구보타 평가는, 흥미를 끈다. 입을 열자 제일 먼저, "그 친구는 성격이 나빠요."라고 했다. 단, 그렇게 말하면서도 이토가 하는 말의 행간으로부터는, 기술자로서 뛰어난 센스를 갖고, 항공기 엔진의 사업화에 집념을 불태운 구보타에 대한 존경의 마음을 엿볼 수 있었다.

거꾸로 구보타는 이토에 대해서, "그 친구는 기술도 모르는 주제에."라고 '험담'을 하고 있었다. 구보타도 또, 이토가 준비된 '골목대장'과 같은 사람이라고 인간적 매력을 평가하고 있는 것을 보면, 어떻게 "기술을 모른다."고 태연하게 '험담'을 하고 있었던 것일까. 서로 솔직하게 상대를 칭찬하지 않고, 겸연쩍음을 감추고 있는 면이 있는 것 같다. 혹은 '엔진쟁이'와 '차체쟁이'의 미묘한 대립관계라고 볼 수도 있을 것이다.

실제로 혼다 사내에서는 이러한 공공연한 '험담'은 드문 일이 아니다. 사륜의 신기종개발이라도 되면, '엔진쟁이'와 '차체쟁이' 혹은 디자이너가 각각의 주장을 충돌시켜, 싸움이나 다름없는 양상이 된다. 강렬한 개성의 소유자끼리 부딪치는 것은 일상다반사이다.

예를 들면, 2001년에 발매되어 크게 히트한 스몰카의 초대 '핏트'의 디자인은 유럽 팀과 일본 팀의 사이에서 설계의 공모(competition)가 실시되었는데, "드잡이로 될 만큼 장절한 공모였다."라고 개발책임자를 맡았던 현재의 혼다기술연구소 사장인 마쓰모토 요시유키(松本宜之)는 회상한다.

자료: auto.danawa.com

🏵 그림 4-34 손정의 회장과 마쓰모토 요시유키 사장[22]

그 마쓰모토는 부하에게 "자네들, 회사를 그만두게!"라고 태연하게 매도(罵倒)했던 것이다. 심하게 욕을 먹은 자는 맹렬하게 반발하고 요까짓 것 하고 일을 한다.

---

22) 일본의 소프트뱅크와 혼다가 함께 운전자의 기분까지 읽는 인공지능 자동차 기술 개발에 나선다고 2016년 7월 21일(현지시각) 로이터가 전했다. 도쿄에서 열린 소프트뱅크 월드 2016 컨퍼런스에서 손정의 소프트뱅크 회장과 요시유키 마쓰모토 혼다 R&D 사장이 함께 무대에 올라 공식 발표했다.

그러므로 그들의 '험담'은 진짜로 받아들여서는 안 된다. 서로 어디까지 본심인지 알 수 없는 구석이 있다. 일하면서 자기의 근원을 몽땅 털어놓고 거리낌없이 본심을 토로하면서 당당히 '험담'을 할 수 있다. 본래 자유활달은 이러한 분위기를 말하는 것일 것이다. 혼다의 기업풍토 그 자체이다.

엔진 개발팀의 평균연령 26세

고집이 센 사람으로 알려진 구보타 오사무(窪田理)는 만년에 항공기 엔진의 사업화에 집념을 불태우고, 모든 수단을 강구하는 '책사'였다고 하는 평을 들었다. 부하들로부터는 '음흉한 영감'이라고도 불린다.

죽은 구보타의 후임으로 엔진 개발부문의 리더를 맡은 와라가이 아츠구니(藁谷篤邦)는 기초연구소 설치 당초부터의 멤버로, 제3의 중요 인물이다. 구보타에 대해서, 그는 다음과 같이 말한다.

"신경은 매우 섬세하지요. 그것을 별로 겉으로 나타내지 않고, 주위에 배려를 하는 사람이었습니다. 좀 대범함을 취할 수 있는 사람이었습니다."

와라가이의 전문은 연소학(燃燒學)으로 1983년 도쿄공업대학 공학부 기계공학과 졸업 후, 혼다에 입사했다. 16세부터 바이크를 타고, 대학시절에는 자동차부에서 활약했다. 본디부터 바이크나 자동차를 좋아하고, 취직한다면 양쪽 분야에서 일할 수 있는 혼다가 좋다고 정하고 있었다.

기체 개발팀의 후지노 미치마사(藤野道格)가 명확한 목표나 마일스톤을 착착 밀어 올려 프로젝트를 끌어가는 데 비해서, 엔진 개발팀을 끌어가는 와라가이는 고집이 세고 우직한 타입으로 화려한 것을 삼간다. 어느 쪽인가 하면 수수하고, 성실함이 널리 알려진 전형적인 엔지니어이다.

이외에 2011년에서 2015년까지 혼다기술연구소 사장을 맡았던 야마모토 요시하루(山本芳春)도 또한 이노우에에 의해서 엔진 개발부대로 억지로 끌어들여진 한 사람이다. 야마모토는 1973년에 누마즈(沼津)공업고등전문학교 공업화학과를 졸업 후, 혼다에 입사했다. 그 또한 바이크를 좋아했다.

야마모토는 사륜의 엔진 전문인 야기(八木)연구실에 배속되어 CVCC의 개발에 관여했다. 야기 시즈오(八木靜夫)가 퇴임한 후, 야기연구실은 '제5연구실'이 되어 이노우에가 실장을 맡았는데, 야마모토도 제5연구실의 이노우에 밑에서 VTEC의 개발에 관여했다.

자료: autoc-one.jp

🔷 그림 4-35 혼다기술연구소

도중에 그는 매니지먼트의 세계로 옮겨서 경영팀의 일원이 되어, 2015년에 혼다기술연구소 사장을 퇴임한다. 제4의 중요 인물이다.

이 밖에 엔진 팀에는 사외로부터도 기술자가 모아졌다. "자위대나 3대 중공업 (미쓰비시, 이시카와지마-하리마[23], 가와사키) 출신자 등의 중도채용자도 있었 지요."라고 와라가이 아츠구니는 증언한다.

엔진 개발팀의 당초 멤버는 이오우에를 개발책임자로 구보타 오사무, 야마모

---

23) 石川島播磨重工業株式會社. Ishikawajima-Harima Heavy Industries의 앞글자만 따서 IHI라고 알려져 있는 이 회사는 조선, 항공기 엔진과 부품, 로켓과 인공위성을 비롯한 우주산업, 자동차 터보 과급기, 산업용 기계, 발전소 보일러와 터빈 설비, 현수교와 같은 다른 운송과 관련된 기계들을 생산하는 일본의 대표적 중공업 기업이다.

토 요시하루, 와라가이 아츠구니 등 십수 명에 지나지 않았다. 49세의 이노우에, 33세의 야마모토와 32세의 구보타를 제외하면 전원 20대로 평균연령 26세였다.

중도채용자도 포함하여 실제로 항공기 엔진을 설계한다거나 만든다거나 한 적이 있는 인재는 누구 한 사람 없었다. 문자 그대로 제로에서의 출발이었다.

자료: en.wikipedia.org

🔘 그림 4-36 CVCC 엔진

'시빅에 날개를 다는' 꿈이 있는 목표로 팀이 끓어오르다

목표설정은 대단히 어렵다. 처음에 높은 목표를 설정하지 않으면, 그 목표 이상에는 결코 도달하지 못한다. 목표가 높지 않으면 획기적인 이노베이션은 일으킬 수 없다. 그렇다고 해서 목표나 비전을 내세우더라도 실행으로 이어지지 않으면 단순한 구호로 끝난다. 목표가 너무 높아서 달성이 불가능하게 되면, 팀의 사기는 저하하고 지치고 쇠약하여진다.

단, '양산'과 '기초연구'에서는 목표설정의 방식이 근본적으로 다르다.

'양산'의 경우, 시장, 라이벌, 기술, 법규제, 생산설비 등 여러 가지 측면을 고려해서 목표설정을 한다. 결국 제약조건을 시야에 넣으면서 생각할 수 있는 한의 높은 목표를 정한다.

한편, '기초연구'의 경우, 미래를 확인한 긴 시간축과 기술의 한계돌파에 의해 사회의 대변혁에 목표를 설정한다. 세간에서 흔히 말하자면, 허풍을 떤다. 혹은 황당무계한 목표설정을 한다. 그 경우, 가령 목표의 100%를 실현하지 못해도 좋다. 50%의 실현이라도 지금까지 존재하지 않는 혹은 현격히 차이가 나는, 내지는 새로운 지평을 개척하는 데에 이어진다.

이노우에 카즈오가 내세운 목표는 바로 그것이었다.

이노우에는 바람직한 항공기 전체의 비전을 그렸다. 가와모토의 구상을 번역하여 '전도사'로서 구체적인 비전을 보였던 것인데, 그것은 그 분야의 전문가가 본다면 대담(大膽)이라고 할까, 약간 기상천외했다. "가와모토 씨의 터무니없는 요구를 형상화하고 있는 것은 모두 이노우에 씨이다."라고 전 혼다기술연구소 상무인 오츠카 노리모토(大塚紀元)는 말한다.

이노우에는 이상으로 하는 비행기에 대한 생각을 다음과 같이 멤버에게 열렬하게 말하여 콘셉트의 공유화를 도모했던 것이다.

혼다는 이륜이나 사륜으로 대표되는 것처럼 이동수단 메이커이다. 따라서 제트기도 소형의 개인이동수단이 아니면 안 된다. 그것에는 엔진 성능이 우수하지 않으면 안 된다. 연비성능이 높지 않으면 안 된다. 또한 가능한 한 짧은 거리에서 이착륙이 가능하지 않으면 안 된다.

여기까지는 상식의 범위 내이다. 이하는 비상식이었다. 혼다가 자랑하는 '혼다의 상식은, 세계의 비상식'의 유례이다.

'자동차처럼 탈 수 있다', '뒷마당에서 날 수 있다', '홀가분하게 쓸 수 있는, 하늘

의 새로운 이동수단을 만든다'는 등의 콘셉트를 보였다. 그리고 포함시킬 기술
은 자동조종, 자동제어, 카본 복합제 등이다.

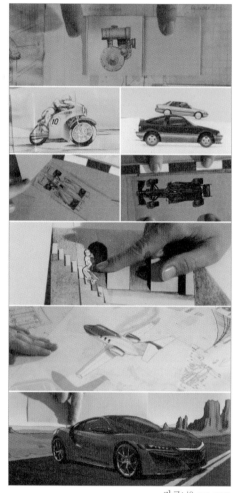

자료: i0.wp.com

◈ 그림 4-37 꿈이 많은 혼다의 PAPER

요컨대, 황당무계한 목표를 내세웠던 것이다.

'자동차처럼 탈 수 있는' 비행기는 물론, 그 무렵 자동조종이나 자동제어, 카본
복합제는 모두 '꿈'의 혁신적 기술로, 그 수준의 높이는 당시 NASA(미국항공우

주국)의 목표와 같았다. 비전은 '꿈'과 '로망'에 넘쳐 있었다. 하지만 최근의 오스프리(osprey, 미 해병대의 수직 이착륙 수송기 V-22의 애칭)나 드론을 생각하면, '뒷마당에서 날아오른다'고 하는 이노우에의 콘셉트는 반드시 황당무계하다고는 할 수 없다. 오히려 선견지명이라고 말하지 않으면 안 된다.

이노우에는 그러한 구상과 아울러 몇 매나 도면을 그렸다.

"여러 가지 비행기를 생각했다. 날개를 전진방향으로 기울인 전진익(前進翼), 반대로 후퇴시킨 형태의 후퇴익(後退翼)은 물론, 로켓처럼 퓨~ 하고 바로 위로 날아오르는 것까지 생각했다."

와라가이 아츠구니(藁谷篤邦)에 의하면, "간단히 말하면, '시빅'의 차체 뒤를 펴서 날개를 단 것과 같은 비행기를 만들고 싶다고 하는 것에서 시작했던 것이지요."라고 한다. '시빅 제트'이다. 그러기 위해서는 어떠한 제트엔진을 개발할 것인가. 모인 젊은 기술자들은 이노우에가 그린 콘셉트에 '꿈'을 부풀렸다.

자료: m.danawa.com

🏛 그림 4-38 혼다의 꿈

당초 별로 마음이 내키지 않았던 야마모토 요시하루(山本芳春)도 그 꿈과 같은 비전에 공감하여, 의욕이 넘쳐흘렀다. 꿈이 있는 이야기이면 이야기일수록 "해 보자, 라고 되었지요. 비행기에 관해서는 지식이 없는 문외한이지만, 젊으니까 말이야."라고 그는 말한다.

이노우에는 불타오르는 정열을 가지고 꿈을 이야기하며, 젊은 기술자의 혼에 불을 붙였다.

소이치로는 '맨섬 TT 레이스 출장선언'으로 높은 목표를 향해서, 다음과 같이 진군 나팔을 불었다.

"전 종업원 제군!

혼다기술연구소의 전력을 결집해서 영관을 쟁취하자. 혼다기술연구소의 장래는 하나로 묶여서 제군의 양쪽 어깨에 있다. 용솟음치는 정열을 기울여 어떠한 고생도 견디고, 치밀한 작업연구에 제군 스스로의 길을 관철하기 바란다."

(〈맨섬 TT 레이스 출장선언(マン島レース出場宣言)〉으로부터)

소이치로의 격문에 나오면 낮지 못하지 않은 열의를 가지고, 이노우에는 20대의 젊은 기술자들에게 말을 걸었던 것이다. 냉정히 생각하면, 현실불가능하게 생각될 만큼 높은 목표이더라도, 조직의 톱에 서 있는 인간이 마음속에서 실현을 믿고, 정열을 가지고 말하면, 기술자들을 곧이듣게 할 수 있는 것이다.

이노우에가 내세운 '꿈'과 '로망'에 가득 찬 비전을 받아서 '끓어오르는 조직'하에 엔진 개발팀의 멤버는 이후, 터무니없는 고난의 길을 걷게 된다.

철완(鐵腕) 아톰을 만들어라

"저, 저는 무엇을 하면 좋을까요."

"자네는 철완[24] 아톰을 만들어 봐."

비밀의 기초기술연구센터에는 또 하나의 이야기가 있다. 로봇 개발이다.

황당무계한 목표를 내세우는 혼다의 문화는, 혼다제트에 한하지 않고 많은 스토리를 낳았다. 혼다제트와 마찬가지로 기초기술연구센터에서, 비밀리에 개발이 진행된 '세계 최초'의 자율형 이족보행의 휴머노이드 로봇 'ASIMO'이다.

---

24) 무쇠처럼 단단하고 힘이 센 팔. 또는 그런 팔을 가진 사람.

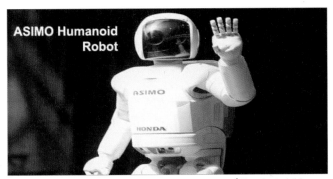

자료: roboticsbible.com

그림 4-39 휴머노이드 로봇 'ASIMO'

'ASIMO'의 개발책임자를 맡은 히로세 마사토(廣瀨眞人)는, 중도입사조(中途入社組)로 토박이 기술자가 아니다. 배속된 기초기술연구센터의 제4연구실에 얼굴을 드러냈을 때, 처음으로 만난 같은 센터의 장인 다가미 카츠토시(田上勝俊)와의 주고받은 대화가 앞의 회화 내용이다.

히로세가 입사했을 당시, 로봇 연구는 아직 막 시작한 때로, 실장 이하 40대의 보조 기관장(assistant chief engineer)과 엔진 주변의 설계를 하고 있었다고 하는 젊은 기술자 3명이 세세하게 작업을 하고 있었다. 신참의 히로세를 더하더라도 불과 4명의 연구 그룹이다. '철완 아톰'의 개발은 정말로 황당무계한 콘셉트로, 기술적인 뒷받침이나 전망이 있는 것은 아니었다.

더욱이 제4연구실장인 니시카와 마사오(西川正雄)는 다음과 같이 히로세 마사토에게 말했다.

"자네, 오늘은 돌아가게. 3일 후에 연구소의 평가회가 있네. 그래서 프로젝트의 연구방향에 대하여 프레젠테이션을 하지 않으면 안 되네. 우리들이 인간형 로봇의 연구 테마의 양해를 얻을 수 있을지 어떨지의 중요한 회의야. 곧 휴머노이드 로봇의 도면을 그려주게. 아, 오늘부터는 거기가 자네 책상일세."

멤버의 한 사람이, 폐기물 두는 곳에서 옮겨와서 들어놓은 넓은 책상을 히로세를 위하여 닦고 있었다. 그는 멍하니 바라보고 있었다.

새삼스럽게 실내를 보니, 《철완 아톰(鐵腕アトム)》의 만화전집을 비롯하여, 로

봇의 괴물 등이 등장하는 만화나 그림책이 많이 있는 것이 아닌가. 농담인가 하고 생각했다. 하는 수 없으므로 그런 것을 보면서, A3 사이즈의 종이에 3일 길러서 구상도라고 하기보다 스케치를 그려 올렸다. 생각했던 대로 히로세 등이 제출한 구상도는 평가회에서 떠들썩한 악평이었다.

당시의 혼다기술연구소 사장인 가와모토 노부히코(川本信彦)는 "이러한 구상도로는 되지 않아."라고 큰 소리로 꾸짖었다.

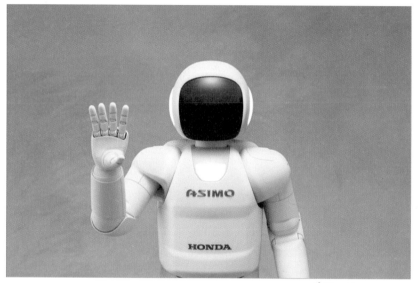

자료: m.blog.naver.com

🌐 그림 4-40 일본 혼다 아시모, 만화 철완 아톰의 후예

제4차 산업혁명의 기린아 ▌기술자의 왕국 혼다 ▌

CHAPTER
05

절대가치의 추구와
독자적인 개발철학

CHAPTER 05

절대가치의 추구와
독자적인 개발철학

1. 기초기술연구센터의 원류

제로에서 도전을 결단한 혼다 중흥의 근원

소이치로의 비행기에 건 '꿈'은 '꿈'이라 치고, 그렇다면 새로운 혼다제트의 진짜 '탄생의 아버지'는 도대체 누구일까.

단도직입적으로 혼다의 4대째 사장인 가와모토 노부히코(川本信彦)야말로 혼다제트의 진짜 '탄생의 아버지'이다. 그리하여 'ASIMO'도 그렇다. 그는 또 혼다 중흥의 근원이다.[1]

자료: wonderfulrife-2.blogspot.com

⬡ 그림 5-1 미쓰비시 제로기

---

[1] 片山 修, 技術屋の王國 ホンダの不思議力, 東洋經濟新聞社, 2017.

2차 대전 전의 '제로기(零戰)'[2]에서 전후의 'YS-11', 그리고 'MRJ'에 이르기까지, 일본 항공기의 개발·생산을 주도해온 미쓰비시중공업에 비해서, 전후파 기업 혼다는 인적으로나 설비적으로도 항공기에 관한 유형무형의 역사적 자산이나 경영자원을 보유하고 있지 않다.

그렇다고 해서 '하늘'에 대한 도전은 무모한 이야기라고 결말을 내지는 않았다. 또한 '꿈'을 말하고 그것으로 끝이 되는 것도 아니었다. 가와모토는 정열과 신념을 가지고 미지의 영역에 도전했다. 그것은 '절대가치'를 추구하는 장대한 도전이라고 해도 좋았다.

자료: 50skyshades.com

◈ 그림 5-2 미쓰비시 MRJ

땅바닥 시선을 가진 사장

가와모토 노부히코는 대단히 방자한 남자이다. 개구쟁이이다. 극히 개성이 강하다.

소이치로에게 철저하게 단련된 가와모토는 소이치로를 '오야지'[3]라고 부른다. 순수한 소이치로 숭배자(child)이다. 개성이 강한 것은 확고한 신념 때문이다.

---

2)   零式艦上戰鬪機의 통칭
3)   아버지. 직장의 책임자·가게 주인·노인 등을 친근하게 부르는 말.

게다가 가와모토는 불도저와 덤프트럭을 합친 것과 같은 돌파력과 실행력의 소유자이다.

가와모토는 도후쿠대학(東北大學) 공학부에서 정밀공학을 전공했다. 이것은 사실상의 항공학과라고 해도 좋다. 일본이 항공기를 개발할 수 없었던 '공백의 7년간'에 전국 대학의 '항공'이라는 이름이 붙은 학과는 폐지되었는데, 교토, 도쿄, 큐슈의 각 대학에서는 1950년대에 부활했다. 그러나 도후쿠대학에 '항공'의 이름이 되살아나는 것은, 기계계(機械系) 학과가 개조되어 기계항공학과가 설치되는 1991년까지 기다리지 않으면 안 된다. 도후쿠대학 공학부 정밀공학과의 전신은 공업역학과이며, 그 전신은 항공학과인 것이다.

도후쿠대학은 전쟁 때부터 항공기 업계에서 중요한 역할을 하고 있다. 전쟁이 끝날 직전에 최초 비행에 성공한 '귤화(橘花)'에 탑재된 일본 최초의 제트엔진 '네(ネ)20'의 개발에는 도후쿠대학 두 사람의 교수들이 관여하고 있다. 그들은 전후에도 도후쿠대학에서 연구실을 계속 지켰다. 가와모토는 연소기(燃燒機)의 권위자인 교수의 연구실에서 지냄과 동시에, 나카지마 비행기 출신 비상근강사로부터 '항공공학개론'을 수강하여 항공기에 관한 지식을 익히고 있었다.

자료: ja.wikipedia.org

그림 5-3 네(ネ)20 엔진

가와모토는 "혼다에서 나보다 비행기에 대해서 잘 알고 있는 놈은 없어."라고 호언장담하듯이, 사내에서 항공기에 관한 지식에 있어서 그보다 더 나은 이가 없었다. 확실히 도쿄대학 공학부 항공학과 출신의 기술자는 적잖이 있었지만, 그들과 비교하더라도 가와모토는 항공기에 관한 '지식의 보고'였다. 민간기든 군용기든 날고 있는 항공기를 한눈에 본 것만으로 "저것은 ○○년 ○○엔진을 탑재하고 있다."라고 즉시 알아맞혀서 주위를 놀라게 했다.

그러나 대학시절의 가와모토는 자동차부를 만들어 대학이 소유하고 있던 자동차를 불하받아서 개조하여 도후쿠 지방을 타고 돌아다녔다.

"전쟁 전의 아메 차[4]였지. 언제나 자동차 밑에 기어들어, 진딧물이었어."라고 가와모토는 웃는다. 그의 시선 밑바닥, 즉 '벌레의 시점'의 원점은 대학시절에 있다.

자료: matome.naver.jp

🌐 그림 5-4 아메 차

가와모토는 2003년, 구보타 오사무(窪田理)의 권유로 노스캐롤라이나 주 그린즈버러(Greensboro)에서 혼다제트 1호기를 제작 중이었던 후지노 미치마사(藤野道格)를 방문했다. 그때 일어난 일이다.

가와모토가 간직하고 있는 사진 중에 인상 깊은 것이 한 장 있다. 주익(主翼, 비행기 동체의 좌우로 뻗은 날개) 밑에 가와모토가 누워 뒹굴어 들어가서, 랜딩

---

4)   아메리카 차

기어 부품을 응시하고 있는 사진이다. 옆에는 마찬가지로 후지노가 누워 뒹굴며 가와모토의 시선 끝을 가리키며 무언가를 설명하고 있다.

소이치로의 유명한 사진이 있다. 공장의 바닥에 쭈그리고 앉아, 분필로 도면을 그리면서, 사원에게 설명하고 있는 그림이다. 이 밖에 소이치로에게는 납작 엎드린 듯이 쭈그리고 앉아, 지면의 한 점을 응시하고 있는 사진도 있다.

자료: media.ancar.jp

그림 5-5 공장의 바닥에 쭈그리고 앉아 사원에게 설명하고 있는 소이치로

바닥에 누워 뒹구는 가와모토의 사진을 보면 소이치로의 사진을 연상할 수 있다. 역시 소이치로 숭배자(child)답게 시선이 철저하게 낮다. 결국 누워 뒹구는 것은 지극히 자연스럽고 당연한 행동인 것이다.

자료: bizacademy.nikkei.co.jp

그림 5-6 7살 때 소이치로 '꿈'

후지노에 의하면, "누워 뒹구는 것까지 보여준 것은 가와모토 씨뿐입니다."라고 말한다. 그 원점은 대학시절의 '진딧물'로 거슬러 올라가는 것이다.

소이치로는 7살 때 처음으로 자동차와 비행기를 보았다고 하는데, 같은 무렵에 이 두 가지의 기계를 본 것이 나중에 소이치로의 원점이 되어 있었는지도 모른다.

강렬한 개성의 소유자들

혼다의 출신이 바이크에 있는 이상, 혼다제트의 관계자가 모두 바이크를 좋아하는 것은 전혀 이상하지 않다.

전술한 오츠카 노리모토(大塚紀元)는 바이크를 좋아하고, 비행기에도 사족을 못 썼다. 그도 역시 강렬한 개성의 소유자였다. 오츠카가 바이크를 좋아한다는 것을 결정적으로 말해준 것은, '맨섬 TT 레이스'의 필름이다. 혼다가 출장하기 전의 '맨섬 TT 레이스'의 16밀리 필름의 화면에 비치는 이탈리아제의 바이크, 그것을 조종하는 남자들의 늠름한 모습, 신사적인 태도에 오츠카는 그 자리에서 꼼짝못하였다. 그저 감동했다.

혼다가 1961년의 '맨섬 TT 레이스'에서 시상대를 독점하는 쾌거를 이루자, 안절부절 못하여 가만히 있을 수가 없게 되었다.

"무슨 일이 있어도 이 회사에 들어가지 않으면!"

오츠카는 혼다의 입사시험을 친다. 면접관의 한 사람으로, 당시 본사 전무로 2대째 사장이 되는 가와시마 키요시(河島喜好)가 있었다.

"자네, 왜 디자인을 하고 싶은 것인가."

가와시마는 오츠카에게 물었다.

"혼다의 디자인은 최저입니다. 센스가 없어요. 제가 들어가서 좋은 디자인으로 해보려고 생각하고 있습니다."

와하하, 가와시마는 큰 소리로 웃었다. 이어서 오츠카는 혼다 차 디자인의 험담을 하고 싶은 대로 마음대로 마구 지껄였다.

"요즘 프레스로 만들고 있기 때문에 디자인이 무겁다.", "근대성이 없다." 등등 운운했다.

틀림없이 '한 우물만 파는 사람'[5]이다. 오츠카의 입사시험 모습을 들은 친구들은 저마다 "그거야, 떨어졌다."라고 말했다. 그러나 도착한 것은 채용통지였다. 혼다는 이러한 개성이 강한 인간을 좋아하여 채용하는 방침을 견지하고 있다. '한 우물만 파는 사람' 중시는 지금도 채용방침에 관철되고 있는 것이다.

혼다의 그 강함의 비밀은 바로 일을 즐기고 깊이 파고드는 '한 우물만 파는 사람'을 기르는 방식에 있다.

맹자에 이르기를, 목표를 세워 어떤 일을 하고자 하는 사람을 비유하자면, 우물을 파는 것과 같다고 했다. 우물을 아홉 길이나 깊이 팠더라도 샘솟는 데까지 이르지 못했다면, 그것은 우물을 파는 것을 애초부터 포기한 것과 마찬가지다.

孟子曰(맹자왈)
有爲者譬若掘井(유위자비약굴정)
掘井九軔(굴정구인)
而不及泉(이불급천)
猶爲棄井也(유위기정야)

자료: brunch.co.kr

⬡ 그림 5-7 맹자

---

5) '한 우물만 파는 사람(一点バカ)'이란 진지하게 일에 직면하여 스스로 발전해가는 인간을 말한다.

오츠카는 입사 후, 하마마쓰나 스즈카(鈴鹿) 등 여러 공장에서 실습을 받았다. 합숙형식으로 기숙사에 묵으면서 행해졌다. 스즈카에서는 기숙사에서 공장까지 논 가운데의 오솔길을 지나다녔다.

자료: news.joins.com

🔷 그림 5-8 혼다 스즈카 공장

기숙사에서는 매일 밤 맥주를 마시면서 바이크 담론을 벌렸다.

"동기인 가와모토는 대학에서 엔진의 이론을 배워왔어. 이 엔진은 무엇이 대단하다느니, 이렇게 하면 좋아진다느니, 그런 이야기뿐이었지. 이론적인 이야기를 하고 있더라도 일단 엔진 이야기가 되면, 모두 어린아이처럼 돼버리는 거야."라고 오츠카는 말한다.

실습 후, 디자인 담당의 오츠카는 연구소에 배속되었다. 엔진 개발을 직접 손대는 가와모토나 요시노 등도 또한 같은 연구소에 배속되었다. 그들은 다시 매일과 같이 점심 후의 휴식이 되면 식당에 모여, 점심식사를 급히 먹으면서 몹시 떠들썩한 논의를 펼쳤다. 자유활달했다. "오늘은 나는 무엇을 하고 있다.", "이 것을 하고 있다."라고 서로 보고했다. '지식'이 소용돌이치는 양산박(梁山泊)이었다.

"요시노는 학자 기질이지만, 가와모토는 정열적인 사람이기 때문에요. '저는 엔진을 만들고 싶다!'고 맹렬한 열정을 가지고 있었지요. 딴 회사의 사람이 들으면, 그야말로 뒤집힐 듯한 대단한 이야기를 매일 하고 있었지요."라고 오츠카는 회상한다.

이 점심식사 시간에 이루어진, 혼다의 기업풍토를 상징하는 '와이가야'[6]는 10년 이상 계속되었다.

시대는 고도경제성장기의 한가운데이다. 일본에서 자동차산업의 청춘시대였다. 기술자는 모두 젊고, 잔업은 월 200시간이 당연했다. 소이치로도 50대로 젊었다. 주먹을 치켜들고, 불호령을 내리며, 원맨으로 마음대로 하고 싶은 대로 하고 있었다.

자료: monthly.chosun.com
그림 5-9 1970년대 자동차 기술개발을 독려하는 혼다 소이치로

그 무렵의 혼다에는 실리콘밸리의 벤처 기업과 마찬가지로 무언가를 저지를 분위기였다. 일본이나 한국에는 애플, 구글, 테슬라 모터즈 등을 존중하는 경향이 있는데, 일본이나 한국의 자동차 기업에 관심을 가질 필요가 있다. 특히 소이치로가 쌓아올린 혼다를 더 연구하는 편이 좋다고 생각한다.

"당시, 젊음만으로 냅다 달리고 있었어요. 사회 환경도 관대하고, 마음대로 하고 싶다고 하는 점이 있었지요. 하지만 '이런 빌어먹을 회사!'라고 하며 그만두는 사람도 많이 있었습니다."라고 오츠카는 웃는다.

---

6) 'ワイガヤ'라고 하는 '시끌벅적하게 떠든다'의 일본말 의성어다.

그 중에서 소이치로에게 정나미가 떨어지는 일 없이 남았던 소이치로 숭배자들(children)이, 그 후 혼다의 약진과 동시에 혼다제트의 실현에 조력하는 것이다.

전술한 바와 같이 오츠카는 나중에 미국 체재 중, 현지에서 혼다제트를 개발하는 젊은 기술자를 음으로 양으로 응원했다.

2. 굽힐 수 없는 사실

연구개발은 주먹구구식

혼다는 항공기 사업의 실적 제로에도 불구하고 왜 혼다제트를 만들어 낼 수가 있었을까.

그 해명의 열쇠를 쥔 혼다기술연구소는 세계에도 예가 없는 유일한 조직이다. 모회사인 혼다기연공업(本田技研工業)으로부터 매출액의 약 5%를 '도면대(圖面代)', 즉 자동차의 연구개발비로 받아 운영하고 있다.

혼다의 2017년도의 연구개발비는 7,500억 엔이었다. 이것이 혼다기술연구소의 총예산이다. 도요타의 그것은 1조500억 엔이다. 판매대수를 비교하면, 혼다는 도요타의 약 절반이다. 단순히 말해서, 연구개발비가 절반이더라도 이상하지 않다. 그런데 혼다의 연구개발비는 도요타의 약 3분의 2이다. 얼마나 연구개발비에 주력하고 있는지 알 수 있다.

그와 관련하여 이 예산의 집행을 둘러싸고 혼다제트나 'ASIMO' 등의 기초연구비는 주먹구구식이 되지 않을 수 없다고 한다. 국세청은 예산에 대한 성과는 무엇이고, 언제 얻어지는 것인가 하는 등 의문을 품는 경우가 있는데, 기초연구는 원래 명확한 달성기준을 마련해서, 언제까지 달성한다고 정해지는 성질의 것이 아닌 것이다.

당사자조차 예산이나 성과가 나오는 시기는 모른다. 일본에서는 한때 중앙연구소, 기초연구소의 설립 붐이 일어났는데, 그때 "혼다는 어떻게 해서 연구소를 운영하고 계십니까. 어떻게 하면 잘 될까요."라고 자주 질문을 받았다고 한다.

도요타 기이치로

1894년 일본 시즈오카현 야마구치에서 출생
1920년 도쿄 제국대 기계공학과 졸업
1933년 도요타자동직기제작소에 자동차 사업부 설치
1934년 A형 엔진 시험 제작
1935년 A1형 승용차 시험 제작
1937년 도요타자동차공업주식회사 설립(부사장 취임)
1938년 JIT 생산개념 정립
1941년 사장 취임
1950년 대규모파업으로 사임
1952년 사장 복귀 앞두고 뇌출혈로 사망

혼다 소이치로

1906년 일본 시즈오카현 하마마쓰에서 출생
1923년 아트상회 정비공으로 입사
1928년 아트상회 하마마쓰 지점 개점
1936년 도쿄에서 레이싱 경기 참가 중 부상
1937년 동해정기중공업주식회사 설립(피스톤 링 제작)
1946년 혼다기술연구소 설립
1948년 혼다기연공업주식회사 설립, 혼다 첫 자동차 S시리즈 출시
1973년 자진 퇴임
1991년 지병(간암)으로 사망

자료: i-bait.com

🔷 그림 5-10 도요타 기이치로 vs 혼다 소이치로

　더욱이 테마의 결정방식에 대해서도 질문을 받았다. 예를 들면, '장래성', '대가 획득성' 등의 항목하에, 점수를 매기고 있는 기업은 적지 않다. 야마모토 요시하루(山本芳春)는 "그것은 아마 실패하겠지요."라고 말한다.

　그는 연구 테마는 단도직입적으로 '자신의 직감', '자신의 생각'으로 선택할 수밖에 없다고 한다. 결국 '직감'이란 개인의 감응력이고, '생각'이란 개인의 신념이다. 지식창조활동의 요체이다. 그것은 가와모토가 기초기술연구센터를 설립한 경위로부터도 말할 수 있다. '개(個)'[7], 즉 가와모토의 신념을 빼고 기초기술연구센터의 설립 그 자체를 생각할 수 없다.

---

7)　하나하나의 사물·사람을 일컫는 말.

결국, 연구소는 주먹구구식이든 무엇이든 업적에 의해서 좌우되지 않고, 장래를 확인해서 연구를 해야 한다고 하는 확고한 합의(consensus)가 혼다 사내에는 강하게 있다. 단기적 경영이냐 장기적 경영이냐, 라고 하는 매니지먼트의 이야기가 아니다. 연구소의 독립성, 자주성을 존중한다고 하는 공통인식이 혼다의 사내에는 톱에서 공장의 종업원에 이르기까지 공유되고 있는 것이다.

자료: m.auto.danawa.com

⬡ 그림 5-11 혼다자동차는 2017년 12월 7일 자회사인 혼다기술연구소가
홍콩에 본사를 두고 있는 소프트웨어 회사 '센스 타임'과 공동으로 완전 자율주행 실현을 위한
인공지능(AI) 기술을 공동 연구한다고 발표했다.

연구소는 무언가 전혀 새로운 것을 만들어준다고 하는 기대를 짊어지고 있다. 회사 전체에 연구소를 응원하는 공기가 있다. "연구소가 하기 때문에, 성공하는 데 틀림없다.", "연구소는 곤란한 일이라도 타사와 다른 어프로치로 해주지 않을까."라고 사내의 위에서 아래까지 기대를 불러 모은다. 요컨대, 고도의 상호 신뢰관계가 유지되고 있다.

그 기대에 응해야 할 '절대가치'를 추구하는 '개(個)'의 다이나믹한 지식창조는 시행착오의 반복, 오랜 장절(壯絕)한 투쟁을 강요한다.

고뇌하는 현장

항공기 엔진 개발의 '제1기'는 '요소기술개발기(要素技術開發期)'이다. 미지의 세계를 향해서 출범한 엔진개발팀은 고투(苦鬪)의 연속이었다.

보통이라면, 먼저 기존의 엔진을 입수하여 해체해서 조사한 다음에, 개발에 착수한다. 그러나 엔진개발팀은 놀랍게도 기존 엔진의 연구를 거의 행하지 않았다. 아마 자동차든 비행기든 같은 엔진이라면, 기본적으로 다르지 않을 것이라고 생각했음에 틀림이 없다. 그건 그렇다 하더라도, 이 부분이 아무리 봐도 '트라이 & 에러'를 모토로 하는 혼다답다.

자료: chogabje.com

🏵 그림 5-12 혼다 제트엔진

"우리들은 기본적으로 제로에서부터 설계하기로 시도했습니다."라고 구보타 오사무(窪田理)는 독립독자, 자주독립의 혼다 정신을 강조했다. 야마모토 요시하루(山本芳春)도 혼다류의 개발작법(開發作法)에 대해서 다음과 같이 말한다.

"외부로부터 제트엔진 선생을 불러서 느닷없이 이래라저래라 설계를 밀어붙이도록 하지 않고, 왕복기관(reciprocating engine)밖에 모르는 아마추어가 스스로 제트엔진에 대하여 하나부터 생각해 보았습니다. 이것은 지금도 옳았다고 생각하고 있습니다."

그러나 야마모토는 잠시 생각한 다음에, "다만, 30년이나 걸려서 잘한 짓인지. 지금에 와서 생각하니 좀 더 좋은 방법이 있었지 않았을까, 하고 생각합니다만……"라고 짜내듯이 반성을 입에 올렸다.

암중모색 중에서 출발한 제트엔진 개발에서, 우선 큰일이었던 것은 소형화였다.

"최대의 키였습니다. 문헌을 보더라도 작은 엔진에 대한 니즈는 대단히 오랜 옛날부터 있었으므로, 우리들은 꼭 혼다에서 실현시키고 싶다고 생각했던 것입니다."[8]

다음으로 애로가 된 것은 이노우에 카즈오(井上和雄)가 내세운 세라믹제 부품의 채용이었다. 엔진의 소형화는 혼다가 자신 있어 하는 바이므로, 고생이라고 하더라도 사전에 예상했던 범위 안에 있는 것이다. 오히려 세라믹에 대한 얽매임은 최대의 애로사항이 되었다. 와라가이 아츠구니는 다음과 같이 설명한다.

"연비를 좋게 하기 위해서, 고온이 되는 연소기와 그 뒤로 이어지는 터빈을 세라믹으로 만들려고 생각했던 것입니다."

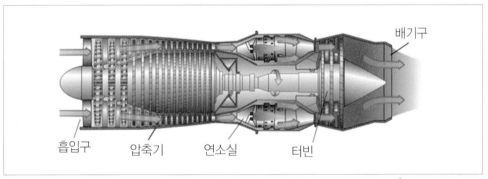

자료: yiehgharng.com

🌐 그림 5-13 제트엔진 구조

당시 파인 세라믹스(fine ceramics)가 주목을 받고 있었다. 파인 세라믹스는 주로 비금속의 무기물질로 되며 화학조성, 미세조직, 형상, 제조공정을 정밀하게

---

8) 藁谷篤邦, ホンダ社內報『POLE POSITION』07年1月號.

제어해서 제조된다. 공업계에서는 전자재료나 구조재료 등의 용도가 검토되고
있었다. 1981년에 처음 비행한 스페이스 서틀의 표면에도 단열성이 높은 파인
세라믹스가 이용되었다.

세라믹은 고온에 견디는 것으로 연소기에 사용하면 연소온도를 높일 수 있어,
연비향상을 꾀할 수 있다. 금속이면 냉각이 필요하지만, 세라믹은 그럴 필요가
없다. 니켈의 내열온도는 약 1,000도인 데 비해서, 세라믹은 약 1,300도이다. 내
열성을 1~2도 올리는 데 온갖 고생을 하는데, 단번에 300도 올리려고 하는 것이
므로, 극히 도전적인 대처라고 할 수 있다.

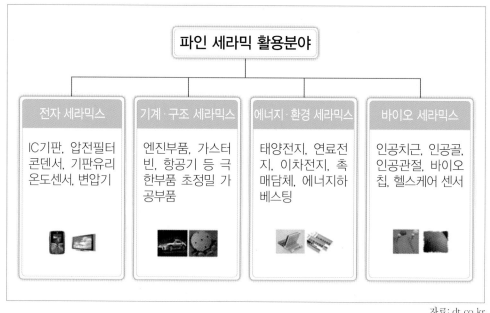

자료: dt.co.kr

🏵 그림 5-14 파인 세라믹 활용분야

다만, 세라믹을 사용한 엔진의 성공 예는 없었다. 이노우에 카즈오(井上和雄)
에게는 그렇기 때문에 오히려 도전하는 것인데, 현장은 고난의 길을 걷게 된다.

그들은 세라믹 가스터빈으로부터 도전을 시작했다. 연소기(燃燒器) 외에 터보
차저에서 말하는 콤프레서(압축기)에 해당하는 터빈 부분에 세라믹 사용을 생각

했다. 기본 네이아웃과 도면을 몇 종류인가 그려, 그 중에서 장래성이 있을 듯한 것을 골라 형상화하는 것부터 시작했다.

세라믹 가스터빈은 돌리면 부서지는 상태가 계속되었다. 전개(全開)의 약 절반 회전수로 돌리는 아이들링(idling, 엔진을 저속으로 공회전시킴)의 시험도 뜻대로 되지 않는다. 돌리기 시작하고 나서 최초의 시험에 들어가기까지 거의 3개월을 필요로 했다.

조금씩 회전수를 올릴 수 있게 되었다고 생각하면, 새로운 과제가 발견되어 다시 만든다. 부서진다. 또 만든다. 또 부서진다 ……. 그런 반복이었다. 헛수고가 이어졌다.

"세라믹의 부품은 어떤 것은 문제없이 쓸 수 있습니다. 하지만 다른 로트의 것은 바로 뚝 하고 부러져 버리는 일이 일어납니다. 그런 의미에서 신뢰성이 없었지요."라고 와라가이 아츠구니(藁谷篤邦)[9]는 말한다.

자료: archive.fo

🏵 그림 5-15 와라가이 아츠구니

---

9) 1983년 3월 도쿄공업대학 기계공학과 졸업. 1983년 4월 혼다주식회사 입사. 2014년 현재 혼다기술 연구소 이사 집행 임원. 항공기 엔진 R&D 센터 장.

가스터빈은 연속연소로 대단히 고온이 되기 때문에, 자동차의 레시프로 엔진 (reciprocating engine)[10]의 간헐연소(間歇燃燒)의 경우와는 온도 상승방법이 전혀 다르다. 그것에 기인하는 실패도 일어났다.

세라믹은 열에 의해서 팽창하는데, 온도는 부분에 따라서 다르다. 그러면 팽창률이 변한다. 결과로서 파손된다. 더욱이 세라믹은 부서지기 쉽다고 하는 결정적인 약점이 있다. 고속회전에 의해서 생기는 진동 등에 견뎌내지 못한다.

한군데가 파손되면 단번에 전체가 부서져 버린다. 왜 부서졌는지를 분석하는 것조차 불가능하다. 세라믹제 엔진은 상상 이상의 난제였다.

"세라믹은 늘어나는 성질이 있는 재료가 아니므로, 갑자기 부서지는 것이지요. 그러므로 좋고 나쁨을 판단하는 것이 매우 어려운 것입니다."

이렇게 설명하는 것은 1987년에 입사한 혼다기술연구소 집행이사 항공기 엔진 R&D 센터 담당인 와지마 요시히코(輪嶋善彦)다.

자료: car.watch.impress.co.jp

그림 5-16 제트엔진 개발에 관하여 설명하는 와지마 요시히코

---

10) 연료가 연소할 때 생기는 힘을 이용해 피스톤을 왕복시켜 작동하는 엔진을 레시프로케이팅 엔진, 줄여서 레시프로 엔진이라고 한다. 보통 레시프로 엔진은 휘발유 엔진을 지칭하지만 넓은 의미에서는 디젤 엔진도 포함된다. 반켈 엔진, 터빈 엔진 등과 구별하기 위해 레시프로 엔진이라는 표현을 쓴다.

와지마는 와세다대학 이공학부 출신으로 대학에서 티타늄을 연구하고 있었던 것을 인정받아 기초기술연구센터(基礎研)의 항공기 엔진 부문에 끌려들어갔다. 항공기의 소재로서 티타늄은 빼놓을 수 없다. 그 '티타늄을 연구하고 있었던 것이 운이 다함'으로, 그 후 거의 일관해서 항공기 엔진에 관여해왔다.

도요타, 닛산, 미쓰비시 자동차 등도 세라믹제 엔진의 개발에 몰두하고 있었는데, 만족스러운 결과는 내고 있지 못했다. 간신히 닛산이 1985년에 터보차저의 일부에 채용한 것 외에, 포르쉐가 배기 포트의 일부를 세라믹 가공하는 등, 부분적으로 사용된 예가 있을 뿐이다.

사륜차용의 터보차저에 사용되는 작은 회전체가, 가까스로 양산화되게 된 것은 근년이다. 그러나 엔진의 주요부품에 세라믹을 채용하는 것은 생산 코스트 등 문제가 많아, 모두 개발을 단념했다고 한다.

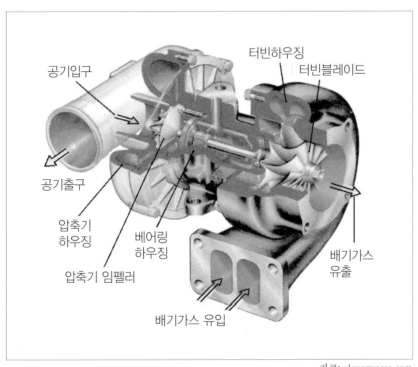

자료: playerwares.com

🏵 그림 5-17 터보차저 구조

개발을 시작해서 1년 정도에, 프로젝트 최초의 시작품이라고 할 수 있는 '1X' 세리믹 가스티빈이 완성되었다.

"결론부터 말하자면, 이 무렵의 세라믹은 아직 가스터빈에 사용하는 데까지 이르지 못했습니다. 우리들의 기술력도 미숙했지요. 목표인 25% 정도의 추력밖에 내지 못했던 것입니다. 대단히 야심적인 도전이었습니다만, 잘 되지 않았습니다." 와라가이 아츠구니의 설명이다.

사내에도 비밀로 하기 위한 '창이 없는 설계실'

엔진개발팀을 의외로 괴롭힌 것이, '기밀'의 속박이었다. 생각 외의 사태가 차례차례 발생했다. 기밀유지는 상상 이상으로 곤란했다.

아무리 젊음이 무기라고는 하더라도, 매일매일의 실험은 실패의 연속이었기 때문에, 꽉 막혀 있는 느낌이 감도는 매일이었다. 개발 멤버는 가족에게조차 연구내용을 말하는 것은 허용되지 않았다.

하지만 6대째 사장인 후쿠이 타케오(福井威夫)에 의하면, 기술자에게 있어서 연구내용을 가족에게 말할 수 없는 것은 당연한 것 같다.

자료: 221616.com

🏵 그림 5-18 후쿠이 타케오

"자신의 연구내용에 대해서 가족에게 뭐라고 말하지 못하는 것이지요. 밀해도 이해할 수 없고, 이해할 필요도 없기 때문입니다. 그 무엇보다 기술자에게 있어서 가혹한 것은 자신의 일이 빛을 보지 못하는 것이겠지요.

비밀인 채 연구성과가 세상에 나오는 일이 없다는 것은, 달성감이 전혀 없으니까요. 저도 그러한 시절이 있었기 때문에 알 수 있지만, 양산개발의 동료가 부럽지요. 3~4년에 신차를 발표하면, 매스컴이 여러 가지 말해주니까요. 그것이 10년도 없다고 하는 것은 가혹한 일이지요."

로봇의 연구실과 마찬가지로, 설계실에는 창이 없었다. 따라서 안에서 무엇이 행해지고 있는지는 같은 소내(所內)의 인간이라도 모르는 상태였다. "뭐, 창이 없는 설계실에는 익숙해져 있으므로, 위화감은 없었습니다."라고 와라가이 아츠구니는 말한다.

창이 없는 설계실은 혼다의 전통이다. 소이치로가 와코(和光)에 연구센터의 설계동을 만들었을 때, "설계자는 밖을 보고 노는 게 아니야."라고 해서 창을 붙이지 않았다고 한다. 결국, "하루 종일 설계도를 노려보고 있으라."고 하는 것이다.

현재도 기초기술연구센터에는 무엇을 하고 있는지, 소내의 인간도 알 수 없는 부서는 많이 있다. 엘리베이터에는 버튼을 눌러도 멈추지 않는 층이 있다. 특별한 카드키가 없으면 발을 밟고 들어갈 수 없는 영역이 있다.

그렇다면 왜 사외는 물론 사내에까지 연구내용을 비밀로 하는 것인가.

일반적으로 기초기술의 연구 테마가 성공할 확률은 1% 정도라고 일컬어지고 있다. 결국 100건의 연구 테마 중, 99건이 찌부러져 버리는 탓으로 주주에게 "어째서 그 분야에 돈을 쓰는 것인가."라고 들을지도 모른다. 실제로 엉뚱한 연구가 많이 있다.

게다가 장기적 관점을 가지고 연구개발에 투자를 계속하더라도, 반드시 성과가 오른다고는 할 수 없다. 오히려 투입한 투자를 회수할 수 없는 케이스가 더 많다. 더욱이 기초기술 단계에서 연구개발을 추진해도 그 과실을 손에 넣기까지에는 오랜 시간이 걸린다.

그 중에서도 기밀유지로 고생한 것은 조달이다. 필요한 부품을 마땅한 메이커에 주문하더라도 '항공기 엔진용'이라는 한마디를 전할 수 없기 때문에, 목적불명 취급을 받아 뒷전으로 미뤄진다. 시간이 지니도 물건이 오지 않는 사태가 자주 발생했다.

항공기 엔진에는 비강도(比强度), 즉 중량에 대한 강도가 높은 소재인 티타늄이 빠질 수 없다. 그러나 티타늄은 철이나 알루미늄과는 달리 어디에나 있는 소재가 아니기 때문에, 조달 루트가 한정되어 남모르게 입수하는 것은 어렵다.

자료: 221616.com

자료: phitenapkujung.tistory.com

🕸 그림 5-19 티타늄과 그 원석

구보타 오사무(窪田理)에 의하면 "티타늄의 종류를 말한 것만으로, 항공기 엔진 사업을 하고 있다고, 알 수 있는 사람에게는 알아차려져 버리기 때문이지요." 라고 하는 것이다.

게다가 와지마 요시히코는 티타늄의 연구를 하고 있었지만, 항공기의 재료로서 조달하라고 들어도 비즈니스 경험이 없으므로, 상황을 모른다. 상사에 문의하면 이렇게 말했다.

"사양서(仕樣書)는 있습니까."

"옛, 어떠한 사양서인가요?"

재료에 대해서 충족되지 않으면 안 되는 요구사항을 기록한 사양서가 필요하다고 하는 기본조차 모르고 있었다.

와지마 요시히코는 항공기의 재료를 취급하는 상사를 여러 개 골라서, 상사맨과 함께 전 세계를 돌며, 소 로트로 구입했다.

이 밖에 항공기 엔진에 사용하는 베어링도 자동차와 비교해서 현격하게 정밀도가 높은 것이 필요한데, '항공기 엔진용'이라고 하는 한마디를 전하는 것이 허용되지 않는다. 이 때문에 할 수 없이 '에어컨 콤프레서용'으로 자재과에 신청했다. 그러자 사내의 담당자조차 "이러한 큰 에어컨용 베어링 같은 게 있을까."라고 고개를 갸웃했다.

하지만 자재과를 비롯하여 기초기술연구센터에 어떤 접점이 있는 사원은 기초기술연구센터 안에서 무엇이 행해지고 있는지, 어렴풋이 눈치채고 있었던 것 같다. 그러나 듣고도 모르는 체 하는 것이 암묵의 규칙으로 되어 있었다. 이럭저럭하는 동안에, "새로운 기술을 목표로 해서 연구개발을 계속하는 중에, 이러지도 저러지도 못하게 되었습니다. 당초에 내세웠던 도전할 만한 목표는 아무리 봐도 무리라고 판단하지 않을 수 없게 되었던 것입니다."라고 구보타 오사무는 말했다.

독립된 연구소가 혼다의 힘

혼다 기술의 산실인 혼다기술연구소 시라이시 모토아츠(白石基厚) 사장은 "'기술의 혼다'라는 말이 나온 것은 혼다의 연구소가 본사에서 분리돼 독립적인 연구 기반을 갖췄기 때문입니다."라고 말했다.[11]

자동차 업체 가운데 연구소가 독립 법인으로 있는 것은 혼다가 세계에서 유일하다고 한다. 혼다는 1960년 창업자인 혼다 소이치로(本田宗一郞) 사장이 나서서 연구소를 분리했다. 당시 혼다는 오토바이 사업 이외에 자동차 사업을 준비하고 있을 때다. 도요타가 막강한 시장지배력을 앞세워 혼다의 자동차 사업 진

---

11) 김태진, 중앙일보 경제일반, 2006년 4월 15일.

출을 견제하자 혼다는 자동차 경주의 최고봉인 F1[12]에 가장 먼저 뛰어들어 1965년 일본 업체로는 처음으로 우승한 바기 있다.

이후 자동차 사업도 탄탄대로를 달렸다. 시라이시 사장은 "혼다가 기술 경쟁력을 갖춘 것은 기술을 사오지 않고 독자적으로 자체 개발했기 때문이다."라며 "하이브리드·연료전지와 혼다 제트기·인간형 로봇 등도 독자적으로 개발하고 있다."고 말했다. 그는 경쟁이 치열한 레드오션 분야에서 무작정 연구개발비를 많이 쓰는 것은 낭비라고 하는 블루오션의 지적에 대해 "일본에선 블루오션 전략이 큰 화제가 되지 않는다."며 "혼다가 연구개발비를 줄일 경우 위험에 처할 수 있어 그럴 가능성은 전혀 없다."고 일축했다.

혼다는 매출액의 5% 수준인 4조 원 정도를 매년 연구개발비로 쓰고 있다. 세계 자동차 업체 가운데 톱클래스 수준이다. 혼다연구소 재정의 80%는 혼다에 기술을 넘겨주는 용역비로 해결한다.

혼다는 소이치로 이후 현 후쿠이 타케오(福井威夫) 사장까지 역대 사장 5명 모두 이공계 출신이다. 모두 연구소 사장을 지냈었다.

시라이시 사장 역시 1969년 와세다대학 이공학부를 졸업하고 혼다에 입사했다. 2000년 국내 생산본부장을 맡은 뒤 본사 전무로 승진했다. 2006년 4월에 사장에 올랐다.

---

12) F1 또는 포뮬러 원(Formula one)은 운전석 하나에 바퀴가 겉으로 드러난 오픈휠 형식의 포뮬러 자동차 경주 중 가장 급이 높은 자동차 경주 대회이다. 공식 명칭은 FIA 포뮬러 원 월드 챔피언십(FIA Formula One World Championship)이고, 약어로 F1이라고 하며 그랑프리 레이싱이라고도 한다. 공식적으로 1950년부터 시작되었으며 자동차 경주 대회 중에서 가장 역사가 길다. 경주로는 전용 자동차 경주장이나 일반도로에 특별 주행코스를 만들어 이용하는데, 포뮬러 원은 19개국을 순회하면서 19개 경주로에서 경주를 한다(각각의 경주 대회를 그랑프리(GrandPrix, GP)라 한다). 각 대회마다 순위대로 승점을 부여하고 19개 경주가 모두 끝나면, 승점을 모두 합산하여 종합 우승자를 뽑아 월드 챔피언십 우승 트로피를 준다. 우승 트로피는 두 부문으로 나눠 참가 운전자(Driver's championship)와 경주용 자동차 제작팀(Constructor's championship)에게 각각 주어진다.

자료: news.joins.com

🔷 그림 5-20 시라이시 모토아츠(白石基厚) 사장

15% 문화, 밀주 담기(bootlegging)[13]

연구개발 프로그램에는 두 가지가 있다. 공식 프로그램과 비공식 프로그램이다. 정식으로 예산화되어 추진되는 것이 공식 프로그램이다. 한편, 기술자가 창의와 열의에 의해 스스로의 의사로 몰두하는 것이 비공식 프로그램이다.

혁신(innovation)은 반드시 공식 프로그램에 의해서 성과가 생긴다고는 한정할 수 없다. 때로는 비공식 프로그램으로부터 뜻밖의 성과, 아이디어 그리고 돌파구가 생기는 케이스가 있다.

'언더 테이블'의 연구개발은 바로 비공식 프로그램의 하나이다.

포스트잇이나 점착(粘着) 테이프 외에. 오피스 제품, 의료, 자동차 관련 등, 접착이나 연마 등의 기술을 가진 3M에는, 유명한 15% 문화(culture)'가 있다. 근무시간 15%를 자유로운 연구개발에 써도 좋다고 하는 규칙이다. 기술자가 자신에게 주어진 테마와는 별도로 근무시간의 15%를 소비해서 연구에 몰두하는 것이 인정되고 있다. 세간에서 흔히 '부트레깅(bootlegging, 밀주 담기)'이라고 일컬어지고 있다.

1967년 3M 실험실에서 케네스 E. 나이트 박사가 시작한 창의력 극대화를 위한 개발 시스템이 있다. 목적은 각자가 가진 창의력이 제대로 꽃 필 수 있게 '창의력의 공간(creativity space)'을 마련해주는 것이다.

---

13) boot를 신고 다리에 위스키 병을 숨기는 것을 말하는데, 밀주를 금지하던 때에 생겨난 말이다.

실험실에서 누구든지 한 아이디어가 떠오르면 회사에 알리지 않고 그 아이디어를 개발해보는 밀주 담기(bootlegging)라는 개발 방법이다.

예전 미국에서 금주법 시행 시 몰래 밀주를 담가 마시던 관습에서 이 이름을 가져왔다. 누군가 아이디어가 생겨나서 위에 보고하고 추진하다가 안 되면 창피도 하고 불이익을 당할 두려움으로 개발 시도를 하지 못하는 인간적인 취약성을 극복하기 위해서 만들어낸 창의력 극대화의 시스템이다.

자료: m.blog.naver.com

🔷 그림 5-21 인간의 욕구를 무시한 밀주법이 전국적으로 시행되자 밀주를 만들어 파는 밀주 담기(bootlegging)라는 지하 산업이 전국에 퍼졌었다.

3M의 15%'라고 하는 것은 어디까지나 기준이지 엄밀한 것이 아니다. 본인의 재량에 따라서 정하면 좋은 것으로 되어 있다.

게다가 15% 문화'에 의한 활동이 만족스러운 결과를 가져오지 못하더라도, 인사평가의 대상 외가 되어 있으므로, 과감한 도전이 가능한 장치이다.

취업규칙에도 기재는 없고, 상사에게 보고할 필요는 없다. "그대, 아이디어를 죽이는 일을 하지 말지어다."라고 상사를 훈계하고 있는 정도이다.

'15% 문화'에 의한 연구개발로 일정한 성과가 기대되면, 기술자는 사업부에 기획제안을 제출한다. 그리하여 비즈니스의 가능성이 있다고 판단되면, 정식으로 프로젝트가 결성되는 것이다.

그와 관련하여 구글에는 이것과 비슷한 '20% 룰'14)이 마련되어, 거기에서 'G메일'15)이나 '구글맵'16) 등의 서비스가 생겼다는 사실이 알려져 있다.

자료: monthlypeople.com

◈ 그림 5-22 에릭 슈미트 구글 회장

혼다는 3M이나 구글과 같은 '룰'은 정하고 있지 않지만, '언더 테이블'의 연구개발에 대해서는 실로 관용을 베풀고 있다.

현실문제로서 엔진 통째로 한 기(基)를 '언더 테이블'로 개발하는 것은, 아무리 그래도 불가능하다. 필요한 재료를 모두 갖춘다거나 혹은 몇 주간에 걸쳐서 컴퓨터 작업이 필요하게 되기 때문에, 응분의 상사의 승인이 없으면 안 되는 것은 다른 회사와 같다.

---

14) 에릭 슈미트 회장은 〈비즈니스 2.0〉과의 인터뷰에서 "구글의 모든 직원은 업무 시간의 20%를 자신의 창의적인 프로젝트에 쏟도록 하고 있다."며 "구글의 핵심 경쟁력은 여기서 비롯된다."고 밝혔다. 그는 이를 '20% 룰'이라고 표현했다.

15) G메일은 구글이 제공하는 대용량 무료 POP3와 웹메일 서비스이다. 독일과 영국에서는 상표권 분쟁으로 인해 구글 메일이란 이름으로 서비스되고 있다. Ajax 프로그래밍을 사용한 대표적인 웹사이트이며, 검색 지향적 인터페이스와 '대화 형식으로 보기'라는 독특한 기능을 가지고 있다.

16) 구글 지도(Google Maps)는 구글에서 제공하는 지도 서비스이다. 구글 지도는 위성 사진, 스트리트 뷰, 360° 거리 파노라마 뷰, 실시간 교통 상황(구글 트래픽), 그리고 도보, 자동차, 자전거(베타), 대중 교통의 경로를 제공한다.

그러나 그 앞 단계의 연구개발이라면, 매니저 클래스가 아니라 현장 리더의 재량으로 '언더 테이블'에 의한 연구개발이 허용된다.

"뭐, 자네가 어떤 일이 있어도 하고 싶다면, 하는 수 없지. 안 된다고 해도 자네는 할 테니까 말이야 ……"라고 해서, 본인이 하고 싶도록 하게 하는 문화가 혼다에는 있다. 결국 회사의 설비를 써서 비밀리에 연구를 추진하는 '언더 테이블', 즉 '부트레깅(bootlegging)'[17]은, 혼다에도 버젓하게 존재한다.

자료: merionwest.com

🔷 그림 5-23 부트레깅(bootlegging)

'암거래 프로젝트'가 상사에게 들통났다

구보타 오사무(窪田理)가 '안 된다'고 생각한 이유의 하나는, 엔진의 재료였다. 세라믹을 단념한 후도, 이노우에는 성능의 비약적 향상을 노리고 새로운 재료를 사용한 엔진을 모색하고 있었다.

항공기 엔진에 쓰인 적이 없는 재료의 경우, 당국의 승인을 얻으려고 하면 방

---

17) 누구든지 이 밀주 만들기 프로젝트를 하고 있다고 보고하면 회사로부터 총 근무 시간의 10~20%의 시간과 노력을 투자하도록 허가받는다. 회사가 그 내용을 알려고 하지도 않고 또 실수했다고 보고하지 않아도 된다. 여기에 회사가 큰 경비를 대주는 것은 없다. 밀주 담기 프로젝트에서 가시적인 성과가 보이기 시작하면 회사에 보고를 하고 정식으로 회사의 프로젝트가 되는 것이다.

대한 실험 데이터를 내지 않으면 안 되고, 인가를 얻으려면 몇 년이고 걸린다. 일설에 의하면, 10년이 걸린다고도 한다.

"보수적인 업계이기 때문에, 특수한 재료, 특수한 형태는 가령 잘 되었다고 하더라도 간단히는 받아들여지지 않습니다."라고 구보타 오사무는 설명했다.

사면초가의 상태에 빠져, 절망적인 시간만이 지나고 있었다. 구보타 오사무는 생각했다.

"이대로 계속해서 있다가는, 앞으로도 가망이 있어 보이지 않는다."

실용화는커녕 건실한 엔진을 완성시키는 일조차 불가능할지도 모른다. 결국에는 프로젝트 자체가 없어져버릴지도 모른다. 최악의 사태가 그의 머릿속에서 떠올랐다가 사라졌다. 위기감은 점점 심해질 뿐이다.

"안 되는 것은 안 된다고 생각했지요. 목표와 실력이 너무 괴리돼 있었던 것입니다."

그는 사내의 여러 사람에게 상담했다. 무엇을 말해도 "목표를 달성하기까지 하지 않으면 안 된다."라고 말하는 사람도 있는가 하면, 현상을 알려주는 사람도 있었다. 그는 괴로운 나날을 보낸다. 그렇다고 해서 상사인 이노우에 카즈오(井上和雄)가 내세운 목표에 겉으로 드러나게 반대하는 것도 주저했다. 마음의 갈등은 실로 1년 이상 계속되어, 마침내 임계점에 달한다. 고민한 끝에, 남모르게 '반란'의 의사를 굳힌다. 1991년의 일이다.

구보타는 돌보아 주고 있던 젊은 설계자 4명에게 '반란'의 의사를 전한다. 한번 출발점으로 되돌아가기로 했다. 일반적인 가스터빈, 보통의 터보팬엔진[18]의

---

18) 터보팬 기관은 가스터빈 엔진의 일종으로 항공기에 추력을 공급하는 동력원으로 사용된다. 이전의 제트엔진인 터보제트 기관에 비해 높은 바이패스비(by-pass ratio)를 가지고 있다. 따라서 터보제트 기관에 비해 대량의 산소와 연료가 혼합되어 산화됨으로써 완전연소가 가능하여, 터보제트 기관에 비해 높은 연비를 달성하였다. 터보팬 기관의 발명은 제트엔진의 역사에서 가장 큰 진보 중 하나라고도 일컫는다. 경제성이 중시되는 민간 여객기의 경우 대체로 터보팬 기관을 장착하고 있으며, 군용기의 상당수도 최근 개발된 것들은 터보팬 기관을 장착하고 있고 예전에 개발된 터보제트 기관을 장착한 기존 군용기들의 경우 개수 과정에서 엔진을 터보팬엔진으로 교체되기도 한다.

개발부터 시작하기로 했던 것이다. 젊은 설계자 4명과 '암거래 프로젝트'를 개시했다. '부트레깅'인 것이다.

"이노우에 씨가 철저하게 혼다 오리지널에 얽매인 것과 비교해서, 구보타 씨는 좀 더 현실주의자였지요. 좋은 기존의 기술이 있다면, 그것을 받아들여서 더욱 좋은 것으로 하면 되지 않을까 라고 하는 사고방식을 가지고 있었어요."라고 '반란'조의 한 사람인 노다 에츠오(野田悅生)는 증언한다.

결국 구보타는 한 번 전통적인(conventional) 엔진을 만들어봐야 할 것이 아닌가, 하고 생각했던 것이다. 하지만 그것도 당시의 구보타 등에게 있어서는 상당히 높은 목표였다. 5년 동안이나 연구개발을 계속해 갔다. '최첨단기술에 대한 도전'이라고 하는 '대의명분'을 내리는 것에 대해서, 엔진 개발팀의 모든 멤버가 승낙한 것은 아니었다. 실제로 당시를 뒤돌아보고 야마모토 요시하루(山本芳春)는 다음과 같이 말한다.

"구보타 씨 등이 회의실에 틀어박혀서 무엇인가 하고 있는지는 알고 있었지요. 그렇지만 '이제 새삼 보통의 엔진? 무엇을 말하는 거야.'라고 생각하고 있었어요."

그것에 대해서 구보타는 다음과 같이 말했다.

"목표를 낮추는 것에는 솔직히 팀 내에서 저항이 있었지요. 그러므로 더 사실대로 까놓고 이야기할 수밖에 없었어요. 누군가가 말을 꺼내지 않으면, 이 연구는 앞으로 움직이지 않는다고 생각했지요. 독선을 승낙한 다음에 양해를 구할 수밖에 없었습니다."

구보타는 '부트레깅(bootlegging)'을 위한 비밀의 방을 준비했다. 적은 수의 사람이 미팅을 하기에 딱 좋은 작은 방이었다. 창 안에 도면을 붙여서 가리개를 하여 밖으로부터는 보이지 않도록 했다. 노다 에츠오는 다음과 같이 말한다.

"엔진 전체의 구상도를 만드는 것을 목적으로 해서, 먼저 어떠한 엔진을 만들 것인가, 하는 검토부터 시작했습니다. 세상의 항공기 엔진은 어떻게 되어 있는지, 철저하게 다시 공부했던 것입니다. 결국 도서관에 가서 자료를 조사한다거나, 엔진의 단면도를 찾는다거나 했습니다."

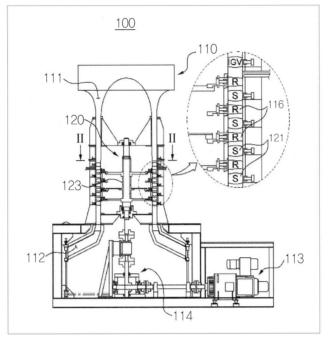

자료: merionwest.com

❖ 그림 5-24 항공기 엔진 도면 이미지

혼다의 기술자들은 세상에 나돌고 있는 항공기 엔진의 구조를 아는 것부터 시작했다. '부트레깅'에 소비된 시간은 15% 정도가 아니었다.

문헌에 게재되어 있던 항공기 엔진의 작은 레이아웃을 실제 크기로 확대해서 책상에 늘어놓고, 그 주위에 모여 네 명은 논의를 거듭했다.

"각 부품의 설계는 어떠해야 하는지, 라고 하는 이야기를 모두 같이 했습니다." 라고 노다 에츠오는 말한다.

기본적인 것을 하나부터 파악해갔다. 크로스섹션(횡단면)의 레이아웃 그림을 그리고, 조금씩 세부를 채워갔다.

노다 에츠오는 "세상의 항공기 엔진은 어떻게 되어 있는지를 철저하게 다시 공부했습니다."라고 말하는데, 원래 기존의 항공기 엔진을 연구도 하지 않고, 갑자기 엔진 개발에 몰두했던 것이다. 짓궂게 말하자면, 도서관에 가면 알 수 있는 기본적인 지식조차 갖지 않은 채, 5년 동안이나 엔진을 개발해온 것이다.

자료: heliblog.tistory.com

⬡ 그림 5-25 항공기 엔진의 원리와 구조 이미지

　혼다가 아무리 이륜이나 사륜의 레시프로 엔진[19]을 가지고 있었다고 하더라도, 대단히 무모한 이야기이다. 믿어지지 않는 이야기가 아닌가. 혼다는 독자성에 얽매이는 기업인데, 그것을 빼더라도 상식에서 벗어나고 있다.

　하지만 혼다에서는, 이것은 결코 무모한 것도 아무것도 아니다. 먼저 시험 자세라고 하는 것이 혼다의 수법이다. 이 점에 있어서도 '세상에 보기 드문 기업문화'를 가진 기업이라고 할 수 있다.

자료: xn—hoq928acpilvnv8ky6pbuf.jpn.com

⬡ 그림 5-26 포기하지 않고 끝까지 도전하는 혼다의 기업문화

---

19)　연료가 연소할 때 생기는 힘을 이용해 피스톤을 왕복시켜 작동하는 엔진을 레시프로케이팅 엔진(reciprocating engine), 줄여서 레시프로 엔진이라고 한다. 보통 레시프로 엔진은 휘발유 엔진을 지칭하지만 넓은 의미에서는 디젤 엔진도 포함된다. 반켈 엔진, 터빈 엔진 등과 구별하기 위해 레시프로 엔진이라는 표현을 쓴다.

자료: 소이치로의 모교 광명소학교 교정에서 필자 촬영(2018년 2월)

🏵 그림 5-27 "실제로 해보는 사람이 되자"고 하는 소이치로의 명언

'부트레깅'이 언제까지나 들키지 않을 수는 없다. 개시부터 1년도 지나지 않은 사이에 상사인 이노우에 카즈오(井上和雄)가 그 존재를 알아차렸다.

그때의 일에 대해서, 이노우에는 많은 것을 말하지 않았다. 이노우에와 구보타 사이에서는 방침의 전환을 둘러싸고, 그야말로 기탄없는 논의가 전개되었던 것이다.

혼다식의 '죽은 척'하는 연구 계속

'ASIMO' 개발에서도 실은 '부트레깅'이 돌파구를 열었다.

중도채용으로 1989년 입사하여 기초기술연구센터에 배속된 다케나카 토오루(竹中透)는 제어의 전문가였다. 당시의 로봇은 노면이 평탄하다면 10보 정도는 걸었지만, 바닥에 무언가가 떨어져 있다거나 바닥의 요철(凹凸) 등에 약하여 곧 균형을 잃고 쓰러져버리는 상태였다. 아무리 발의 접지면적을 크게 한다거나 발의 입사각도를 지면에 대해서 평행으로 해보더라도, 중심(重心)이 높은 로봇을 안정적으로 보행시키는 것은 불가능했다. 다케나카는 이 문제의 해결에 즈음해서 역발상을 했다.

로봇의 발은 튼튼하면 앉음새가 좋을 것이라고 하므로, 다부지게 만들어져 있었다. 이것에 비해서 발의 뒤쪽을 흐늘흐늘하게 만듦으로써 받은 충격을 흡수하려고 생각했다. 로봇의 발 가운데에 원기둥 모양의 고무를 넣음과 동시에, 발의 밑바닥도 스폰지를 붙여서 부드럽게 했다. 러닝슈즈와 같은 이치다. 다만, 발의 뒤쪽이 부드럽게 된 만큼, 안정성이 손상된다. 이 때문에 보디 중에 탑재된 경사계(傾斜計)로 로봇의 기울기를 검출한다. 앞으로 넘어질 것 같으면 발목을 조정하여 완강히 버티듯이 제어하는 방식을 제안했다.

그런데 신참자였던 다케나카의 이 제안은, 멤버로부터 맹반발을 받았다. 상식 파괴였기 때문이다. 발의 뒤쪽을 흐늘흐늘하게 하면, 본질적으로 넘어지기 쉽게 된다고 하는 '상식적인 이치'로부터의 반대에 부딪혔다.

"실장인 니시카와 마사오(西川正雄) 씨도 그 방식으로는 안 된다, 라고 반대했습니다. 그러나 단념할 수 없으므로, 묵묵히 연구를 진행하기로 했던 것입니다." 라고 다케나카는 말하는 것이다. '죽은 척'을 하고 연구를 계속했던 것이다.

자료: itnews.com

◈ 그림 5-28 로봇 이미지

현재의 혼다기술연구소 사장인 마쓰모토 요시유키(松本宜之)는 "꿈을 쫓는 것을 봐주지 않으면 안 된다."고 하며, '암거래 프로젝트'에 대해서 다음과 같이 말한다.

자료: blogos.com

🔶 그림 5-29 마쓰모토 요시유키

"최고경영자는 기술자의 '죽은 척'을 '보지도 말고, 말하지도 말고, 묻지도 마라'는 아니지만, 모른 척, 못 들은 척해서 계속하게 해주지 않으면 안 됩니다. 봐주지 않으면 안 되는 것이지요. '죽은 척'을 하고 있는 사람에게 '자네 살아 있는 게 아닌가. 어째서 이런 일을 하는 거야!'라고 추궁해버리면, 정말로 죽어버리기 때문이지요."

하지만 상사로서도 '안 돼'라고 생각했다면, '안 돼'라고 말하는 것이다. 그것을 무시하고 연구를 계속하는 부하를 용서하는 것은 간단히 되는 것은 아닐 것이다. 게다가 '죽은 척'이 햇빛을 보지 못하고, 그대로 죽어버리는 케이스도 당연히 있다.

"아니, 가령 안 된다고 하더라도 좋아요. 그보다 하고 싶은 것을 하지 못하게 하는 쪽이 좋지 않지요. 누가 뭐라고 해도 나는 한다. 요컨대 젊은 사람은 주제넘은 것이야말로 가치가 있습니다. 때로 자신과잉, 교만함은 중요한 것입니다."라고 마쓰모토는 말한다.

주제넘음에 가치가 있다고 하는 것은, "모난 돌이 정 맞는다."는 문화의 정반대이다. 그러고 보니 '혼다 필로소피' 중의 '운영방침'에는 이러한 간단한 글이 있다.

"항상 꿈과 젊음을 유지할 것"

'꿈'은 알 수 있다고 하더라도 '젊음'을 유지한다는 것은, 대단히 색다른 운영방침이라고 말하지 않으면 안 된다. 이 경우의 '젊음'이란 육체적인 젊음이라고 하기보다는 언제까지나 풋내 날 정도로 세정에 밝지 않으며, 주제넘고, 도전을 좋아하는 젊은이다운 패기(young spirit)를 말하는 것이다.

로봇 개발은 일보, 이보 전진한다

다케나카의 '죽은 척'은 한 번으로는 끝나지 않았다. 슬슬 로봇 개발의 성과를 공표해야 할 타이밍이 아닐까, 할 무렵의 이야기이다. 당시 연구 멤버 사이에는 초극비 프로젝트라고는 하지만, 연구내용을 사내외를 향해서 말할 수 없는 것에 대한 안타까움이나 조바심이 심해지고, 비밀유지도 한계에 점점 가까워지고 있었다. 막상 발표하느냐 마느냐가 되었을 때, 가와모토 노부히코(川本信彦)는 "이왕에 할 바에는 팔도 붙여 완성된 단계에서 발표하자."라고 말했다. 로봇 개발은 드디어 개발단계로 들어가고 있었다.

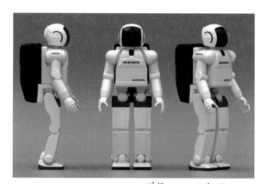

자료: motorauthority.com

그림 5-30 혼다 ASIMO

다케나카는 팔의 연구를 담당하게 되었다. 그러나 발의 제어에 구애되는 다케나카는 불복(不服)이었다.

"발의 제어를 계속해서 하고 싶다고 했는데, 유감스럽게도 타협을 짓지 못했습니다. 할 수 없어서, 그럼 팔을 합시다 해서, 팔의 실험을 하는 척하면서 발의 실험을 계속했던 것이지요."

결국 또다시 '죽은 척'을 해서 연구를 속행했다.

어느 날 다케나카는 체조의 마루운동을 하는 선수의 움직임을 보고, 번쩍 떠올랐다. 착지로부터 픽 쓰러져서 팔 굽혀 펴기로 옮기는 순간의 움직임이었다.

체조선수는 예정하고 있던 연기의 움직임이 어긋나 균형이 깨지자, 이번에는 그것을 기점으로 해서 수정을 꾀한다. 결국 어떻게 실패하지 않을까, 하는 게 아니라 실패한 후에 다시 일어서는 힘이 효과를 나타낸다. 다케나카는 인간이 갖는 유연한 대응력에 관점을 바꾸어 연구를 계속해서, 새로운 제어이론에 도달했다.

그 무렵, 당시 혼다의 사장이었던 가와모토가 홀연히 연구실에 찾아와서, 다음과 같이 말했다.

"어이, 발의 연구는 어떻게 되고 있는 거야."

누군가 한 사람은 발의 연구를 계속하고 있는 사람이 있을 것이라고 하는 생각으로 물었다. 연구실에서는 다케나카를 제외하고 전원이 팔의 개발을 맡고 있었으므로, 누구도 대답하지 않았다. 그때 다케나카는 찬스라는 듯이 '죽은 척'을 해서 연구하고 있던 제어이론의 이야기를 했다.

가와모토는 몸을 앞으로 내밀고 다케나카의 이야기를 귀담아 들은 후, "좋아, 그것을 전면적으로 진행해. 단, 기간은 6개월이다."라고 그 자리에서 지시했다.

다케나카의 획기적인 제어이론하에서 로봇의 개발은 한 걸음 두 걸음 진전했다. 현재 이 기술은 오토바이 MotoGP™ 머신의 고속 코너에서의 자세제어에도 채용되고 있다.

자료: motogp.com

그림 5-31 MotoGP™ 머신

너무 이른 천재 기술자의 은퇴

구보타 오사무(窪田理) 등의 '부트레깅'에 의해서 항공기 엔진의 개발도 최초의 산을 넘는다.

"최종적으로는 자기들이 자신을 가지고 톱에게 '이렇게 시켜 주세요.'라고 해 나갈 수밖에 없었습니다."

그렇게 쓰고 떫은 결단을 내린 구보타는 톱인 가와모토 노부히코(川本信彦)와 쿠메 타다시(久米是志)에게 이야기를 했다. 그의 제안은 받아들여졌다.

목표를 내린다고 하는 것은 혼다로서는 극히 드문 일이다.

"그때 한 번 베이식(basic)으로 돌아간 것은 정답이었지."라고 가와모토는 회상한다. 엔지니어 출신인 톱에게만 기술에 대한 이해는 깊었다.

가와모토는 어떤 에피소드를 소개하고 있다. 소이치로가 건재하던 어느 날의 일이다. 가와모토의 부하가 만든 엔진이 실험에서 잘 돌지 않고, 부서져버렸다.

"어째서 부서진 것이야!"

소이치로가 고함쳤다. 가와모토의 부하는 대답했다.

"저는 사전에, 계산상 이대로는 부서진다고 말했습니다."

"바보 자식!"

마침 그때 소이치로의 성난 목소리가 울렸다.

"'사실'은 말이야, 권력으로는 바뀌지 않는 것이다!"

자료: s9.com

🔷 그림 5-32 '사실'에 엄격한 소이치로

가와모토는 이 에피소드에 대해서 다음과 같이 해설하는 것이다.

"오야지는 '안 된다고 알고 있다면, 좀 더 분명히 안 된다고 주장하라'고 말한 것입니다. 얼마만큼의 권력이 있다고 하더라도 '사실'을 왜곡하는 것은 불가능한 것이니까, 라고"

결국 혼다에서는 '사실'의 앞에서 기술자는 모두 평등하다, 라고 하는 테제가 엄연히 살아 있는 것이다.

구보타 등이 이노우에로부터 '이반(離反)'한 것도 마찬가지이다.

"이노우에 씨는 자동차 엔진의 개발경험이 있기 때문에, 항공기 엔진도 그럭저럭 잘 돼 간 것이라고, 높은 곳에서 보고 있었던 것이지요. 어떤 의미에서 필연적인 실패. 길이 막혀버렸던 겁니다. 이노우에 씨는 리더로서 대단히 우수했지요. 그런데도 팀이 최후에 잘 안 된 것은, 모두가 '사실'은 다르다고 느꼈기 때문인 것이지요."

이노우에는 새로운 엔진의 본격적인 개발이 스타트하기 전후하여, 몸의 상태를 해쳐서 반년 정도 입원했다. 그 후 복귀했지만, 결국 혼다제 항공기 엔진의 완성을 보지 못하고 실의에 빠져 1991년에 조기퇴직한다.

가와모토의 절대적인 신뢰를 받고, 부하로부터는 '이노우에 이사님'이라고 불렸다. 존경받은 천재 기술자의 너무 이른 은퇴였다.

제4차 산업혁명의 기린아 | 기술자의 왕국 혼다 |

혼다 이노베이션의
진수

혼다 이노베이션의 진수

1. 미답(未踏)의 기술에 대한 도전

아직 어디에도 없는 기술의 개발, 즉 이노베이션에 도전하는 것은 가슴 설레는 일이다. 그러나 이노베이션이 그렇게 간단한 것은 아니다.

냉엄해도 즐겁다

어디에도 없는 기술이기 때문에 당연히 본보기는 없다. 미지의 영역이므로 정답이 있을까, 하는 것조차 알 수 없다. 성과가 좀처럼 얻어지지 않으면, "성공의 전망이 없다."라든가 "코스트를 생각하라."라든가 하는 외부로부터의 목소리가 귀에 들어온다. 당신이 리더였다고 한다면, 실패로 끝났을 때의 부하에 대한 책임도 강하게 느낄 것이다. 그런 속에서 연구개발을 계속해 가려면, 스스로의 의지를 추진력으로 할 수밖에 없다. 스스로를 질타할 수밖에 없는 냉엄한 세계이다.[1]

그럼에도 불구하고 "이노베이션에 도전하고 싶다."라고 기술자의 본능이 속삭인다. 이노베이션은 기술혁신에 의한 새로운 가치의 창조이며, 사람들의 생활이나 사회를 좋게 하는 원동력이 되기 때문이다. 기술자라면 반드시 스스로의 손으로 이루고 싶다고 생각할 것이다. 그런 의미에서 이노베이션에 몰두하는 것은 즐겁다.

---

1)　小林三郎, ホンダイノベーションの神髄, 日經BP, 2012.

자료: irobotnews.com

◈ 그림 6-1 혼다, 감정엔진 탑재 자율주행전기자동차 'CES 2017'에 선봬[2]

　1987년 12월 10일, 사고가 일어나서 에어백이 처음으로 일본에서 작동하여, 승객들을 보호했다고 판매점으로부터 혼다 본사에 연락이 왔다. 곧 사고 현장에 가서 혼다 직원이 만나본 상대는 군마(群馬)현의 그 고장 기업 사장으로, "에어백으로 목숨을 건졌습니다. 감사합니다. 감사합니다."라고 몇 번이나 감사의 말을 전했다. 그 후로도 많은 고객으로부터 장기간에 걸쳐서 에어백에 대한 감사의 편지가 회사에 도착했다. 기술자로 태어나서 더없이 행복한 것은 이것이다.

　혼다에는 이노베이션을 성공으로 이끄는 기업문화나 장치가 있다. 원래 이노베이션은 효율화할 수 있는 것이 아니다. 미지의 영역을 개척하는 이노베이션은 시행착오가 필수이기 때문에, 무엇에 대해서 시행착오를 하면 좋을지조차도 알 수 없다. 논리가 통하지 않는 것이다. 다만, 효율화는 안 되지만 성공의 확률은 높아진다.

---

2)　혼다가 2017년 1월 5일부터 8일까지 나흘간 미국 라스베이거스에서 열린 'CES 2017'에 인공지능(AI) 감정엔진을 탑재한 자율주행전기자동차인 '뉴V(NeuV)'를 선보였다. 혼다가 CES에 출품하는 것은 이번이 처음이다.

혼다는 이노베이션으로 성과를 올리고 있는 기업으로 평가받는 경우가 있다. 그러나 그때 '장기적인 관점에서 이노베이션에 몰두하는 것은 대기업이기 때문에'라고 덧붙여지는 경우도 많다. 이 '대기업이기 때문에'라고 하는 것은 적어도 제1의 이유는 아니다. 1970년대, 대응할 수 없었던 미국의 배기가스 규제를 'CVCC' 엔진으로 통과했을 때도, 일본의 작은 메이커의 쾌거로 보도되었다.

자료: carlife.net

◈ 그림 6-2 1971년 혼다에서 개발한 저공해 엔진 CVCC

이러한 도전 정신은 지금도 있다. 혼다의 이노베이션이라고 하면, 인간형 로봇 'ASIMO'나 제트기 등의 큰 프로젝트가 주목을 받고 있는데, 손수 만든 분위기를 갖는 프로젝트 쪽이 수적으로는 많다. 예를 들면, 전후·좌우·비스듬히 자유롭게 움직일 수 있는 전동 일륜차나 카세트 봄베로 움직이는 경운기이다. 이것은 기술자가 자신이 생각하여 자발적으로 몰두한 성과이다.

혼다가 가지고 있는 이노베이션 혼을 양성하는 기업문화나 장치가 명확히 된 것은, 고바야시 사브로(小林三郎)가 2005년 12월 혼다의 경영기획부장을 퇴임한 이후의 일이다. 구체적으로는 2006년 3월에 히토츠바시(一橋)대학 대학원 국제 기업전략연구과 객원교수로 취임하면서 대학원생을 상대로 강의한다거나 여러

기업에서 이노베이션을 테마로 상연을 하는 과정에서의 일이다. 다른 회사 사람들과의 논의를 통해서 그 본질이 보였다는 것이다.[3]

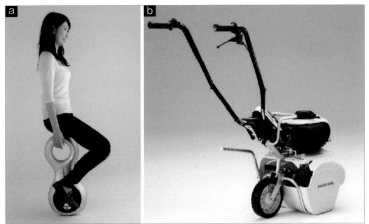

자료: blog.daum.net

그림 6-3 중심을 이동시킴으로써 전후·좌후·비스듬히 자유롭게 움직일 수 있는 전동 일륜차 'U3-X', 2009년 9월 24일 기술을 발표했다(a). 2009년 3월에 발매한 카세트 용기로 움직이는 소형경운기 '피안타 FV200'(b).

'절대가치'의 실현

예를 들면, 어떤 기업의 톱이 사원들 앞에서 "현재의 세계불황 속에서 기업으로서 성장을 계속하려면, 우선은 철저한 코스트 삭감, 그리고 새로운 가치를 창조하는 기술혁신을 이루지 않으면 안 된다."라고 이야기를 했다고 하자. 그러나 이것은 액면 그대로 받아들이지 않는 경우가 많다.

가치를 창조하는 기술혁신은 미래를 예감하게 하는 기분 좋은 말로 이노베이션의 정의 그 자체이지만, 막연한 말이기도 하다. 실용화까지 시간도 걸리고, 투자도 필요하다. 그러므로 불황 시에 강화하려면 경영 톱에게 강한 의지와 각오가 없으면 불가능하다. 더욱이 어떤 기술 분야에 경영자원을 집중할 것인가 하는 전략도 문제가 된다.

---

3)　小林三郎, 前揭書, p.19.

그것이 없으면 결국, 전단계인 코스트 삭감만이 실시되고, 게다가 계장과 같은 전무이사가 의욕이 충만해서 압박이 심해진다. 그렇게 되면 현장의 분위기가 가라앉아 이노베이션에 도전하기 위한 활력을 잃어버린다. 코스트 삭감은 기업활동의 기본인데, 그것만으로는 장래성이 없다.

여기에서 강조하고 싶은 것은 이노베이션은 성장의 양식인 반면, 그것에 도전하려면 막연한 각오로는 안 된다고 하는 것이다. 이노베이션의 목적이나 의미에 대해서 철저하게 생각하고, 뱃속으로부터, 그야말로 혼(魂)의 수준에서 이해할 필요가 있다.

이 점에서 혼다는 극히 심플하다. 이노베이션에서 목표로 하는 것은 '절대가치'[4]의 실현이다. 여기에서 말하는 가치란 어디까지나 고객에게 있어서의 가치이다. 따라서 연구를 위한 연구나 기술자의 자기만족을 위한 기술개발에는 전혀 관심을 보이지 않는다. 그리고 절대가치란 '차이'를 낳는 가치를 가리킨다. 혼다에는 '차이'와 '차'를 명확히 나누는 문화가 있다. 그 이미지를 보이면 [그림 6-4]와 같다.

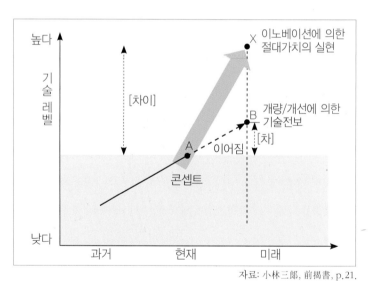

자료: 小林三郎, 前揭書, p.21.

◈ 그림 6-4 이노베이션으로 절대가치를 실현

---

4) 본질적인 가치라고 말하는 사람도 있다.

A를 현시점에서의 기술 레벨이라고 하면, 지금까지의 기술의 개량·개선에 의해서 기술 레벨을 높여서 B로 가는 경우가 많다. 이것에 의해서 향상된 분의 기술 레벨을 '차(差)'라고 부르고 있다. 종래 기술의 연장이므로 A-B 사이는 '이어짐'이 된다.

한편, '차이(差異)'란 현재의 기술을 어떤 점에서 비약시켜 펑하고 뛰어넘어서 X라고 하는 절대가치를 실현하는 것이다. A와 X의 사이에는 기술적인 단층이 있다. R 갭(gap)이 차이를 낳는 것이다.

예를 들면, 에어백을 탑재한 자동차와 탑재하지 않은 자동차는 분명히 다르다. 새로운 기술개발이 필요하므로, 간단히는 따라잡을 수 없다. 그 절대가치에 대한 비상(飛翔)을 이노베이션에 의해서 실현하는 것이다. 절대가치로서 무엇을 목표로 할지를 정하는 것이 터무니없이 중요하게 된다. 이것에는 스스로의 감도를 높여서 깊이 생각을 거듭할 수밖에 없지만, 그것을 위한 장치는 있다. 이에 대해서는 후술하기로 한다.

자료: banhoeseng.com

🌐 그림 6-5 혼다 Accord 에어백 시스템

2. 이노베이션의 포위망

(1) 왜 상사나 주위는 반대하는가

당신이 특출한 이노베이션의 아이디어를 가지고 있다고 하자. 상품에 짜 넣으면 지금까지 본 적도 들은 적도 없는 기능을 실현할 수 있다. 게다가 그것은 고객이 마음에서 원하고 있던 기능이다. 물론 부서로서는 정식의 프로젝트가 아니므로, 자신의 시간을 들여서 서비스한다. 원리적으로는 불가능하지 않다. 기술개발의 이치는 혼돈해 있지만, 치명적인 교착상태(deadlock)는 아닌 것처럼 보인다. "기술적으로는 소질이 있다." 그렇게 당신은 확신한다.

어느 날, 당신은 단연코 "이 기술의 가능성을 찾아보고 싶다."고 상사에게 상담한다. 그런데 상사는 귀찮은 듯한 표정을 짓고, "자네에게는 지금, 달리 해야 할 일이 있는 게 아닌가."라고 언짢아진다. 마치 "시키는 일이나 하면 된다."라고 말할 뿐이다. 당신은 상심한다.

아니, 그런 몰이해한 상사뿐만 아니다. 당신이 한 제안의 가치와 가능성을 이해하고, 일로서 그 기술을 검토해도 좋다고 판단해 주는 상사도 그 중에는 있을 것이다. 그리하여 검토를 진행해서 충분한 준비를 갖추고 때를 기다려 이사회에 제안한다. 그랬더니 ……. "개발에 어느 정도의 시간과 돈이 들고, 얼마만큼의 이익을 예상할 수 있는가. 그 근거는?", "너무 과신한다. 그런 기능을 고객은 원한다고 생각할 수 있을까." 등 집중포화를 받는다. 결국, 당신의 아이디어는 거품같이 사라진다.

(2) 이노베이션의 위기

많은 기업에서 이러한 사례가 놀라울 만큼 많다. 그때 공통적인 특징은 평가하는 측에 당사자 의식이 전혀 없다는 것이다. 이노베이션의 초기 단계, 즉 세계의 어디에도 없는 기술에 관해서, 개발비용이나 이익, 하물며 그것들의 근거 등을 대답할 수 있는 사람이 어디에 있을까. 그런데도 자신은 아웃사이더의 안전권에 있으면서 의기양양한 얼굴로 추궁한다. 외부의 평론가는 아닐 텐데.

이것은 기술에 한정된 것은 아니다. 신사업이나 새로운 서비스, 전혀 새로운 디자인 콘셉트의 제안이라고 하는 혁신적인 안건 등에서 이러한 비극이 일어나고 있다. 이것으로 제안자의 의욕은 송두리째 빼앗긴다. 이노베이션에 대한 죽음의 선고라고 해도 과언이 아니다.

혼다 소이치로는 평소에 "실제로 해보는 사람이 되라."고 강조했다. 이노베이션은 실제로 해보지 않고는 불가능하다.

자료: 소이치로의 모교 광명소학교 혼다 자료실에서 필자 촬영(2018년 2월)
🔹 그림 6-6 "실제로 해보는 사람이 되라"고 하는 혼다 소이치로의 명언

(3) 집행과 창조는 물과 기름

이와 같은 이노베이션의 죽음을 이해하려면, 기업활동을 집행(오퍼레이션)과 창조(이노베이션)로 나누어서 생각하면 좋다. 이 분류는 이노베이션의 본질을

분명히 하기 위해서 고바야시 사브로(小林三郎)가 제안하고 있는 것이다.[5] 여기에서 말하는 오퍼레이션은 논리적으로 정답을 추구할 수 있는 업무를 말한다. 여기에는 '사원의 급여계산'이라고 하는 전형적인 정형업무(定型業務)뿐만 아니라, 예를 들면 4~6년 간격으로 실시하는 자동차의 풀모델체인지(그것에 따르는 기술개발도 포함)나 생산 라인의 개선활동도 포함하여, 기업활동의 약 95%를 차지하고 있다. 오퍼레이션의 본질적인 특징은 해야 할 것이 명확하고 그것을 효율화하는 것이 주안(主眼)이 되는 것이다.

한편, 이노베이션은 전혀 다르다. 전술한 바와 같이 "기술을 현상의 페이스에서 미답(未踏)의 영역으로 비약시켜서, 절대가치(본질적인 가치)를 실현한다."는 것이 목표이다. 최종적으로는 성공이냐 실패냐 하는 것이므로, 개선이나 개량과는 별개이다.

〈표 6-1〉은 양자의 차이를 두드러지게 하기 위해서, 전형적인 오퍼레이션과 이노베이션을 비교한 것이다. 오퍼레이션에는 95~98%라고 하는 높은 성공률이 필수가 된다. 여기에서의 성공이란, 예를 들면 자동차의 풀모델체인지의 경우에는 목표대로의 자동차를 정해진 기간과 코스트를 지켜서, 높은 품질로 만들어내는 것이다. 실패는 허용되지 않는다. 실시기간이 너무 장기화하면 매니지먼트가 효과적으로 기능하지 않게 되므로, 기간은 1년에서 길어도 수년에 한정된다. 성공하기 위한 방법론(무기)은 논리와 분석이다.

표 6-1 오퍼레이션과 이노베이션의 차이

구분	업무 중에서의 비율	기간	성공률	수법
오퍼레이션	95%	1~4년	95~98%	논리·분석
이노베이션	2~5%	10~16년	10% 이하	열의·생각

자료: 小林三郎, 前揭書, p.31.

5) 小林三郎, 前揭書, pp.31~34.

한편, 본격적인 이노베이션의 성공률은 10%에도 미달한다. 결국 대부분은 실패한다. 실시기간도 10년 이상에 이르는 경우가 많다. 장기간에 걸쳐서 성공률이 낮은 다수의 프로젝트를 경영하는 것은, 논리와 분석에 기초한 세밀한 수법으로는 무리다. 이 때문에 '열의·생각'이라고 하는 인간성에 기초하는 원리로 프로젝트가 운영된다. 혼다는 한때 그 이노베이션에 있어서 대략 20%의 성공률을 달성하고 있었다. 통상의 2배 이상이다. 이렇게 해서 실현한 절대가치가 혼다의 성공의 큰 원동력이 되었던 것이다.

그런데 여기에서 다시 한 번 상사나 주위의 사람들이, 왜 옳다고 하는 신념하에서 이노베이션을 저해하는지를 생각해 보기로 하자. 그 최대의 이유는 오퍼레이션의 가치관으로 이노베이션을 평가하기 때문이다. 1년에서 수년의 기간한정으로 100%의 성공을 기대하는 오퍼레이션의 관점으로부터는, 10년 이상 걸려서 90%가 실패하는 이노베이션의 프로젝트는 결함투성이로 보이는 것이다.

게다가 오퍼레이션은 논리와 분석에 기초해서 프로젝트를 진행하고 있으므로, 지금까지의 대처내용이나 성과, 금후의 전개·전망을 이로정연(理路整然)하게 설명할 수 있다. 이 때문에 열의나 생각을 추진력으로 하는 이노베이션의 프로젝트는 어지간한 선에서 보이고 만다. 마지막까지 이노베이션의 본질을 이해할 수 없는 것이다.

더욱이 이러한 흐름에 쐐기를 박는 요인이 있다. 〈표 6-1〉에 보인 바와 같이 기업활동의 95%를 오퍼레이션 업무가 차지하고 있는 것이다. 이것은 뒤집어 말하면, 오퍼레이션 업무로 성과를 올려서 임원이 된 사람이 대다수를 차지하고 있다는 것을 의미한다. 오퍼레이션에서의 성공체험에 비추어 보면, 이노베이션의 비효율성만이 눈에 띄는 것이다.

그리고 대부분의 경우, 이노베이션 현장의 담당자들은 괴짜다. 과학자 중에도 괴짜가 많다. 이노베이션은 정규분포의 중앙 부분이 아니라 끝 부분에서 생기기 때문이다(그림 6-7). 대부분 주목받고 있지 않은 영역에서 유니크한 가치를 발굴하는 것이 이노베이션이다. 그러므로 필연적으로 담당자는 유니크한 사람, 괴짜가 많게 된다. 한편 오퍼레이션은 정규분포의 양끝 부분을 깎아 다듬고 중앙부를 끌어올리는 것이 기본적인 사고방식이다. 여기에서도 이노베이션과 오퍼레이션은 물과 기름의 관계이다. 결국, 다수를 차지하는 오퍼레이션파가 주도권을 쥐고 이노베이션을 저해하여, 죽음에 이르게 한다.

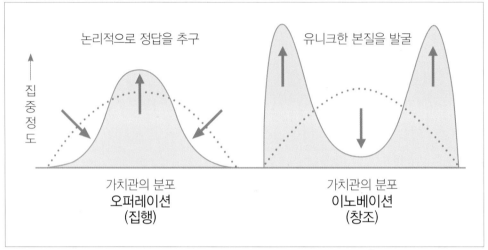

자료: 小林三郎, 前揭書, p.33.

🔷 그림 6-7 이노베이션은 끝부분에서 생긴다

자료: blog.daum.net

🌐 그림 6-8 리처드 파인만6)

곧 쇠퇴가 시작된다

이것이 기업쇠퇴의 큰 원인 중 하나이다(그림 6-9). 창업기의 기업은 규모가 작고, 하고 싶은 일이 있어서 기업(起業)했으므로, 원래 새로운 것에 도전하는 기개에 충만해 있다. 이노베이션에도 적극적으로 들러붙는다. 게다가 창업자 자신이 판단하므로 의사결정이 빠르다. 그런데 기업이 성장해서 오퍼레이션이 주

---

6) 리처드 파인만(Richard Phillips Feynman)은 노벨 물리학상을 수상한 수상자이다. 보통의 과학자들의 이미지와 달리 굉장히 괴상한 짓을 많이 하고 다닌 과학자이기도 하다. 금고털이가 취미로 맨해탄 프로젝트로 군부에 근무할 때 각종 비밀문서가 담긴 금고들을 따고 다니는 기행을 저질렀으며, 아내와의 편지를 감시하는 것을 알고 편지 속에 군인들에게 한 소리하는 기백을 보이기도 했다. 취미로 배운 드럼으로 발레공연에 드럼연주까지 하기도 했다. 그의 이론적 성취보다는 기행이 눈에 띄는 과학자이다.
파인만은 어릴 적 호기심이 많은 아이였다. 수학에서 사용하는 기호를 왜 꼭 그렇게 써야 하는지에 대한 의문을 가지고 자기만의 기호를 사용했다(이내 다른 사람과의 의사소통이 되지 않아 주류 수학기호를 사용하긴 했지만). 페인트공과의 대화에서는 빨간색과 흰색을 썩으면 분홍색이 된다는 페인트공의 이야기를 믿지 않아 두 색을 섞으면 분홍색이 된다는 것을 기어코 눈으로 확인해야 하는 아이였다. 탐구심과 호기심은 모든 학문과 배움에 있어서 중요한 조건이다. 수학과 같은 기초학문의 경우 더더욱 그렇다. 빠르게 어려운 내용을 배우는 것보다 어린 나이에는 이러한 탐구심을 기르고 장려해주는 것이 더 바람직한 교육과정이라 믿는다.

류를 차지하게 된 순간에 열기가 사라진다. 모든 것을 이해하고 있다고 착각하고 있는, 오퍼레이션을 잘하는 경영진이 그 성공체험에 기초해서 깊은 생각도 없이, 올바른 것을 하고 있다고 생각하면서 이노베이션의 숨통을 끊는 것이다. 얼마 동안은 그때까지의 축적이 있으므로, 밖에서는 순조로운 경영으로 보이지만, 새로운 가치가 생기지 않으므로 점점 쇠퇴해 간다. 그리하여 기다리고 있는 것은 대기업병의 만연이며, 그것에 기인하는 혼란이다. 대부분의 기업은 이러한 경위를 더듬어 쇠퇴해 간다.

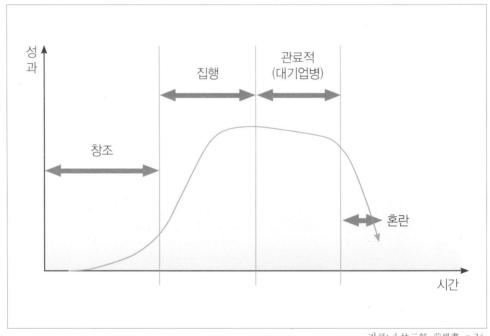

자료: 小林三郎, 前揭書, p.34.

⬡ 그림 6-9 전형적인 기업의 성쇠

혼다의 '모노즈쿠리'는 이노베이션에 의한 새로운 가치창조에 의해서 전 세계의 사람들로부터 평가를 받아온 것이다. 후발 기업 등 많은 라이벌과의 경쟁을 끝내 이겨내기 위해, 지금만큼 이노베이션에 의한 '가치즈쿠리'가 요구되고 있는 시대는 없다. 기업의 사회적 역할은 구입해온 재료나 부품(인풋)을, 가치가 높은 상품(아웃풋)으로 변환하는 것이다. 기입이 새로 칭출한 가치, 요컨대 아웃풋과 인풋의 차(差)가 부가가치이다.

가치즈쿠리 능력이 높으면, 아웃풋과 인풋의 차를 크게 할 수 있다. 예를 들면, 싼 식재료를 써서 맛있고 값이 비싼 요리를 만들 수 있다고 하는 것이다. 비싼 식재료를 쓰면 인풋도 높아져 같은 값의 요리라고 하더라도 새로 만들어 낸 가치는 낮아지는 것이다.[7]

🏵 그림 6-10 소이치로의 고향에 세워진 '모노즈쿠리전승관'을 찾은 필자
(2018년 2월)

---

7)   延岡健太郎, 價値經營論理, 日本經濟新聞出版社, 2011, p. 48.

자료: '모노즈쿠리전승관'에 전시된 소년 소이치로의 행적 필자 촬영(2018년 2월)

🔷 그림 6-11 길바닥에 떨어진 기름 냄새를 맡고, 도시락을 빨리 먹으려고
몰래 절의 종을 치는 소년 소이치로의 남다른 행적

3. 본질적인 목표

좋은 목표가 이노베이션을 이끈다.

스스로 체험하고 실천해온 이노베이션의 수법이나 그것을 촉구하는 혼다의 유니크한 기업문화·DNA를 이해하는 것도 의의가 있을 것이다.

기개가 있는 목표를 끝까지 생각한다

이노베이션에선 무엇을 목표로 할 것인가 하는 목표설정이 대단히 어렵다. 1972년 '장래 혼다의 안전전략'을 보고하는 자리에서 고바야시 사브로(小林三郎)는 도요타 자동차나 닛산 자동차, 미국의 GM 등의 대처방안 개요를 설명했다. 그 순간 당시의 쿠메 타다시(久米是志) 전무가 격노해서 "어째서 타사의 안색을 보는가."라고 30분간이나 혼을 내서 재보고를 하게 됐다.

그 재보고에 기록한 안전전략의 골자는, 이야기할 수 없었던 최초의 보고와 전혀 달라지지 않고, "혼다는 소형차가 불리하게 되지 않는 안전기술을 개발해야 한다."고 하는 것이었다.

당시 혼다는 소형차의 초대 '시빅'(1972년 발매)을 발매하려고 하고 있었다. 그런 중에 소형차와 대형차가 함께 달리는 혼합교통에서 소형차가 불리하게 되지 않기 위한 안전기술을 생각해야 한다고 하는 주장이었다.

이러한 사고방식은 현재는 당연하지만 당시는 대형차 쪽이 안전하다고 하는 것이 상식이었다. 소형차 중심의 혼다에게 있어서 필수적인 기술개발이라고 판단되고, 안전에 관한 혼다의 기본전략, 기술개발의 기본목표로서 채용되었던 것이다.

자료: techon.nikkeibp.co.jp

🔷 그림 6-12 고바야시 사브로

이러한 기개가 있는 전략이나 목표는 그것이 상식으로 되어 있는 지금에 와서 보면, 어디에도 독창성은 눈에 띄지 않는 것처럼 보일지도 모른다. 그러나 충돌에너지를 흡수하기 위한 스페이스가 물리적으로 작은 소형차로, 대형차에 뒤떨어지지 않는 충돌안전성능을 확보하는 기술의 개발은, 당시로서는 매우 도전적인 목표였다. 그리고 작은 자동차에 걸려 있는 혼다다운 목표였다.

자료: blog.naver.com

⬡ 그림 6-13 1972년 7월에 등장한 2도어 쿠페 형태의 1세대 시빅

자신의 혼이 담긴 말로

혼다에서는 목표를 생각할 때에 반드시 'A00(에이 제로제로)'에 반영시킨다. A00는 '본질적인 목표'로서 '원하는 모습'이나 '꿈'과 바꾸어 놓아도 좋다.

A00는 원래 미군의 임무지령서에서 나온 말이다. 지령서의 모두에는 임무요건이 3행 정도로 기재된다. 이것이 A00로 그 후에 A0(A01~A09), A(A1~A99)라고 하는 상태로 임무를 실행하는 과정에서의 조건이나 임무의 구체적인 내용이 기재되어 간다. 이것들을 상세히 보지 않더라도, A00만 보면 임무의 본질을 파악할 수 있는 구조이다(그림 6-14). 이것을 받아들여서 혼다에서는 본질적인 목표를 생각할 때, A00를 명확히 정하게 되어 있다.

전술한 바와 같이 전사적인 활동 중에서 순수한 이노베이션이 차지하는 비율은 2~5%밖에 안 된다. 예를 들면, 자동차의 풀모델체인지에는 여러 가지의 기술개발이 필요하지만, 태반은 기존 기술의 개량이나 개선이므로, 오퍼레이션 업무라고 자리매김할 수 있다. 이러한 분류에서는 순수한 이노베이션은 근소한 비율을 차지하는 데 지나지 않는다. 그러나 그 본질을 파악하는 것은 대부분의 기술개발에 대한 전략이나 공략법을 생각하는 데 참고가 된다.

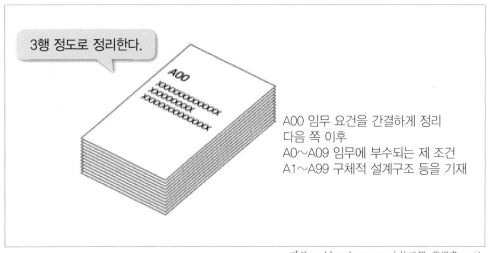

자료: m.blog.daum.net; 小林三郎, 前揭書, p.41.

🔷 그림 6-14 A00와 임무지령서의 이미지[8]

단, 여기에서의 A00는 이노베이션 영역만에 한정되는 것이 아니다. 혼다에서는 이노베이션 영역의 기술개발을 R(Research), 신차 개발 등을 D(Development)로 구별해서 생각한다. 새로운 생산기술의 개발도 대부분은 D로 분류된다. 이것들에 대한 A00, 요컨대 본질적인 목표의 설정에서는 이노베이션과 오퍼레이션을 나누어서 생각할 필요는 없는 것이다. 상품개발에서 생산, 더 나아가서 구매나 마케팅 등 거의 모든 업무가 A00의 수비범위가 되고, 여러 가지 업무상의 프로젝트에서 기동적으로 설정할 수 있다.

A00에서 가장 중요한 것은 무엇이 본질인가를 근본적으로 이해하고, 영혼이 전달하는 말로 표현할 수 있기까지 끝까지 캐묻는 것이다. A00는 실은 일반론으로 할 만큼 생각하기 쉽다. 예를 들면, 새로운 엔진의 개발에 있어서 '소형경량인 이상, 저연비이고 고출력'이라고 하는 A00. 확실히 문구는 아니지만, 이것은 모두에서 소개한 "스스로 체험하고, 실천해온 ……"과 마찬가지로 당연한 것이다. 소위 관료의 국회 답변과 마찬가지로 아무것도 말하지 않은 것과 같다.

---

8)　혼다의 A00는 미군의 임무지령서를 참고로 한 것이다.

실제의 A00는 새로운 엔진이 탑재되는 자동차가 어떠한 가치를 제공하고자 하고 있는지를 생각하지 않으면 안 된다. 그것을 깊이 생각한 다음에 무엇을 중시해야 할 것인지 우선순위를 정한다. 그 결과, '매우 조용하고 부드러우며, 시프트체인지9)의 쇼크가 전혀 느껴지지 않는 엔진'이라고 하는 A00에 겨우 도달한다거나 한다.

이때 더욱 구체적으로 '밸브의 개폐가 부드러운 엔진'이라고 해서는 안 된다. 그것은 하나의 수단에 지나지 않기 때문이다. 잘 다듬어진 A00는 더 이상 세분화하면 수단이 되어버린다. 이것에 의해서 필요로 하는 수단(기술개발)을 간결하게 통합하는 것이다.

이 때문에 A00는 적용하는 상품개발이나 기술개발이라고 하는 프로젝트마다 내용만이 아니라 페이즈(phase)도 바뀐다. 그 상품이나 기술에 대해서 "고객은 무엇을 요구하고 있는지.", "혼다는 그 니즈에 어떻게 대응할 수 있는지.", "개발을 담당하는 당신은 무엇을 하고 싶은지."를 생각하지 않으면 안 된다. "생각하고 나서 바로 기술개발이 성공하는지."라고 하는 목소리가 들려오는 것 같은데, 끝까지 생각하는 것은 매우 중요하다. 여기에서 단추를 잘못 채우면, 그 이후의 연구개발이 모두 물거품으로 돌아가는 일조차 있기 때문이다.

자료: jdmautoreports.tistory.com

◈ 그림 6-15 혼다 고유의 기술로 개발된 VTEC 엔진

---

9) 기어를 바꿈

생산은 A00로 수요변동에 대응

최근 혼다의 생산개혁에서도 A00가 활용되고 있다. 생산에서는 고품질의 자동차를 저코스트로 만드는 것은 당연하므로, 그렇다면 A00로서는 의미가 없다. 먼저 지금 어떤 과제를 떠맡고 있는지를 구체적으로 파악하지 않으면 안 된다. 게다가 이미 어떤 공장이 전제가 되기 때문에, 이노베이션과는 달리 지금까지의 경험을 살릴 수 있다. 그러나 한편으로 기존설비라고 하는 제약조건이 더해진다. 신규설비의 개발뿐만 아니라 기존설비를 어떻게 유효하게 활용할 것인지가 중요한 관점이 되고 있다.

이러한 생각 속에서 나온 것이 혼류생산에 대한 대응이다. 여러 가지 차종의 수요가 항상 일정하다고는 한정할 수 없다. 조금 전의 자동차 공장에서는 수요의 변화에 대한 대응이 한정되어 있었다. A차종은 부족한데 B차종은 남아 있다고 하는 상황이 자주 일어났다.

그래서 '기존의 설비를 최대한으로 활용하면서 수요변동에 유연하게 대응하고, 게다가 고도의 품질을 유지할 수 있는 생산 라인'을 A00로 했다.[10] 이 생산혁신은 수년 전에 일단락되었지만, 그 결과 전 세계의 어느 혼다 공장에서도 여러 가지 차종의 혼류생산이 가능하게 되어 있다. 이것으로 잘 팔리는 차종의 증산에 즉시 대응할 수 있도록 되었다. 혼다는 수요변동에 대응하는 혼류생산에서는 세계적으로 보더라도 앞서갔다. 이와 같이 A00로 무엇을 설정할 것인지는 대상이 되는 프로젝트의 분야나 그 프로젝트가 안고 있는 제약조건에 의해서 크게 달라진다. 거꾸로 말하면, 프로젝트의 특징이나 제약조건을 이해하고 있지 못하면, A00는 정해지지 않는다.

혼다가 개발한 에어백에서도 A00가 중요했다. 최상위의 목표는 고객이 자동차를 운전하고 있을 때의 사상사고(死傷事故)를 최소한으로 하는 것이다. 그러나 이것도 일반론이다. 그래서 에어백에 대한 문제를 끝까지 파고들어 생각해갔다.

---

10) 이 A00는 어구까지는 정확하지 않지만, 취지는 정확히 반영하고 있다. 다른 A00에 대해서도 마찬가지.

그러자 문제는 오작동에 의해서 고객이 다치는 것과 거꾸로 충돌 시에 작동을 하지 않아 본래의 역할을 할 수 없다고 히는 두 가지 점으로 결말이 닌다는 것을 알았다. 목숨을 책임지는 안전시스템에 있어서 어느 것도 치명적인 문제이다.

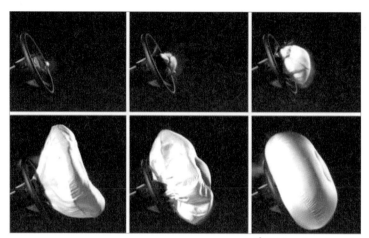

자료: blog.ajucapita.co.kr

그림 6-16 에어백 작동원리

에어백의 A00는 한마디로 말하면 '이 두 가지의 과제를 최소한으로 하는 것'이다. 그를 위해서 시스템의 고신뢰성을 확보하지 않으면 안 된다. 더욱이 구체적으로 말하면, 시스템과 시스템을 구성하는 부품의 고장률을 100만 분의 1 이하로 하는 것이다. 에어백의 개발에서는 이 A00에 의해서 이끌어진 구체적인 기술 과제를 해결함으로써 개별부품과 시스템의 고장률을 내려갔다.

4. '와이가야' – 고귀한 본성

삼일밤낮 이야기하면 무엇인가 일어난다

종래 기술의 연장이 아니라 지금까지 전혀 없었던 새로운 가치(절대가치)를 실현하는 것이 이노베이션이라고 말해왔다. 이것은 말로 하는 것은 간단하지만 실세로 완수하는 것은 임청나게 어렵다. 고바야시 사브로(小林三郎)는 혼다에서 에어백의 기초연구부터 시작하여 제품개발을 끝내기까지 16년의 세월이 걸려서 일본 최초의 양산에 도달했으므로, 그 이려움을 실제로 체험하고 있다.

그러나 멈추어 서 있어서는 아무것도 시작되지 않는다. 앞으로 나아가기 위해서 '혼다류 이노베이션의 겨냥도'의, 이노베이션의 가속장치에 해당하는 '기업문화'와 '장치'의 구체적인 내용을 살펴보면, 이 가속장치는 이노베이션의 성공을 끌어당기기 위한 확실한 단서가 된다.

앞에서 '와이가야'라고 하는 말을 소개한 바 있다. 혼다의 '와이가야'는 일반적으로는 '와이와이, 가야가야[11]라고 활발하게 논의하는 브레인스토밍'으로 이해되고 있는데, 실태는 상당히 다르다. 통상의 회의와는 전혀 별개의 것으로 혼다에서는 일반적인 용어로서가 아니라, 좀 더 예리한 의미를 가진 고유명사로서 쓰인다.

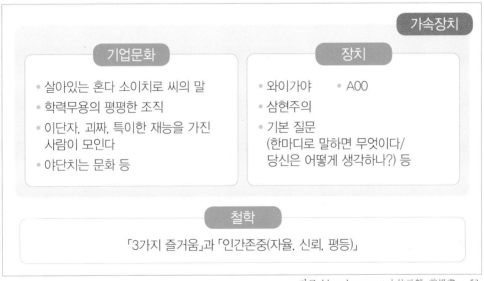

자료: blog.daum.net; 小林三郎, 前揭書, p.53.

그림 6-17 '와이가야'는 혼다의 이노베이션을 가속시키는 '장치'의 하나이다.

---

11) 일본어 'ワイワイガヤガヤ'는 '와글와글', '왁자지껄', 여러 사람이 시끄럽게 떠드는 모양을 나타내는 의성어이다.

먼저 '와이가야'는 사외에서 한다. 기본은 삼일밤낮(三日三晩)의 합숙이다. 일주일간의 경우도 있는데, 하루 4시간 정도밖에 자지 않기 때문에, 삼일밤낮이 한도이다. 고바야시가 소속되어 있던 안전부대라면, 한 사람이 1년간에 평균 4회 정도 '와이가야'에 참석하고 있었다. 1회 3일간으로 4회 실시하면 연간 12일이 된다. 연간의 근무일수는 240일 정도이므로, 약 5%를 통상의 업무에서 벗어나 '와이가야'에 할당하고 있었다. 참가하는 사람 수는 7~8명이 대부분이다. 안전부대는 고바야시가 입사했을 당시는 수십 명으로 그 후 사람 수가 크게 늘어났다. 그 중에서 7~8명이 모이므로, 언제나 같은 멤버라고 하는 것은 아니다.

'와이가야'의 테마는 실로 여러 가지이다. 안전부대는 기능조직이므로 안전의 가치나 방향성이 기본인데, 신차개발의 프로젝트 팀에서는 자동차의 콘셉트 만들기가 주요 테마가 된다. 신참 기술자를 대상으로 하는 훈련편도 있고, 부서 간의 교류도 있다. 신차개발에서 안전이 테마가 되는 '와이가야'에는 안전부대에서 한 사람 참석한다. 거꾸로 안전부대의 '와이가야'에서 재료가 중요할 때에는 재료부대 사람이 참석한다고 하는 식이다.

테마도 여러 가지이지만, 논의의 페이즈도 여러 가지이다. 신차의 콘셉트 만들기는 처음은 극히 막연한 논의부터 시작하여, 콘셉트가 굳어짐에 따라서 구체적으로 되어 간다. 1회의 '와이가야'로 콘셉트가 굳어지는 것이 아니므로, 몇 회고 '와이가야'를 거듭한다.

'와이가야'는 "코스트와 품질의 균형을 어디에서 취할까."라고 하는 타협·조정의 장이 아니라(이것은 통상의 회의에서 검토한다), 두 가지 함께 양립시키는 새로운 가치나 콘셉트를 만들어 내는 것을 목표로 하는 것이다. 이를 위해서 항상 본질적인 가치에까지 되돌아가서 논의하게 된다. 그러므로 "혼다는 무엇을 위해서 있는가."라든가 "자동차 회사는 사회에 어떤 공헌을 할 수 있는가."라고 하는 논의가 자주 나온다.

젊은 기술자는 거기까지 거슬러 올라가서 논의하는 데 익숙해져 있지 않기 때문에, 처음은 논의에 가담하지 않는 경우가 많다. 그래도 자기 나름의 생각을 발언하는 것이 요구된다. "당신은 어떻게 생각하는가."라고, 선배로부터 항상 질문을 받는다. '와이가야'는 '깊이 생각하는 것을 몸에 익히기 위한 도장'인 것이다. '와이가야'는 20회 참석해야 겨우 흰 띠, 즉 초심자이다. 논의를 리드하는 리더인 검은 띠(참가 40회)를 노리라고 권유받는다.

화약 쪽이 안전하다

'와이가야'는 기술개발의 방향을 정하는 장(場)도 된다. 에어백 시스템의 개발에서는 이런 예가 있었다. 현재의 모든 에어백 시스템은 에어백을 부풀어 오르게 하는 데 화약을 사용하고 있다.[12) 그런데 에어백 시스템의 개발 시에는 화약을 쓸 것인가 고압의 질소 가스를 쓸 것인가, 라고 하는 두 가지의 선택지가 있었다. 양자를 사용해서 상당히 실험을 반복했는데, 결론에는 좀처럼 이르지 못했다. 어느 쪽이 에어백 시스템의 안전장치로서의 가치를 높일 수 있는지를 '와이가야'를 통해서 끝까지 생각했다.

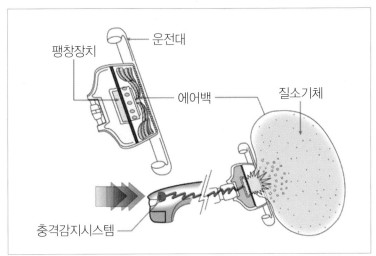

자료: cluster1.cafe.daum.net

그림 6-18 에어백의 원리

---

12) 정확하게는 추진약으로 분류된다. 다만, 폭발적으로 팽창하므로, 보통 사람의 감각으로는 화약과 같았다. 그 때문에 여기에서 화약이라고 표기한다.

고압 가스는 압축되어 있으므로, 물리적으로 항상 높은 에너지를 유지한 상태에 있다. 그것이 고장 등으로 개방되면 중대한 사태로 이어진다. 한편, 화약은 불이 붙지 않는 한 에너지는 갖고 있지 않다. 이것이라면 폭발에 이르는 고장 모드가 적고, 점검작업도 안전하게 할 수 있다. 여기는 화약이 유리하다. 그런데 화약은 총 같은 무기에 쓰이고 있다. 그것을 안전장치로 써도 좋을까, 라고 하는 기본적인 의심이 있었다. 게다가 작동 시에 폭발한다고 하는 구조는 소비자가 불안을 느낄지도 모른다.

이렇게 한창 논의하는 중에 "에어백용의 화약을 모아서 무기가 만들어질 가능성은 없을까."라고 하는 의견도 나왔다. 그런 일이 생기면 큰일이므로, 화약을 사용하는 경우는 끄집어낼 수 없는 구조로 하지 않으면 안 된다고 하는 점에서 일치했다. 이러한 본질적인 논의를 할 때에는, 그 시점의 코스트를 전제로 해서는 안 된다. 코스트는 나중에 삭감할 수 있는 경우가 대부분이기 때문이다. 실제로 에어백 시스템은 코스트 삭감이 급속히 진행되어 지금은 일본 국내용 자동차에서는 표준장비로 되어 있다.

그 '와이가야'에서는 최대의 가치인 안전이라고 하는 점에서, 최종적으로 화약 쪽이 우수하다고 하는 결론에 이르렀다. 무기에 쓰이고 있다고 하는 것은, 폭발 등의 위험을 확실히 제어할 수 있다고 하는 것을 의미한다. 고장 나기 어려운 것이다. 에어백과 같은 안전장치는 만일의 충돌 시에 절대로 고장 나지 않는 것이 최대의 가치이다. 이렇게 생각하기에 이르자, 에어백의 팽창에는 자신을 가지고 화약을 쓰기로 했다.

'와이가야'에 세세한 테마를 가지고 모여서 논의하는 일은 없다. 기본적인 실험 결과 등은 머릿속에 들어 있다. '와이가야'에서는 세부로 파고든 이야기를 하는 것보다도 어떻게 해서 기술의 본질에 다가갈까 하는 것이 중요하기 때문이다. 그 중에는 착각하고 "2주간 전에 테마를 가르쳐 주지 않으면 곤란합니다. 그렇지 않으면 자료를 준비할 수 없습니다."라고 하는 사람도 있는데, 그것은 '와이가야'의 의미를 이해하고 있지 못한 증거다. 1주간이나 2주간에 모은 자료가 본질을 논의할 때에 도움이 될 리가 없다. 그것보다도 실제의 체험을 통해서 익힌

지식이나 그 사람의 가치관/인생관 쪽이 훨씬 중요하다. 본질적인 논의란 바로 그러한 것이다.

삼일밤낮으로 보이는 것

'와이가야'는 알기 쉽게 말하면, 일상 업무로부터 격리된 자유로운 논의의 장이라고 하는 것이 된다. 하지만 그것이 유효하게 기능하려면 몇 가지의 전제가 충족되지 않으면 안 된다. 그래서 '와이가야'의 전제는 혼다의 철학 및 가속장치를 구성하는 다른 요소와 밀접하게 관련되어 있다(그림 6-19).

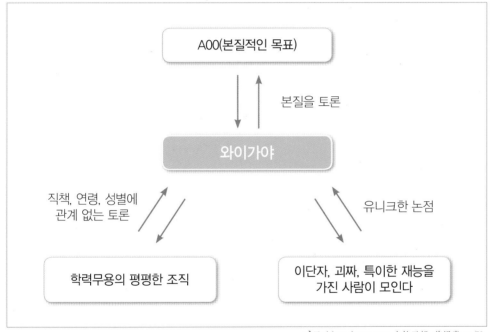

자료: blog.daum.net; 小林三郎, 前揭書, p.70.

⬡ 그림 6-19 '와이가야'를 지탱하는 3개의 요소[13]

---

13) '와이가야', 'A00', '평평한 조직', '이단자, 괴짜, 특이한 재능을 가진 사람'은 각각이 가속장치의 요소이지만, 독립해서 존재하는 것이 아니라 서로 밀접한 관계가 있다. 그림은 와이가야를 중심으로 그린 경우.

예를 들면, 자유롭게 논의하기 위해서는, 혼다의 기업풍토인 '학력 무용(無用)의 평면적 조직(flat organization)'이 불가결하다. '와이가야'에서는 직책이나 연령, 성별은 관계없다. 임원이든 입사 1년째의 신참 기술자든 평등하다. 그리하여 '이단자, 괴짜, 남다른 능력이 있는 사람'이 모이면 논의의 폭이 크게 넓어져, 유니크한 논점이 나오기 쉽게 된다.

　소이치로 자신이 초등학교 출신으로 스스로 기술을 익혔고 남다른 재능과 능력을 보여주었다. 자전거, 오토바이, 자동차, 제트기 등 수많은 '모노즈쿠리'가 이를 증명하고 있다. 그래서 그는 평소에 학력 무용론을 펴기도 했다.

자료: 필자 촬영(2018년 2월)

　　　🔷 그림 6-20 '모노즈쿠리전승관'에 전시된 소이치로의 미술 작품 및 관련 저서

　물론 이러한 기업풍토는, 혼다의 철학인 '인간의 존중(자율, 평등, 신뢰)'과 불가분의 것이다. 또한 '와이가야'는 자유로운 의논을 통해서 본질을 추구하므로, 콘셉트를 명확히 한다거나 A00를 정한다거나 하기 위한 구체적인 프로세스로도 되고 있다. 이러한 점을 생각하면, '와이가야'는 단순한 논의의 장에 그치지 않

고, 혼다의 철학과 DNA를 깊이 스며들게 하기 위해서 빼놓을 수 없는 기회가 되고 있는 것이다.

자료: img.koreatimes.com

그림 6-21 HONDA WORLD

그렇다면 실제의 '와이가야'는 어떠한 분위기일까. 어쨌든 삼일밤낮, 같은 테마를 길게 논의를 계속하는 것이다. 그런 기회는 보통은 좀처럼 없을 것이다. 당연하지만, 1일째는 모두 기력이 왕성하다. 자기의 의견을 주장하고, 모두의 설득에 매달린다. 그러나 그렇게 간단히 설득되지 않기 때문에 토론은 격렬해진다. 먼저 각각이 말하고 싶은 것을 말하지 않으면 '와이가야'는 시작되지 않는다.

2일째가 되면 남의 의견을 이해하려고 하기 시작한다. 이해한 다음에 자기의 주장을 굳혀간다. 대체로 이 무렵에는 '와이가야'에서 처음으로 함께 한 사람의 사람됨도 알 수 있게 된다.

그리하여 3일째에 들어가면 논리적인 의견이 다 나와서 모두 피로해진다. 그럴 때에 "그것을 혼다가 하는 의의는 무엇인가."라고 해서 논의를 스타트한 시점으로 되돌리는 의견을 말하는 사람이 있다거나 한다. 모두 "또 거기부터 시작하는가."라고 하는 느낌으로 맥이 쏙 빠진다. 그러나 이것은 중요하고, 같은 '의의'이더라도 처음 무렵의 의의와 3일째의 의의는 레벨이 다르며 논의는 확실히 깊어져 있다. 이러한 왔다갔다를 반복하면서 토론은 논리의 틀을 넘어 창조적인 영역으로 들어가는 것이다.

이상하게도 여기까지 오게 되면, 자신을 잘 보이도록 한다거나, 지위나 명예, 부나 권력을 구하는 마음이 몽땅 사라지고, 모두가 "타인이나 사회를 위해서 자신이나 혼다는 무엇을 할 수 있을까."라고 하는 기분이 된다. 여러 번 '와이가야'에 참가하더라도 언제나 마찬가지로 같은 과정이 반복된다고 한다. 인간의 본성은 정말로 고귀한 것이라고 모두들 공감한다. 누구나 고귀한 마음을 가지고 있다고 느낀다. 이것을 확신하고 공유하는 것이 실은 '와이가야'의 또 하나의 큰 효용일지도 모른다.

5. '와이가야'-마음의 좌표축

사랑에 대해서 무엇을 알고 있나

고바야시 사브로(小林三郎)가 강연 등에서 "5초 안에 답해 주세요."라고 미리 양해를 얻고 나서 반드시 묻는 것이 세 가지 있다.

- 당신 회사(조직)의 존재 의의는
- 사랑이란 무엇인가
- 당신 인생의 목적은 무엇인가

이것이 '와이가야'의 기본이다. 자신의 회사나 조직의 존재 의의 정도, 자신의 말로 말할 수 있도록 되지 않으면 이야기는 시작되지 않는다. 그런데 회사나 조직의 존재 의의를 말할 수 있는 사람은, 실은 전무라고 해도 좋을 만큼 없다. 무릇 오늘날의 회사는 그런 것은 요구하고 있지 않다.

성과주의(대부분의 경우, 얼마만큼 돈을 벌었는가 하는 것이 성과이다)의 이름 하에 사원에게는 '미션'이 부과되어, 그 미션을 어떻게 효율적으로 처리했는가에 따라서 평가받는다. 회사의 존재 의의 등을 갖기 시작하는 자라면, "쓸데없는 것을 말하지 마라."고 상사로부터 점 찍히는 것이 당연하다. 회사나 조직의 존재

의의라고 하는 본질이나 근본을 생각하는 가치관은 송두리째 제거되어버린 것이다.14)

```
                        기업의 가치관

        사명              핵심가치              비전
      (Mission)         (Core Value)         (Vision)

      우리 회사는        우리 회사에서는       우리 회사는
         왜               무엇이           10년, 20년 후
      존재하는가          중요한가            어떻게
                                            될 것인가
```

자료: whatigm.com

🔷 그림 6-22 회사의 존재 의의

이것은 일반사원뿐만 아니라 과장이나 부장도 마찬가지이다. 그건 고사하고 사장을 비롯한 경영진까지도 회사의 존재 의의를 생각하고 있지 않다. 이 때문에 회사는 철학을 잃고, 부평초 같이 이익을 구해서 표류하게 된다. 그러나 그러한 회사가 이익을 올릴 수 있겠는가. 기본으로 되돌아가서 자기 회사의 존재 의의, 요컨대 어떤 새로운 가치를 고객에게 제공해서 기쁨을 줄 수 있는지를 빈틈없이 생각해야 한다.

'와이가야'는 항상 여기에서 출발한다. 혼다에서는 어떠한 테마로 '와이가야'를 할 때에도 반드시 혼다의 존재 의의까지 되돌아가서 생각하는 것이다.

---

14) 小林三郎, 前揭書, pp.74~80.

사랑이란 무엇인가

두 번째의 질문은 "사랑이란 무엇인가."이다. 이것은 고바야시가 혼다에 입사하여 2회째의 '와이가야'에서 실제로 테마가 되었던 것이다. 당시의 혼다기술연구소의 간부가 갑자기 아주 진지하게 "사랑이란 무엇인가."라고 신참 기술자들에게 물었다. 그래서 '와이가야'의 제목이 되었다. "자동차의 개발과 사랑에 무슨 관계가 있을까."라는 생각이 들 것이다. 젊은 남자뿐인 7~8명이 얼굴을 맞대고 이야기하는 상황은 매우 로맨틱하다고는 할 수 없다.

이 '와이가야'에는 설명이 필요할 것이다. 사랑에 대한 '와이가야'는 신참 기술자를 대상으로 하는 훈련편의 전형이다. 그 '와이가야'는 혼다기술연구소의 안전부대로부터 십수 명의 기술자가 참석하고 그 절반 정도가 '와이가야' 초심자의 신참이었다. 그 때문에 젊은이와 지도자 역할의 선배 기술자가 본대(本隊)로부터 떨어져 첫 날은 다른 방에서 사랑에 대해서 토론을 했던 것이다.[15]

1일이라고 하더라도 남자들만으로 사랑에 대해서 이야기하려면 길다. 처음은 철없는 농담이나, 어째서 이러한 짓을 하는가 라고 하는 불만 등을 이야기한다. 그리하여 사랑이란 '가족을 소중하게 생각하는 마음'이라든가 '사람을 배려하는 마음'이라고 하는 의견이 나온다. 말하고 있는 본인도 "그래서는 안 된다."라고 잘 알고 있다. 어딘가에서 들은 내용, 요컨대 빌려온 이야기이기 때문이다. 그 사이에 자주 보고 듣는 사랑이라고 하는 말에 대해서, 자신들은 아무것도 알고 있지 못하다는 사실을 알아차린다.

'와이가야'에서는 대부분의 경우, 그 내용을 연구소의 간부에게 보고하지 않으면 안 된다. 신차개발 시의 콘셉트 만들기 등, 거꾸로 내용을 정리하기 위해서 '와이가야'를 행하는 경우도 있다. 곧 결론이 나오는 테마가 아니므로 결론은 반드시 필요한 것은 아니지만, 그 경우는 토론의 내용을 보고하는 것이 요구된다.

최악의 경우는 보고를 마쳤을 때에 "그래서?"라고 질문을 받는 것이다. 이것은

---

15) 본대는 안전에 관한 테마를 별도로 토론하고 있다. 다만, 훈련편의 '와이가야'는 1일뿐이고, 2일째부터는 본대에 합류해서 안전에 관한 토론에 참가한다고 하는 순서이다.

보고내용이 깊이 생각되어 있지 않고, 토론도 깊어져 있지 않다고 판단되어, "다시 앞의 이야기를 들려주게."라고 하는 것을 의미한다. 물론 보고해야 할 내용은 모두 이야기하여, 그 앞은 없으므로 "자네들은 그 정도인가."라고 듣고 있는 것 같은 걱정이 된다. 보고자로서는 상당히 괴롭다. 사랑에 대해서 이야기하면서 그런 사태도 생각한다.

그러한 때, 누군가가 투덜거렸다. "자동차는 애차라고 말하지. 하지만 애냉장고라고는 말하지 않는다."

그 순간, 작은 무엇인가가 모두의 마음에 걸렸다.

"어이, 하드웨어에는 앞에 '애'가 붙는 것과 붙지 않는 것이 있는 게 아닌가."

"자동차 이외에도 기타나 카메라는 '애'자가 붙지. 이게 기술의 분야나 레벨의 높이와는 관계없다. 애견, 애처, 애창가라고도 하기 때문에, 생각의 깊이와 관련되어 있다." 이렇게 해서 단번에 토론이 가속하기 시작했다.

그리하여 최종적으로 다음과 같은 공통인식에 도달했다. 냉장고의 개발에서 중시해야 할 것은 기능·품질·성능이라고 하는 정량화할 수 있는 것이지만, 자동차는 그것뿐만 아니다. 정량화할 수 없는, 고객의 마음을 흔드는 극히 정서적인 가치가 필요하게 되는 것이다. 그것에 의해서 자동차는 애차가 된다. "그러므로 냉장고와 마찬가지로 자동차를 개발해서는 안 된다."라고 하는 것이다.

사랑은 자동차의 개발에 없어서는 안 될 것이었다(그림 6-23).

자료: blog.daum.net; 小林三郎, 前揭書, p.78.

🌐 그림 6-23 자동차는 '애'가 붙는 하드웨어

연구소의 간부에게 그러한 토론의 내용을 보고했다. 그러자 "하, 하, 하. 겨우 여기까지 왔는가."라고 할 말을 남기고 그 자리를 떠나버렸다. 이 분위기는 상당히 전해지기 어려울지도 모르지만, 그것은 최대급의 찬사였다.

냉장고의 개발기술자에게는 다른 관점도 있겠지만, 이 인식은 젊은이들에게 있어서 그 후에 여러 가지 기술개발에 몰두할 때의 좌표축이 되었다. 기술개발은 많은 실험을 통해서 방대한 정량 데이터를 다룬다. 자칫하면 그 숫자를 좋게 하는 것만을 생각하게 된다. 그래서 멈추어 서서 생각하는 것이다. 자동차에는 정량화할 수 없는 사랑과 같은 가치가 필요한 것이다, 라고.

특히 이노베이션은 사랑과 공통적이다. 두 가지 모두 논리를 초월해 있는 것이다. 사람은 반한 이유를 논리적으로 설명할 수 없고, 이노베이션도 논리를 초월하지 않으면 미지의 영역에 도달할 수 없다. 보통으로 생각하면, 사랑에 대해서 몇 시간이고 말하는 '와이가야'는 완전히 낭비, 호의적인 눈으로 보더라도 비효율의 극치로 생각된다. 그러나 이 '와이가야'는 기술자로서 경력을 쌓아가는 데 큰 재산이 된다. 그 효과는 헤아릴 수 없다.

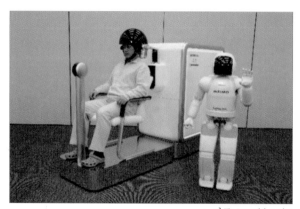

자료: itworld.co.kr

🌐 그림 6-24 혼다기술연구소는 인간의 연구를 하는 곳

오야지(소이치로를 지칭한다)는 "혼다기술연구소는 기술의 연구를 하는 곳이 아니다. 인간의 연구를 하는 곳이다."라고 말하고 있다. 그런데 그 진의가 좀처

럼 이해되고 있지 않다. 실제는 매우 단순하고 문자 그대로의 의미이다. 연구소의 기술자가 첫째로 해야 할 것은 고객의 마음을 연구하고, 고객이 요구하는 장래가치를 발견하는 것이다. 그것을 알았다면, 수단인 기술을 사용해서 그 장래가치를 실현하면 된다. 그러므로 기술이 아니라 '인간의 연구를 하는 곳'인 것이다.

그리고 인간의 연구를 하는 이상, 기술자는 자율적인 인격을 갖추고 있지 않으면 안 된다. 이것이 세 번째의 질문을 하는 이유이다. 자신이 사는 목적, 결국은 가장 중시하는 가치에 대해서 생각하고 있지 않은 인간에게, 고객의 장래가치가 이해될 리 없다.

무엇이 가치인가를 항상 생각한다

세 개의 질문에는 공통점이 있다. '기본적인 가치'에 대한 물음이라는 점이다.

모두(冒頭)에 있었던 세 개의 질문에 대해서 대부분의 참가자들이 대답할 수가 없다. 물론 삼일밤낮의 '와이가야'를 1회 했다고 해서 가치의 본질을 깊이 연구할 수는 없다. 다만, 출발점이 될 수 있다. 참가자의 감상으로 인상에 남아 있는 것은, "지금까지 전혀 쓰지 않았던 뇌의 부분을 사용한 듯한 생각이 든다."라고 하는 것이다. 1회 사용하는 것을 기억하면 그 다음은 계속 사용하면 된다.

이러한 가치론은 그룹으로 삼일밤낮에 걸쳐서 토론하는 것이 바람직한데, 전원 한 사람 한 사람으로도 들러붙을 수 있다. ①의 회사의 존재이유에 대해서 생각한다면, 다음에 모든 구성원이 담당하고 있는 업무의 목표를 생각해 보면 된다. 무엇이 본질적인 목표인가를 끝까지 생각하는 것이다. 3대째 혼다 사장인 쿠메 타다시(久米是志)는 항상 이렇게 말했다. "어떤 것을 해야 할 것인가, 하지 말아야 할 것인가를 정할 때에는, 두 가지 사실을 생각한다. '고객의 기쁨으로 이어지는가'와 '현장 사원의 기운으로 이어지는가'이다." 이것은 큰 지침이 될 것이다.

화제의 장소에 나간다

또 하나 가치에 대한 센스를 연마하는 데 유효한 방법이 있다. 화제가 되고 있는 장소에 아무튼 나가 보는 것이다. '와이가야'의 훈련을 위해서도 도쿄 아키하 바라의 메이드 카페16)나 신주쿠의 가부키조에 나가 본다. 화제가 된다고 하는 것은 거기에 새로운 가치가 생기고 있는 것이다.

이것은 당시 혼다의 경영기획부장이었던 고바야시 사브로(小林三郞)의 경험을 살린 것이다. 외국에서 온 고객에게 일본다운 장소를 소개하기 위해서, 도쿄 스가모의 지조토리 상점가를 방문했다. 2002년 봄의 일이다. 지조토리 상점가는 당시 '할머니의 하라주쿠'로서 주목을 받기 시작했다. 무엇이 가치일까, 라고 생각하면서 걷고 있다가 문득 알아차린 것이 있다. 길까지 나와 있는 점원의 수가 많아 끊임없이 말을 걸어오는 것이다.

자료: blog.daum.net

🔶 그림 6-25   도쿄 스가모의 '지조토리 상점가'의 가치는 무엇인가?
(a)는 '할머니의 하라주쿠'로 불리는 지조토리의 상점가이고,
(b)는 도쿄 신주쿠 가부키조. 걸어가는 사람의 연령층도 복장도 전혀 다르다.

가까이 있던 할머니에게 "손자 건강해요?"라고 점원으로부터 갑자기 목소리가 들려왔다. 아는 사람은 보이지 않는다. 그런데도 그 할머니는 정말로 기쁜 듯한 얼굴을 했다. 바로 이런 것인지도 모른다. 번화가 풍속의 커뮤니케이션이 상점가의 큰 가치로 되어 있는 것이다.

이것은 자동차에도 활용할 수 있다. 예를 들면, 자동차 내비게이션 시스템의 경우이다. 정보를 전하는 것뿐만 아니라 커뮤니케이션으로서 특징을 갖게 하는

---

16) (주로 여성) 점원이 하녀 복장을 하고 서빙을 하는 카페.

것이 새로운 가치가 될지도 모른다. 실제로 그 후에 커뮤니케이션을 고안한 자동차 내비게이션이 혼다로부터는 아니지만, 상품화되었다. 이러한 발견은 가치에 대한 감도를 높여 놓으면 한 사람으로도 가능하다.

자료: play.google.com

🔮 그림 6-26 음성 내비게이션 길 찾기

'와이가야'는 일반적인 의미에서는 효율적인 것은 아니다. 그러나 고객의 장래 가치에 대한 센스를 연마할 수 있는 것이다. 언제나 일상적인 일에 쫓겨서는 새로운 발상이 나오지 않는다.

6. 삼현주의

현장·현물·현실

기술개발에 있어서 요행을 기대해서는 안 된다. "그러한 것은 당연하다."라고 모든 사람이 말할지도 모른다. 요행수를 바라고 있는 케이스가 상당히 있다. 노벨상 클래스의 대발견이 우연이나 착오로 달성되었다고 하는 이야기를 듣는 경우가 있는데, 그것은 요행처럼 보이더라도 결코 요행이 아니다. 가령 최후의 추진이 우연이었다고 하더라도 거기에 이르기까지는 탁월한 연구 활동이 있고, 더욱이 끊임없는 노력과 공들인 준비에 의해서 지탱되고 있는 경우가 대부분이다.

특히 이노베이션에서 콘셉트가 중요한 것은, 전술한 바와 같다. 여기에서 말하는 콘셉트란 '고객의 가치관에 기초하여 유니크한 관점에서 포착한 사물의 본질'을 말한다.

신차개발에서도 콘셉트는 가장 중요하다. 미답의 영역에 발을 들여놓는 이노베이션에서는 그보다 더 한층 중요하게 된다. 콘셉트가 견실하게 굳어져 있지 않으면, 해야 할 것을 취사선택하는 기준이 애매해진다거나 우선순위도 정해지지 않는다. 그 결과, 해야 할 것이 광대한 기술영역에 걸쳐서 끝없이 늘어나 개발자원이 분산되어버린다. 이것이 바로 요행수를 바라는 상태이다. 그런데 실제의 기술개발에서는 요행수는 결코 일어나지 않는다.

콘셉트가 굳어지면 본연의 모습이 명확해지고, A00(본질적인 목표)도 정해진다. 막연해 있는 이노베이션의 틀을 한 걸음 만큼 구체화할 수 있다. 이 한 걸음을 잘못 디디면 나중에 큰일이 되므로, 처음의 콘셉트가 대단히 중요한 것이다. 콘셉트를 명확히 하는 장으로서 삼일밤낮 걸려서 토론하는 '와이가야'가 크게 공헌한다. '삼현주의'는 '와이가야'와는 전혀 다른 페이즈에서 콘셉트를 명확히 하는 데 도움이 되고, 강력한 장치인 것이다.

자료: blog.naver.com

🔹 그림 6-27 '타이혼다'에서 만드는 글로벌 모델들은 혼다의 이념인
삼현주의를 표방하고 태어난 기종이다.

'오야지'는 가만히 눈을 응시했다

삼현주의(三現主義)는 소이치로가 혼다를 창업한 이래 계속해서 말해온 것이다. 삼현이란 '현장', '현물', '현실'을 나타낸다. 일반적으로는 "현장에서 현물을 보고 현실을 알아서, 현실적인 대응을 한다."라고 설명된다. 그런데 혼다의 삼현주의에는 더욱 '본질'이라고 하는 숨겨진 키워드가 담겨 있다. 요컨대 "현장·현물·현실을 앎으로써 본질을 파악한다."라고 하는 것이 혼다의 삼현주의이다.

본질을 파악하기 위해서는 이것저것 생각한다거나 토론한다거나 하기 전에, 현장, 현물, 현실을 알지 않으면 안 된다고 하는 흔들리지 않는 신념이 혼다의 삼현주의에는 들어 있다. 그리하여 삼현주의는 현실에 축을 두므로, 딕싱공론에 대한 경고도 된다.

소이치로는 이 삼현주의를 항상 실천해왔다. 현장에 발을 옮겨, 현물을 가만히 응시한다거나 손으로 잡아본다거나 해서 골똘히 생각했다. 초기 '어코드'(1976년 발매)의 시제품에서는 이런 일이 있었다.

자료: namu.mirror.wiki

🔷 그림 6-28 어코드 1세대

어코드는 당시의 주력 차종 '시빅'보다도 차체가 한 단계 큰 자동차로, 혼다의 새로운 플래그십 모델(flagship model)[17]로서 개발을 추진하고 있었다. 개발팀

---

17) 플래그십이란 그룹이 생산(소유)하는 상품 중에서 가장 우수한 상표명을 말한다.

이 최초의 시제품을 소이치로에게 공표했을 때의 일이다. 소이치로는 멀리서 바라보면서 세부를 세세하게 확인한다거나 장비류를 실제로 조작한다거나 하는 등 그야말로 열심히 시제품을 보고 있었다고 한다. 그리하여 라디오 스위치를 켰을 때였다. 안테나가 스르르 늘어나기 시작하자, 소이치로의 안색이 변했다.

지금은 안테나가 보이지 않는 것이 기본이지만, 당시는 라디오 스위치에 연동해서 안테나가 나온다고 하는 장치는 미래적인 이미지가 있어, 개발팀은 멋을 연출하는 소도구로서 고안했다. 하지만 소이치로는 "안테나가 어린 아이의 눈을 찌르면 어떻게 할 것인가."라고 개발팀을 큰소리로 꾸짖었다. 이러한 이야기는 연구소 안에 금세 전해졌다. 이 에피소드에는 혼다의 삼현주의의 핵심이 응축되어 있다고 할 수 있다.

어느 날 귀빈을 맞아 접대를 하던 중 손님이 변기에 틀니를 떨어뜨리고 말았다. 그러자 그는 여주인에게 뜨거운 물을 준비해 달라면서 변기 속 틀니를 꺼냈다.

그 다음 뜨거운 물에 소독한 다음 자신의 입에 넣어 이상 유무를 살폈다. 아무 이상이 없자 그는 다시 소독하여 손님에게 건네주었다.

이것을 본 손님은 평생 그의 애찬론자가 되었다.

상식을 뛰어넘는 그의 행동 하나가 평생의 동반자를 얻는 순간이다.

자료: blog.daum.net

🌸 그림 6-29 소이치로의 삼현주의

우선 이것은 신차개발 프로세스 중에서의 일이다. 일반적으로 삼현주의라고 하면, 생산현장의 개선에 주안을 두는 경우가 많은데, 혼다의 경우는 생산현장뿐만 아니라 개발이나 연구, 영업이나 조달 등 모든 사업 활동의 현장이 대상이 된다.

다음에 시제품 차량 피로(披露)의 장은 직접의 현장이 아니라는 것이다. 이것은, 개발의 현장에서 쌓아올린 성과를 소개하는 장이다. 요컨대 현장·현물·현실의 세 가지가 모두 갖추어져 있지 않아도 된다는 것이다. 대상이 일이나 사항인 경우라면 현물은 아니다. 예를 들면, 고객의 실제 운전방법을 연구대상으로 할 때 등이다. 이 경우는 현물이 아니라 현상을 보는 것이 중요하게 된다.

삼현주의는, 주의라고 하는 이름이 붙어 있는 것이 교조적인 것이 아니라, 유연하고 기동적인 것이다. 이 때문에 주의라고 하기보다도 선택에 고민한다거나 높은 벽에 부딪쳤다거나 했을 때에, 이에 일어서는 행동지침이라고 생각하면 알기 쉽다. 갈피를 못 잡으면 '현장·현물·현실'에까지 되돌아가서 생각하는 것이다. 그러면 반드시 새로운 전망이 보이게 된다.

본질은 현실과 이상 사이에

여기까지 삼현주의를 깊이 파고들어 설명했는데, 그것은 혼다의 삼현주의에 들어 있는 '본질'이라고 하는 감추어진 키워드를 이해하기 위한 것이다. "현장·현물·현실을 앎으로써 본질을 파악한다."고 하는 것이 혼다의 삼현주의라고 설명했는데, 그러면 본질이란 무엇일까. 우리들이 생각하는 본질이란 콘셉트를 구성하는 요소로, 기존 기술의 틀이나 오랜 가치관/상식, 제도나 규제에 얽매이지 않고, 그러한 기성개념을 벗겨내고 앞서간 것이다.

매우 추상적인 설명이니 다른 관점에서 설명하면, 이렇게 된다. 본질이란 현실과 이상의 사이에 있는 것이고 전술한 '본질적인 목표' 중에서 "새로운 엔진의 개발에 대한 '소형경량인데다, 저연비로 고출력'이다."라고 하는 목표는 전혀 안 된다고 지적했는데, 그것은 현실을 무시하고 있기 때문이다. 그런 엔진이 가능하면 확실히 이상적이지만, 현실적이 아니다. 요컨대 현장·현물·현실을 무시하고 있는 것이다.

본질은 현실에 뿌리를 내리고 있다. 그러나 현실을 그대로 받아들여서는 아무 것도 바뀌지 않는다. 이상과 현실이라고 하는 두 개의 다른 관점을 왕래하면서 "무엇을 바꾸는가. 정말로 그것을 바꿀 수 있는가."를 계속해서 묻고, 본질을 추구해 가는 것이 이노베이션에 있어서의 삼현주의인 것이다. 그러면 기술개발의 방향을 정할 때, 삼현주의가 결정적인 역할을 한 케이스를 소개하기로 한다.

시속 80km로 충돌해도 안전

충돌안전에서 이상적인 자동차란 어떠한 것일까. 미국운수성은 1970년에 ESV (Experimental Safety Vehicle, 실험용 안전차)[18] 프로그램을 발표하고, 이것에 전 세계의 자동차 메이커가 참가했다. 그것은 시속 80km로 벽에 충돌하더라도 승객에게 위중한 치상(致傷)을 일으키지 않는 자동차가 목표였다. 그 때문에 구체적으로 필요한 스펙, 예를 들면 승차 스페이스의 변형량이나 승객에 가해지는 최대 가속도 등을 정하고 있었다.

자료: hemmings.com

🏵 그림 6-30 Experimental Safety Vehicle

벽은 견고하므로, 벽에 대한 시속 80km로의 충돌은 실제의 자동차끼리라고 하면 시속 80km, 상대속도로 시속 160km의 정면충돌에 상당한다. 이것은 현재의 기술 수준에서도 대단히 높은 목표이다. 하지만 불가능하지는 않다.

---

18) 자동차 안전 아이디어를 테스트하는 데 사용되는 실험용 개념 자동차의 지정이다. 1973년 미국 교통부는 1981년까지 더 안전한 차량을 얻는 것을 목표로 ESV 프로젝트를 발표했다. 이 노력으로 생산된 자동차는 Minicar RSV로 알려져 있다.

혼다에서도 ESV 프로그램에 참가하여, 혼다기술연구소에서 안전을 담당히는 부대가 중심이 되어 소형차를 베이스로 ESV를 제작했다. 이렇게 해서 10년 이상 걸려서 만든 ESV는 중량이 2.5톤이 되어버렸던 것이다. 현행의 '레전드'가 1.8톤 남짓이므로, 2.5톤은 이미 소형차라고는 할 수 없었다. 혼다에서는 '전차(戰車)'라고 불렀다.

여기에서 생각에 잠겼다. 그리하여 '와이가야'를 열어서 토론했다. 2.5톤이나 되는 자동차는 안전을 위한 요소기술의 개발로서는 의미가 있지만, 실용적인 자동차로서 성립할까. 2.5톤의 자동차가 보통으로 달리고 있는 교통체계는 어떻게 될 것인가. 확실히 그 자동차에 타고 있는 사람의 안전성은 높아진다. 그러나 경자동차와 충돌한다면 큰일이다. 경자동차 측은 괴멸적으로 손괴할 것이다. 브레이크의 기능도 나빠진다. 더욱이 연료의 소비량이나 배출가스량도 증가해버린다. 가격도 대폭으로 올라간다.

이 '와이가야'는 철두철미하게 삼현주의에 기초하고 있었던 것이다. 그리하여 얻은 결론은, 시속 80km로 벽에 충돌하더라도 괜찮은 자동차는 현실적이 아니다, 라고 하는 것이었다. 여러 가지 자동차가 달리고 있는 교통체계 전체의 안전성을 높이는 자동차는, 시속 80km로 벽에 부딪쳐도 괜찮은 자동차가 아니다. 극한까지 안전성을 높인 자동차가 개발되더라도 많은 부작용이 있는 이상, 가격이 높게 보급되지 않으면 실용적인 효용은 얻을 수 없다. 요컨대 어딘가에서 균형을 취할 필요가 있다. 어디에서 취할까, 라고 하는 것이야말로 본질인 것이다.

자료: autolit.com

◈ 그림 6-31 혼다 ESV

혼다는 소형차를 많이 판매하고 있는 메이커이기 때문에, "소형차에 타는 사람이 안전면에서 불리하게 되지 않도록 한다. 요컨대 2.5톤의 자동차를 만드는 것이 아니라, 소형차의 장점을 유지하면서 안전성을 최대한 높인다."라고 하는 콘셉트에 도달했다. 그 콘셉트를 실현하기 위해서는, 에어백이나 ABS(Anti-lock Brake System) 등의 안전 디바이스의 개발이 중요해진다. 물론 보디 자체의 충돌 안전성도 향상시켜 가지만, 소형차의 장점을 살릴 수 있도록 중량 증가는 최소한으로 억제하지 않으면 안 된다. 자동차의 안전성 향상을 향한 세계의 기술개발 경향은 이 콘셉트와 완전히 일치했다. 그리하여 혼다에 의한 일본 국내 최초의 에어백 양산으로 이어져갔던 것이다.

이상에 고집해서는 안 된다

실은 시속 80km로 충돌하더라도 괜찮은 자동차조차도 충돌안전에 대한 이상적인 자동차라고는 할 수 없다. 이상(理想)이라고 하는 이상, 더욱 고속으로 충돌하더라도 사상자는 제로가 아니면 안 되기 때문이다.

ESV를 향해서 기술개발을 추진하고 있던 1980년 당시, 교통사고에 의한 일본의 사망자는 9,000명 약간 못 미쳤다. 이것이 현실이다. 한편, 이상은 제로이다. 이상과 현실의 사이에 큰 갭이 있었다.

이상을 중시하는 입장에서 보면, "이제 곧 제로로 하라."로 하는 것이 된다. 실제로 그렇게 주장하는 사람도 있었다. 그러나 이것은 현실적으로는 불가능하다. 사상사고를 제로로 하려면, 자동차를 없애는 수밖에 없다.

평론가를 별개로 하고 기술개발을 실제로 담당하는 사람은, 이상에 고집해서는 안 된다. 이상과 탁상공론은 이웃 사이이기 때문이다. 안전 분야에서 어떠한 이노베이션을 실현하더라도, 한달음에 사상사고 제로를 실현할 수는 없다. 확실히 사상사고 제로는 목표로 해야 할 이상이다. 이것은 말할 나위도 없는 것이지만, 현실에 부응하면서 한 걸음씩 전진하는 것이 당사자인 기술자의 사명인 것이다.

이상과 현실이라고 하는 관점에서 생각하면, 시속 80km로 충돌하더라도 괜찮은 자동차나 혼다의 콘셉트나 양자의 사이에 있다고 할 수 있을 것이다. 시속

80km로 충돌하더라도 괜찮은 자동차는 이상 측에, 혼다의 콘셉트는 현실 측에 치우쳐 있다. 그것을 실현하려면, 이노베이션이 불가결하다는 사실도 이 두 가지에 공통적이다. 그러나 이 두 가지에서는 기술개발의 내용이 크게 다르다. 이상과 현실 사이에는 광대한 '스페이스'가 있고, 여러 가지 선택이 가능하다. 그러므로 구체적인 기술개발 프로젝트에서는 어디를 노릴 것인가 하는 것이 중요해진다. 그래서 이것을 결정하는 것은 매우 어렵다. 그 위에서 현실이나 이상도 기술의 진보나 사회의 발전에 의해서 항상 변화해 간다. 이러한 가운데 콘셉트를 생각할 때, 확고한 관점을 부여해 주는 것이 삼현주의인 것이다.

최근에는 안전이나 환경이 기술개발의 테마로서 오르는 일이 많을 것이다. 특히 이 두 가지는 콘셉트를 정하는 것이 어렵다. 이상과 현실에 원칙이라고 하는 요소가 짙게 가해지기 때문이다. 현장·현물·현실에 입각한 삼현주의는 원칙을 폐한다고 하는 점에서도 강력한 뒷받침을 해주는 것이다.

자료: koreadaily.com

⬡ 그림 6-32 이상과 현실의 갭

자료: boss.wizbiz.me

⬡ 그림 6-33 삼현주의 실천

제4차 산업혁명의 기린아 ▌ 기술자의 왕국 혼다 ▌

학력무용론과
혼다의 철학

CHAPTER 07

학력무용론과
혼다의 철학

1. 학력무용론

답이 없는 문제를 풀다

가령 "어떤 물건을 만들고 있는 조직에 리더가 없는 경우, 조직의 생산성을 높이려면 무엇을 하면 좋을까."라고 하는 문제가 있다고 하자.

이 문제는 상당히 막연하다. "무엇을 만들고 있는가.", "어떤 조직(사람의 구성 등)인가."에 따라서 방식이 크게 달라지는데, 그것을 알 수 없다. "문제로서 성립하지 않는다."라고 트집을 잡기 십상이다. 이러한 문제에서는 자신이 가정이나 조건을 설정하고, 이것들을 전제로 해서 생산성을 높이기 위한 방법을 제시하지 않으면 안 된다. 요컨대 문제 자체를 결정한 다음에 답할 필요가 있다. 당연히 답은 하나가 아니다.

사회에 나가서 비로소 알 수 있는 것

필자는 학생(대학원생도 포함해서)을 상대로 경영수학, 경영통계학, 경영과학, 경영데이터분석, 조사방법연구 등을 가르치고 있는데, 학생들의 평가는 극단적으로 나뉘어져 있다. 최근의 대학은 강의를 종강한 후에 학생에 대해서 만족도 조사 같은 것을 실시하므로, 자신의 강의 평가를 알 수 있다.

그것에 따르면, 반드시 10~20%의 학생은 "수업에서 얻은 것은 아무것도 없다." 라고 최저의 평가를 한다. 한편, 40% 정도는 "지금까지 몰랐던 것을 갑자기 알게 되어, 눈이 확 트였다."라고 최고의 평가를 한다. 이깃은 강사진 전체 중에서도 특히 낮은 편에 속한다. 높은 평가는 대학원생에게 많고, 낮은 평가는 아직 일을 해 본 적이 없거나 연구논문을 써본 적이 없는 학생에게 많다고 하는 것이다.

자료: exammoa.tistory.com

그림 7-1 통계학 관련 이미지

통계학이나 데이터분석의 본질은 일을 통해서 얻은 데이터를 분석하는 것이다. 그런 경험이 없이 교과서에 나오는 예제만 다루어보는 것은 정말 막연할지도 모른다. 때로는 무엇이 문제인지조차 모를 경우가 있다. 당연히 답이 있을 리가 없다. 그러나 일을 해 본 경험이 있는 대학원생들은 그 필요성을 알고 자신의 업무를 파악하여 문제의식을 가지고 있다. 적어도 석사·박사 논문 주제를 가지고 며칠 고민해 본 경험이라도 있다.

한편, 이노베이션의 본질은 논리나 분석을 초월한 것이다. 답이 있는지 어떤지도 모른다. 게다가 사랑이나 예술과 마찬가지로 '느낀다'는 것은 가능하더라도 논리적으로 '설명한다'는 것은 불가능하다. 그러나 대부분의 일한 적이 없는 학생은 하나밖에 없는 정답에 빨리 도달하기 위한 노하우를 철저하게 단련하고 있다. 그러한 그들에게 "정답이 없는 이상, 설명도 할 수 없다."라고 말해도 좀처럼 통하지 않는다. 그런데 일반 사회인은 매일 매일 업무 속에서 논리만으로는 사회가 돌아가지 않는다는 것을 알고 있다. 그러므로 정답이 없이 설명도 없는 채, 일을 추진하지 않으면 안 되는 상황을 실감할 수 있는 것이다.

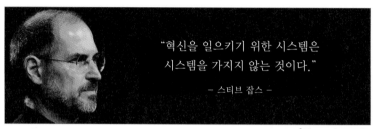

🔆 그림 7-2 스티브 잡스

도넛을 두 사람이

예를 들면, "간식을 나눈다."라고 하는 어린이를 대상으로 하는 산수문제가 있다. 어머니가 "도넛 네 개가 있으니까 여동생이 돌아오면 둘이서 먹어라."라고 언니에게 말했다. 도넛은 한 사람당 몇 개인가? 논리로 생각하면, 네 개의 도넛을 두 사람으로 나누기 때문에 4를 2로 나누어서 한 사람당 두 개가 된다. 모두가 명쾌하고 한 점 의문도 없을 것이다.

그런데 언니는 배가 고파 있었기 때문에, "동생이 돌아오기 전에 전부 먹어버릴까."라고 생각할지도 모른다. 그래서 세 개 먹고 나서 여동생이 좀 가엾은 생각이 들어 한 개를 남기고, 돌아온 여동생과 절반씩 먹는다. 답은 언니는 세 개와 2분의 1, 여동생은 2분의 1이다. 이 답은 유일한 정답은 아니지만, 틀리지 않았다.

"이것은 산수문제가 아니다."라고 트집을 잡을지도 모르지만, 산수문제가 아니더라도 전혀 상관없다. 이노베이션에 몰두하는 과정에서는 오히려 산수문제라고 하는 틀을 벗어난 쪽이 바람직하다. 실제로 여기에서는 새로 분수, 요컨대 2분의 1이라고 하는 개념이 나왔다. 이러한 비약적인 방식이 중요한 것이다.

회사에서 일하면, 도넛(성과)을 둘러싸고 절실한 인간행태를 목격하게 된다. 도넛이 얻어졌다고 해서 공헌자가 똑같이 평가받는 것도 아니다. 네 개의 도넛을 독점하고 모른 척하는 사람이나 혼자 먹은 후에 자랑하는 사람까지 나온다. 학교의 시험에 나오는 문제라면 그런 일은 생각하지 않아도 좋고, 생각하면 시간만 걸리고 좋은 점수는 취할 수 없다. 학교에서 다루는 문제와 업무로 수행하는 문제는 본질적으로 별개의 것이다.

자료: redbubble.com

🌐 그림 7-3 나눗셈 부호

회사가 반드시 논리적으로 운영되고 있지 않은 사실과 이노베이션은 직접 관계없지만, 상통하는 점이 있다. 어느 것도 논리를 초월하는 것이다.

한편, "간식을 나눈다."는 것과는 정반대의 문제가 있다. '식염수의 혼합'이다.

5초에 푸는 테크닉

1960년대 '명문 중학교'에 합격하려면 소금물의 혼합문제를 5초에 풀지 않으면 안 된다는 소문이 있었다. 예를 들면, 2%의 소금물 10g과 7%의 식염수 15g을 섞으면 몇 %의 소금물가 되는가, 라고 하는 문제이다. 과연 여러분은 5초에 풀 수 있겠는가.

보통으로 생각하면, 두 소금물에 포함되어 있는 소금의 총량을 계산하고, 그것을 소금물의 총량으로 나누어서 농도를 구한다. 그런데 이래서는 5초 이상 걸리고 만다. 그래서 5초에 푸는 테크닉의 등장이 필요하다. 소금물은 2%와 7%이므로, 직선상에 2에서 7까지의 눈금을 매긴다. 왼쪽 끝이 2%, 오른쪽 끝이 7%이고 한 눈금을 1%로 한다. 소금물이 전부 2%라면 왼쪽 끝의 2%, 전부 7%라면 오른쪽 끝의 7%, 절반씩이라면 중앙의 4.5%, 답은 이 직선상을 양이 많은 쪽으로 움직이는 것이다. 소금물의 양은 7% 쪽이 15g으로 많으므로, 양의 비 15g 대 10g, 요컨대 3 대 2로 7%에 가까운 쪽으로 움직인다. 따라서 답은 5%가 된다.

이 테크닉의 기초가 되는 사고방식은 소금물의 혼합의 선형성을 이용해서, 같은 선형성을 갖추는 천칭으로 치환한다고 하는 것이다. 소금물의 양을 '무게', 농도를 '지점(支點)으로부터의 거리'로 생각하여, 섞어서 안정된 상태를 천칭이 균형이 잡힌 상태에 비유하고 있다.

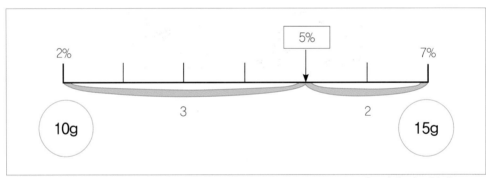

자료: 小林三郎, 前揭書, p.127.

🔷 그림 7-4 천칭을 사용한 사고방식

이 치환은 고도의 수단이다. 소금물의 혼합과 천칭에서는 무엇이 공통적인가 (물론 선형성이 공통적이지만) 라고 하듯이 흥미가 전개되어 가면 훌륭하다. 그러나 그것은 가망이 거의 없다. 이 테크닉의 최대 목적은 문제를 5초에 푸는 것이기 때문이다. 다른 것은 노이즈밖에 안 된다. 도넛을 나누는 문제에서 보인 '해답'과는 양립하지 않는 세계관이다.

이것은 예전 중학교 입시의 예지만, 대학입시도 기본적으로는 같다. 짧은 시간에 어떻게 효율적으로 문제를 처리할 수 있는지가 문제시되기 때문에, 중시하는 것은 기억력과 논리분석력이 된다. 게다가 입시에 합격해서 떳떳하게 대학에 입학했다고 해서, 갑자기 바뀌는 것은 아니다. 그러므로 과제 그 자체를 찾아내어 그것을 해결하려면 어떠한 콘셉트로 임하고, 어떠한 어프로치를 채택할 것인가하는 이노베이션에서 결정적으로 중요한 사고방식은, 전혀 단련되지 않는다.

하지만 이것에는 대학 등 학교 측에도 책임이 있다고 생각한다. 예를 들면, 학기 중 시험 때에, 빈칸을 채우는 것이 아니라 정답이 하나가 아닌 문제를 내려고 해도, 현실적으로는 어렵다. 채점에 시간이 걸리는데다 그 채점이 객관적으로 옳다고는 좀처럼 단언할 수 없기 때문이다.

대학은 객관성이나 논리를 우선하는 조직이므로, 거기에서 벗어난 강의나 시험을 보는 것은 특히 토박이 교원에게는 어렵다. 그 결과로서 대학에서도 기억력과 논리분석력이 중시되게 된다.

이노베이션에는 이러한 기억력과 논리분석력에 굳어진 인재는 부적절하다. 정확히 말하면, 기억력이나 논리분석이나 어느 정도는 필요하지만, 그것만으로는 안 된다. 가령 몇 번이나 실패하거나, 오랜 시간 걸리더라도 절대가치의 실현에 계속해서 도전하는 사람이야말로 이노베이션에 적합한 것이다. 그러나 오늘날 한국이나 일본의 교육은 이러한 사람을 배제하는 방향에 있다. 그러므로 학력무용(學歷無用)인 것이다.

일반적으로 학력사회란 출신학교에 따라서 유리/불리가 정해지는 것을 말한다. "서울대학교나 도쿄대학에 들어가면 훌륭하게 될 수 있다."라고 하는 것이다. 그러므로 학력무용은 출신학교라고 하는 색안경을 벗고 개인의 실력을 평가하는 것이 기본이 된다. 그런데 그 실력으로서, 지금의 혼다도 포함해서 대부분의 기업이 기억력과 논리분석력을 보고 있다.

하지만 이노베이션에 있어서의 학력무용은, 기억력과 논리분석력과는 별개 차원의 능력을 중시하는 것이다. 출신학교뿐만 아니라 기억력과 논리분석력이라고 하는 틀을 파괴하므로, 일반적인 학력무용보다도 더욱 포용력이 있다.

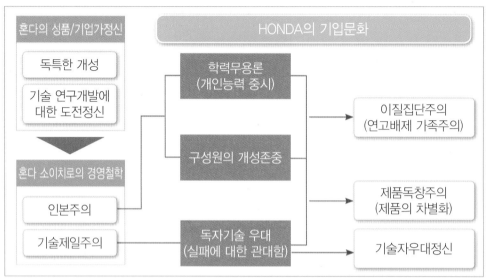

자료: m.blog.naver.com

🔷 그림 7-5 소이치로의 경영철학과 혼다 기업문화와의 관계

2. 혼다의 철학

사람을 움직이는 큰 힘

여기에서는 왜 에어백의 개발이 성공했는가에 대해서 생각해 보기로 한다. 에어백 개발의 여정 중에 이노베이션을 성공으로 이끄는 본질이 있다고 생각하기 때문이다.

먼저 절대로 단념하지 않았다는 것이다. 다른 사람에게는 진부한 것으로 들릴지도 모르지만, 단념하지 않기 위해서는 약해지지 않는 마음을 갖는 것이 필요하며, 그것은 좀처럼 가능한 일은 아니다. 특히 에어백의 개발은 1987년의 양산개시까지 16년간이나 걸렸다. 오랜 세월이다. 이것을 거꾸로 보면 15년간은 성과가 없었다고 하는 것이다. 이 사이에 "절대로 실용화하고 만다."라고 하는 강한 마음을 계속 갖는 것은 간단하지는 않았다. 아무튼 기술개발은 지지부진하여 진척되지 않는 점에서, 위기가 차례차례로 닥쳐오는 것이기 때문이다.

지금까지도 몇 개의 위기를 극복해왔다. 미국의 실차탑재시험의 실시에 대해서, 미국 아메리칸 혼다 모터 사의 톱인 아메미야 코이치(雨宮高一) 씨(나중에 혼다 부사장)를 설득한 것이나 주요 부품의 메이커가 에어백의 개발에서 손을 뗀다고 선고해왔던 것 등이다. 그러나 이러한 위기는 개발이나 양산을 향한 고비만이 아니라 사사건건 일어났다. 그 중에는 착상이라고밖에 생각되지 않는 개발중지의 지시도 있었다.

즉각 그만두세요

그것은 사륜 R&D 센터[도치기(栃木)]의 전신이 생겼을 무렵이므로 1982~83년의 일이다. 도치기로 옮기고 한참 지난 어느 날, 상무이사인 도치기의 연구개발부문 책임자로부터 에어백 개발의 건(件)으로 호출받았다. 당시의 에어백 프로젝트의 리더는 이사로 다른 업무도 있었으므로, 고바야시 사부로가 프로젝트 리더의 일 대부분을 대행하고 있었기 때문이다.

자료: blog.daum.net

🔷 그림 7-6 고바야시 사부로

"고바야시 군, 자네가 하고 있는 에어백, 그런 위험한 것을 상품화해서는 안 돼. 회사가 무너진다. 즉각 그만두세요."라고 대단한 기세로 지껄여댔다. 연구개발부문 책임자의 지시이므로 따를 수밖에 없었다. 너무나 불합리하고 갑작스런 지시에 화가 났지만, 냉정하게 이렇게 대응했다.

"거기까지 말씀하신다면, 종결방향으로 생각하겠습니다. 다만, 오야지(소이치로)가 가끔 보러 오시니까, 쿠메 타다시(久米是志) 씨(당시 사장)도 진척상황을 걱정하고 있으므로, 쿠메 씨에게는 그 쪽에서 전해 주시겠습니까."

그러자 "아, 그러한 것은 내가 말할 수 없으므로, 자네가 말하게."라고 말했다. '뭐야 바보 자식'이라고 생각했다. 쿠메 씨에게 개발중지를 전할 각오도 없는데, 중지라고 말해 온 것이다. 물론 쿠메 씨에게는 전하지 않았다. 쿠메 씨는 에어백의 실용화를 진지하게 생각하고 있었으므로, 도중에 내팽개치는 듯한 말을 하면 격노할 것이기 때문이다. 결국 그 책임자가 에어백의 개발중지를 제안하는 일은 두 번 다시 없었다.

자료: bike-lineage.org

🕸 그림 7-7 쿠메 타다시

에어백은 신차개발과는 다르다

충돌 시에 승무원 및 승객을 보호한다고 하는 에어백은 당시, 크게 가치가 있는 것이라고는 생각되지 않았다. 이것은 자동차의 사용자도 마찬가지였다. "자신만은 사고를 일으키지 않는다."라고 하는 근거 없는 믿음에서 시트벨트조차 매지 않는 사람이 많았다. 게다가 에어백의 실용화를 향한 기술적인 장애물은 터무니없이 높았다. 유인 우주선(space shuttle)을 상회하고, 장기간 유인위성과 같은 수준의 신뢰성이 요구되었던 것이다. 이러한 상황에서 통상의 기술개발,

예를 들면 신차개발과 같은 매니지먼트를 실시하면, 결과는 불을 보듯이 명확했다. 개발중지이다. 실제로 혼다가 에어백을 세상에 내놓았을 때, 대부분의 자동차 메이커는 에어백의 개발을 중지하고 있었다.

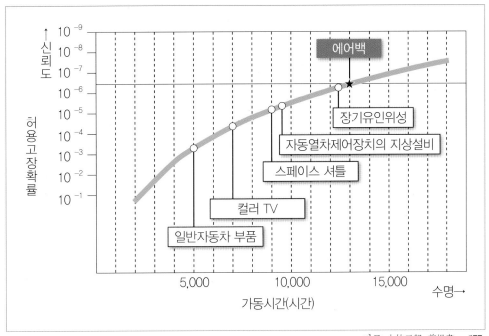

자료: 小林三郎, 前揭書, p.277.

🌐 그림 7-8 여러 가지 시스템의 허용고장확률[1]

　전술한 "이노베이션은 정규분포의 중앙부가 아니라, 끝 부분에서 생긴다."라고 하는 것을 확인해 놓을 필요가 있다. 고바야시 사부로는 이노베이션의 본질을 알기 쉽게 하기 위해서, 업무를 '오퍼레이션(집행)'과 '이노베이션(창조)'으로 분류해서 생각하고 있다.

---

1)　그래프는 허용고장확률과 가동시간의 관계를 하나의 선상에 올리기 위해서 양자를 조정하고 있다. 실제로 상정한 에어백의 가동시간은, 당시의 자동차 평균수명연수인 15.6년. 그 사이의 고장확률로 1/100만 이하를 실현했다.

오퍼레이션은 회사 업무의 95% 이상을 차지하는, 논리적으로 정답을 추구할 수 있는 업무를 말한다. '사원의 급여계산' 등의 전형적인 정형업무뿐만 아니라, 자동차의 모델체인지나 그것에 동반하는 기술개발, 생산 라인의 개선 등도 포함된다. 오퍼레이션은 무엇을 해야 할 것인지가 확실하게 되어 있는 것이 특징이고, 그것을 어떻게 효율적으로 할 것인지가 승부이다. 여기에서는 분석과 논리가 필요한 능력이 된다.

　한편, 이노베이션은 논리적으로 정답을 추구할 수 없는, 혼돈된 도전이 된다. 새로운 가치를 실현하기 위해서, 기술의 미답(未踏)의 영역으로 비약시키는 것이 요구된다. 게다가 새로운 가치는 지금까지의 가치관에서 본다면 '끄트머리'에 있기 때문에, 많은 사람은 그것이 가치라고 하는 사실을 알아차리지 못한다. 실제로 에어백의 개발에서는 대부분의 사람이 그 가치를 눈치채지 못하고, 리스크에만 눈이 가고 있었던 것이다.

생각을 숙려(熟慮)와 직결시켜라

　그러한 기술개발을 성공시키려면 생각밖에 없다. 오퍼레이션은 사전의 조사를 확실히 해서 상황을 분석하고, 논리적인 사고에 의해서 문제를 해결해 가는데, 미지의 영역에 도전하는 이노베이션은 다르다. 정보 자체가 없으므로 분석이나 논리적 사고가 도움이 되지 않기 때문이다. 게다가 성공률은 수 %에서 높아도 20% 정도이다. 보통은 10회 도전해서 9회는 실패한다. 오퍼레이션의 업무는 월이나 주의 단위로 진척을 관리하지만, 언제 비약의 실마리를 잡을 수 있을지 모르는 이노베이션은 면밀한 진척관리 등이 불가능하다. 생각이나 숙려(熟慮)라고 하는 인간성에 기초하는 원리로 프로젝트를 운영하는 수밖에 없는 것이다.

　양자는 너무나 다르므로, 오퍼레이션의 척도로 이노베이션을 평가해서는 안 되는데, 그런 일이 자주 일어난다. 그 때문에 혼다에서는 연구와 개발을 의식해서 별개로 생각하여, 연구는 이노베이션의 척도로, 개발은 오퍼레이션의 척도로 평가하고 있다. 이노베이션의 프로젝트는 언제 성공할지도 모르고, 결국은 90%가 실패한다. 그것을 오퍼레이션의 척도로 평가하면, 중지라고 판단되어버리기 때문이다. 그렇다면 고객을 감탄하게 하는 새로운 가치는 생기지 않는다. 얼마 동안은 과거의 유산으로 연명할 수 있지만, 그것이 없어졌을 때가 기업의 수명이 된다.

그러나 이노베이션의 척도인, 상대방의 생각을 평가한다고 하는 것은 정말로 막연하다. 생각이 헛돈다거나 틀린 방향으로 향한다거나 하는 일이 있을 수 있다. 이러한 헛돎이나 잘못을 하지 않기 위해서, 혼다에서는 상사에 대한 보고나 토론을 통해서 "올바른 방향을 찾는 어프로치를 깊이 생각하게 한다."는 식으로 하고 있다. 한마디로 말하자면 상사가 여러 가지 질문을 제기함으로써 담당자의 생각과 숙려의 깊이를 헤아리는 것이다.

철학이 있기에

그리고 또 하나의 중요한 것은 당연한 이야기이지만 철학이다. 이노베이션에서 가장 중요한 것은 무엇인가 하고 물었을 때에 '철학'이라고 대답하면, 대부분의 사람이 의아스러운 얼굴을 한다. 그때 "이념·철학 없는 행동(기술)은 흉기이며, 행동(기술) 없는 이념은 무가치이다."라고 하는 소이치로의 말을 떠올릴 필요가 있다.

혼다의 철학이란 철학자가 말하는 난해한 것이 아니라 기술자 마음속에 언제나 살아 있는 것이다. 구체적으로는 '세 가지 기쁨'과 '인간존중(자율, 평등, 신뢰)'이다. 극히 단순한 내용이지만 속은 깊다.

세 가지 기쁨은 1951년 12월에 소이치로가 '우리 회사의 모토'로서 혼다의 사내보에 올린 것으로, "만들어 기쁘고, 팔아서 기쁘고, 사서 기쁘다."는 것이다. 세 가지 중에서 소이치로는 고객의 기쁨인 "사서 기쁘다."를 최상의 것이라고 생각하고 있었다. 이것은 바로 고객의 기쁨을 가장 소중하게 생각한다는 것이다. 그리고 "사서 기쁘다."에는 소이치로가 항상 행동으로 보이고 있던 '세상을 위해서, 사람을 위해서'가 근저에 있다.

이 철학이 왜 에어백의 개발을 성공으로 이끌었는가.

대부분의 출석자가 반대하는 경영회의에서 에어백의 양산을 결정한 쿠메 타다시(久米是志) 씨, 필요 없다고 확신하면서도 미국에서의 에어백의 실차탑재실험을 허가해준 아메미야 코이치(雨宮高一) 씨, 개발중지를 선언하고 권한으로 말하자면 그대로 중지가 될 것을 고바야시 사부로의 생각을 헤아려서 개발을 계속하게 해준 가와시마 키요시(河島喜好) 씨, 그리고 주위로부터 안 되는 테마라고 일컬어지는 속에서 함께 싸워준 개발팀의 멤버, 여러 가지 우여곡절이 있었지만 최종적으로 협력해준 공급업자 여러분. 운만으로는 결코 극복할 수 없었을 것이다.

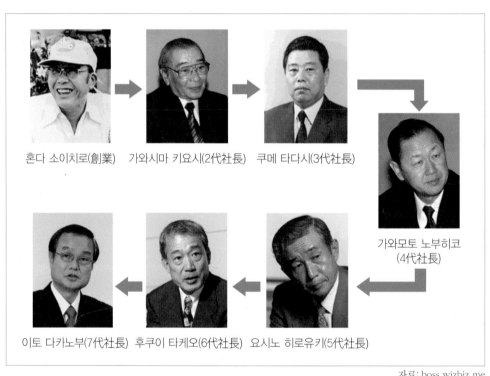

자료: boss.wizbiz.me

🔅 그림 7-9 혼다의 역대 사장

거기에는 혼다의 철학이 있었던 것이다. "교통사고로 죽어가고 있는 많은 사람들을 에어백으로 구하고 싶다."라고 하는 고바야시의 생각은 바로 혼다의 철학 그 자체이다. 이 생각이, 같은 철학을 영혼 속에 살아 있게 하는 사람들과 공명하여, 그들의 마음을 움직이게 했던 것이다.

자료: nikkei.com

◈ 그림 7-10 고바야시 사부로

철학과 그것에 기초하는 순수한 생각에는 사람을 움직이는 눈에 보이지 않는 큰 힘이 있다. 그 힘이 큰 흐름이 되어 에어백을 실용화로 이끌었다. 철학과 생각, 이 두 가지야말로 이노베이션의 성공을 끌어당기는 최대의 열쇠인 것이다.

3. 혼다이즘

당신은 '당나귀를 짊어지는 사람'이 되어 있지 않은가?

이솝의 유명한 동화에 이러한 이야기가 있다. 어느 날, 아버지와 아들이 한 마리의 당나귀를 끌고 여행에 나섰다. 얼마 동안 가자, 길에서 한 사람의 남자를 만났다.

"당나귀를 끌고, 두 사람 모두 걸어가다니 바보스럽게 느껴진다. 어느 쪽 한 사람이 당나귀에 타고 가면 좋지 않을까."

그 남자가 말했다. 그래서 '과연' 하고 생각한 아버지는 "네가 타라."라고 말하고 아들을 당나귀에 태웠다. 두 번째의 남자가 찾아와서 말했다.

"젊은 아들이 당나귀에 타고 늙은 아버지가 걸어가다니 딱한 일이다."

그래서 아들이 내리고 아버지와 교체했다. 이어서 만난 세 번째의 남자는 이렇게 말했다.

"아버지가 타고 아이를 걸어가게 하는 놈이 있는가."

아들은 매우 곤란해져 잠시 생각한 다음에 두 사람 모두 당나귀에 타고 가기로 했다. 그런데 그 다음에 만난 남자는,

"가엽게도. 저렇게 야윈 당나귀에 두 사람이나 타고 가는 놈들이 있나."라고 차가운 눈초리로 쳐다보았다. 얼굴을 마주본 아버지와 아들은 할 수 없이 두 사람이 당나귀를 짊어졌다. 간신히 시내에 들어가는 다리 위에 이르자, 당나귀를 짊어진 두 사람의 모습을 보고, 많은 사람이 마구 소리를 질렀다. 그것에 놀란 당나귀가 날뛰기 시작했으므로, 짊어지고 있던 막대기가 부러져 당나귀는 하천 속에 떨어져버렸다 ······.

자료: youtube.com

🏛 그림 7-11 팔려가는 당나귀

이 이야기를 듣고 웃을 수 있는 사람은 행복한 사람이다. 왜냐하면 이 이야기와 같은 일은 세상에 얼마든지 있어서, 자신의 생각이 확고하지 않아, 타인의 언동에 휘청휘청하고 있는 사람이 의외로 많다. 당나귀를 짊어지게 될지도 모르는 사람이 우글거리고 있다. 그 정도로 자주성을 익히는 것은 어려운 것이다.[2]

---

2)　本田宗一郎, 得手に帆あげて, 三笠書房, 2000.

인생·일의 '도랑치기'를 못하는 사람은 결코 성공하지 못한다!

아이들은 잘 배우고, 잘 놀고 있으면 자연히 무럭무럭 자란다. 부모들은 이것을 따뜻하게 지켜보면 된다. 어설프게 자신들이 교육받은 과거의 생각에서, 자라고 있는 아이의 싹을 제거해 버리는 따위의 일이 있으면, 자식바보의 정도도 건지기 어렵다는 것을 깨닫지 않으면 안 된다. '자기의 확립'이라고 하는 것을 바꾸어 말하면 "타인의 등에 업히지 마라."고 하는 것이라고 생각한다. 이 생각이 소이치로의 생활철학이 되어 있는데, 혼다기술연구소의 젊은이들도 공명해서 대단한 의욕으로 노력을 해주었다. 그것은 일의 모든 면에서 훌륭한 실적이 되이 니디니고 있었는데, 여기에 히나의 예를 들어 보자.

대체로 생산 메이커라고 하는 것은 그 제품을 외국에 판매하는 데 상사의 루트를 이용하는 것이 상식이었다. 그런데 혼다기술연구소의 경우는 상사의 손을 빌리지 않고, 직접 해외시장을 개척했다. 그러나 미지의 외국에서, 또 판매망도 완벽하게 확립되어 있는 선진국에서, 독자의 판로를 확립하고, 좋은 성적을 거둔다고 하는 것은 결코 용이한 일이 아니었다. 하지만 자신들의 힘으로 무엇인가 될 듯한 것은 고생스럽더라도 남의 힘을 바라지 않는다고 하는 '혼다이즘'은 꺾이지 않았다. 문제를 하나하나 창의와 고안에 의해서 극복해 갔던 것이다.

이 사실에 대해 잡지 〈實業之日本〉(1961년 9월호)에서 '타인의 등에 업히지 마라!'라고 하는 제목으로, 꼭 혼다기술연구소와 같은 노력을 해서 성공한, 소니의 해외시장 개척작전과 함께 소개기사를 올린 적이 있다.

그 중에서 당시 전무였던 후지사와 타케오가 새로운 판매망을 만들 때에, 반드시 일어나는 '빌려 준 돈의 회수 불능'이나 '거리낌' 등의 어려운 문제에 대해서 경영자의 각오를 이렇게 말하고 있다.

"장사를 하면서, 단속에 걸리는 것은 당연한 일이다. 나는 그렇게 생각한다. 결혼하는 사람에게조차 여자 한 사람의 일로도 마음에 걸린다. 다만, 걸려들었을 때에 그것을 분석하고 원인이 되는 문제점을 알면 그것으로 되는 것이다. 문제점을 알면, 언젠가는 '도랑치기'가 가능하다. 현재 우리에게도 예전에 국내 판매망을 만들었을 때에 3억 엔의 불량채권이 있었는데, 지금은 일 전도 없다. 아무

것도 모르는 미국에서 단속에 걸리는 일이 있는 것은 당연하다. 일본의 경영에 대한 결함은 빌려 준 돈의 회수 불능과 그 사원의 출세를 관련시켜서 생각하는 것이다. 소위 책임 추궁이다. 그래서는 사원에게 적극성이 없어진다. 나는 빌려 준 돈의 회수 불능이 일어난다면, 그 다음은 변호사에게 맡기라고 말하고 있다. 그것보다 새로운 판매점 개척에 힘을 쏟으라고 말하고 있다. 능력 있는 사람은 미래에 매달리고, 과거는 변호사에게 맡겨놓으라고 말하는 것이다."

자료: gazoo.com

⊕ 그림 7-12 후지사와 타케오

더욱이 이렇게도 덧붙이고 있다.

"타인에게 업혀가는 것은 안 된다. 오랜 시간 동안 업고 있는 자와 업히고 있는 자의 의지는 어긋나기 때문이다. 앞의 사람이 넘어져버리면, 뒤의 사람은 길을 잃어버리게 되지 않는가. 자신의 눈으로 보라, 하고 나는 자주 말한다."

소이치로가 말하는 '자주성의 확립'이라고 하는 것은 이 후지사와의 말에 의해서 완전히 대변되고 있다. 아전인수로 죄송하게 여긴다만, 혼다기술연구소의 박력이 있는 '자력독행'의 에너지는, 이 의식이 사원 한 사람 한 사람에게 철저히 배어 있는 곳에서 생긴 위대한 소산이라고 소이치로는 믿고 있다.

자료: lrnc.cc

🜚 그림 7-13 1973년에 은퇴하는 소이치로와 후지사와 타케오

왜 마음의 '제복'을 벗지 않는가?

2차 세계대전 전의 일본에서는 개성이라고 하는 것은 자주 꺼려해 하고 있었다. 이단이라고 하는 낙인을 찍어, 차별대우를 받았다.

제1장에서 소이치로가 초등학교 3, 4학년 무렵, 천장절(天長節)[3] 날에 어머니가 '가스리 기모노'[4]에 그녀의 녹색 허리띠를 매어 학교에 보내서, 친구들로부터 놀림을 당해 울면서 집에 돌아온 일화를 소개했다.

이 일은 단지 허리띠의 색이 남과 다르다고 하는 것뿐이었다. 애당초 색에 남자와 여자의 색이 있다고 하는 것은 이상하다. 타인에게 불쾌감을 주지 않는 한, 어떤 색을 사용해도 괜찮은 것이다. 그러나 그러한 생각은 통하지 않았다. 워낙 메이지(明治) 기질 전성시대이다. 미적 감각 제로의 질실강건(質實剛健) 일색으로 모두 우로 나란히었다. 봉건시대 우민정책의 추억은 사람들 사이에 뿌리 깊게

---

3) 2차 대전 전에는 일본 왕 생일을 이렇게 불렀다.
4) 물감이 살짝 스친 것 같은 흐린 무늬가 있는 천으로 만든 옷.

남아, 자신이 판단하고 행동하는 것을 잊어 버렸다. 그러므로 언제나 누군가가 명령하고, 대중은 묵묵히 따를 뿐이었다. 자주성이 없기 때문에 형식에 얽매인다. 요컨대 '겉은 화려하나 속은 빈곤함'이 1945년까지 줄곧 계속되었던 것이다.

전시 중의 국민복과 몸빼 모습은 그 예이다. 정부가 복장이나 색채도 결정해 버려서 그것에 위반하면, 역적 취급을 받는다. 국민도 묵묵히 그것에 따른다. 그러한 공기는 소이치로에게는 생리적으로 맞지 않기 때문에, 완전히 뼈에 사무치도록 숨이 막혔다.

자료: ko.wikipedia.org

자료: japaneseclass.jp

🔷 그림 7-14 국민복과 몸빼

그런데 최근에는 어떠한가. 예를 들면, 대학의 구내에 한 발자국만 들어가면, 일본에서 옛날부터 전통이 되고 있는 몰개성적인 사각모나 검은 목닫이의 학생복은 거의 그림자를 감추고, 그 대신 청바지에 빨간 셔츠, 파란 셔츠, 흰 스웨터, 노란색의 카디건(cardigan)이라고 하는 가지각색의 복장이 활개치고 있다.

이것이 번화가에 가면, 좀 더 대담한 버라이어티가 가해진다. 색이나 복장이나 머리 형태도 실로 자유분방하고 개성적이다. 얼굴을 보더라도 표정이 여유 있고 명랑하며 누긋해 있다. 전쟁 전의 청년에게는 보이지 않았던 밝음이다. 체격도 훌륭하고 스마트해지고, 발랄한 정기가 넘쳐흐르고 있다. 대단히 믿음직한 변화 방식이라고 생각한다.

자료: imgrum.org

❀ 그림 7-15 일본 와세다 대학 축제 모습

그런데 어른의 세계는 구태의연하다. 아직도 유니폼을 고맙게 여기고, 겸양(謙讓)이라고 하는 회색의 미덕으로 개성을 죽이고 살고 있다. 도회지에서 떨어진 시골에서는 한층 그 경향은 강하게 남아 있다. 완전히 옛날 그대로라고는 말할 수 없지만, 그건 그렇다 하더라도 답답한 공기는 도처에 충만해 있다.

자료: news2day.co.kr

❀ 그림 7-16 노인인구 비율이 세계 1위인 일본의 노령층

일본인이 사람의 일을 이러쿵저러쿵 지나치게 말하는 것도, 이 인간성을 무시한 '우로 나란히'식의 생활태도 탓이라고 생각한다. 복장 하나만 하더라도, 본심은 더 화려한 것, 색이 예쁜 것을 입고 싶다고 생각하더라도, 세상 사람들은 어떻게 말할까, 라고 세상을 의식하게 되는 것이다. 자신의 돈을 꺼내서 자신의 기호품을 살 수 없고, 언제나 '세상과 같은 수준'이라고 하는 타인의 기호품을 사는 불합리성. 이 불만이 언제나 마음속에서 꿈틀거리고 있으므로, 그 울분을 타인의 비방이라든가 질투라고 하는 형태로 발산시키는 것이라고 생각한다.

자료: blog.naver.com

🌐 그림 7-17 유니폼을 입고 친절교육을 받고 있는 일본 MK택시 기사들

어떻게 하면 길가의 돌멩이에도 '반짝임'을 부여할 수 있을까

인간은 각 사람이 개성을 갖추고 있다. 이것은 선천적으로 갖추어진 개성과 후천적으로 교육의 힘으로 발견되고 연습된 개성으로 나누어지는 것 같다. 그런데 어차피 그 사람만이 터득한 개성을 갖추고 있는 데는 변함이 없다. 길에 떨어져 있는 돌멩이와 같은 개성도 있다. 모래톱과 같은 개성도 있다. 거꾸로 다이아몬드와 같은 뛰어난 개성도 있다. 돌멩이를 아무리 열심히 갈았다고 해서 다이아

몬드가 되시는 않는다. 돌멩이라면 돌멩이라도 좋으므로, 최고의 품질 수준까지 높이는 것은 중요한 일이 아닐까. 모두 다이아몬드로 하려고 생각해 봤자 애당초 무리한 이야기이다.

개성의 존중이라고 하는 것도 자기의 확립과 마찬가지로 대단히 중요한 것이다.

옛날에는 실물과 비슷하냐 아니냐, 라고 하는 것이 그림의 능숙함 서투름의 기준으로 되어 있었다. 사과를 그리게 해서 실물과 비슷하지 않으면 안 됐었다. 요즈음의 어린이는 제멋대로의 사과를 그리게 되었다. 왜냐하면 작품 속에 스며나오는 개성에 주목하여 그 개성을 육성하는 방향으로 교육이 변해왔기 때문이다. 좋은 경향이다.

그러나 이러한 작품을 감상하는 우리들의 견해를 떠받치고 있는 것은 모두 과거에 교육받은 견해이며, 경험한 견해밖에 없다, 라고 하는 데 문제가 있다. 요컨대 인간의 눈알은 두 개라고 정의해 놓고 있는, 기성의, 이를테면 몰개성적인 견해에서 한 걸음도 나가지 않은 것이다. 거꾸로 한 눈의 외눈박이 세계에서 보면, 두 눈에 두 발의 인간이라 해도 꼴사납고 괴상하게 보인다고 할지도 모른다는 것과 같은 논리이다.

모처럼의 새로운 교육을 이러한 어두운 어른들의 파괴로 왜곡하고 싶지 않다고 하는 것이다.

자료: monstermovies.wikia.com

그림 7-18 외눈박이가 보면 두 눈 가진 인간이 괴물로 보인다.

이것은 기술의 세계에서도 말할 수 있는 것이다. 개성이 들어가지 않은 기술은 가치가 결핍된 것이다. 종래의 일본 기술의 대부분은 모방 기술이었다. 특히 2차 대전 중의 제품은 외국제품의 원숭이 흉내[5]로, 외국의 아이디어, 청사진에 의해서 제품을 만들고 있었다. 사상적으로 빈약한 국가권력이, 만드는 기술자의 고안과 개량이라고 하는 개성을 넣게 하지 못했다. 기술자도 일부러 거역할 수 없었다. 그러므로 본보기로부터 한 발자국도 돌출할 수가 없었다. 그렇지 않아도 개성을 낸다고 하는 것은 용이한 일이 아니다. 세계적인 경쟁력을 자랑하는 일본 최고의 제품 중 하나가 카메라이다. 카메라야말로 모방에서 출발하여 오랜 노력 끝에 모방을 빠져 나가 풍부한 개성을 뽐내게 되었던 것이다. 그러므로 연소자나 미숙련자가 모방으로부터 시작하는 것은 과정으로서 어쩔 수 없지만, 모방은 어디까지나 수단이지 목적이 아니다. 이러한 자각의 깊이가 이윽고 훌륭한 개성을 창출해 내는 것이라고 생각한다.

1935
Leica IIIa

1941
Seiki's Nippon

자료: gerckm.egloos.com

그림 7-19 일본의 대표적인 모방제품

소이치로는 일본의 기술에 좀 더 개성이 있어도 좋다고 생각했다. 언제까지나 외국과의 기술제휴만 추구하고, 안이한 '우로 나란히'로 있어서는 바싹 추격해오는 개발도상국에게 밀리는 날이 눈앞에까지 와있다.

---

5) (깊은 생각 없이) 무턱대고 흉내냄.

자료: kbench.com

🔷 그림 7-20 니콘의 최고급 모델 신제품 D3 DSLR 기종

　인간의 개성이라고 하는 것은 오케스트라를 구성하고 있는 악기에 비유할 수 있다. 바이올린에는 바이올린의 개성이 있다. 그리고 트롬본에는 트롬본의 개성이 있다. 그 외에 피아노, 첼로, 콘트라베이스, 플루트, 색소폰이라고 하는 모든 악기가 각각 독자적인 개성을 가지고 있다. 요컨대 그들 개성을 강조하면서 전체로서의 하모니를 어떻게 해서 만들어 낼 것인지가, 작곡가나 지휘자의 재능에 관련된다.

자료: digitalconcerthall.com

🔷 그림 7-21 베토벤 심포니 No.5를 지휘하는 카라얀

결국 인간의 개성도 그것을 잘 활용해 갈 수 있는 유능한 지휘자를 얻어야 비로소 최고의 가치를 발휘할 수 있는 것이다.

혼다는 최고의 지휘자 소이치로가 오케스트라를 창단했고, 훌륭한 후계자들이 뒤를 이어 온 세계 최고의 오케스트라인 것이다.

재능이 있는 매야말로 '발톱'을 과시하라!

인간에게는 여러 종류의 타입이 있다. 선천적으로 보통 사람과 같은 정도를 벗어난 천분(天分)을 갖추고 있는 사람도 있다. 또한 교육이라든가 본인의 노력이라든가로 길러진 후천적인 재능을 몸에 익히고 있는 사람도 있다. 거꾸로 그렇게 말한 천분이라든가 재능 등은 전혀 없음에도 불구하고, 마치 재주가 뛰어난 것처럼 겉으로만 그럴싸하게 꾸민 사람도 있다. 많은 사람 중에서 짧은 시간에 이것을 올바르게 평가해서 분별하는 것은, 대단한 노력과 특수한 기술이 필요하다.

그런데 일본에는 옛날부터 "재능이 있는 매는 발톱을 숨긴다."라고 하는 속담이 있다. 이것은 겸양을 미덕으로 한 극히 민도가 낮았던 시대의 대중에 대한 어필이다. 곤란한 것은 현대에도 그것이 높이 평가되어 강조되고 있다고 하는 것이다. 요컨대 실력이 있는 사람은 좀처럼 그 수완을 보여서는 안 된다고 훈계하고, 그러한 사람이 위대하다고 하는 것이다. 소이치로는 왜 그러한 속담이 그럴싸하게 전해지는지 이해할 수 없다고 한다. 좀처럼 수완을 보이지 않는다면, 첫째 수완이 정말 있는지 어떤지도 알 수 없다. 수완이 드러나 보이고 실적이 올라가야 비로소 위대하다고 일컬어지므로, 발톱을 감추고 있어서는 결코 위대하다고 할 수 없을 것이다.

다음에 그렇게 수완을 내기 아까워하고 있다가는, 일진월보하는 스피드 시대의 오늘날에는 통용되지 않을 것이다. 모처럼의 수완도 활용하지 못하고 썩히는 수밖에 없다. 소이치로는 그와 같은 말은 일본에서 추방하지 않으면 안 된다고 생각하고 있었다. 거꾸로 "재능이 있는 매는 발톱을 감추지 마라."라고 주장하고 싶어 했다.

요컨대 "자신은 이러한 사고방식을 갖고 있다."라고 하는 의사표시를 하는 것이다. "자신은 매다.", "사신은 비둘기다."라고 당당하게 주장하기 바란다. 그 중에는 매나 비둘기뿐만 아니라 솔개나 까마귀도 있다고 생각하는데, 솔개나 까마귀라도 특별히 나쁜 것은 아니다.

⬡ 그림 7-22 평소에 인재를 소중히 여겼던 소이치로

　주머니(囊) 속에 송곳(錐)을 넣으면 당연히 그 끝의 뾰족한 부분이 천을 뚫고 나올 것이다. 또한 겉으로 보기에는 끝의 작은 부분만 보이지만 주머니 속에는 긴 자루가 있을 것이다. 이와 같이 훌륭한 능력을 지닌 인물은 여러 사람 가운데에서도 그 뛰어남이 겉으로 드러난다는 것을 적절하게 비유해서 묘사한 고사성어가 바로 '주머니 속의 송곳'이란 뜻을 지닌 낭중지추(囊中之錐)이다. 또한 사람의 감추어진 진정한 능력을 바로 알아보는 통찰력이 있어야 하고, 한편으로 숨은 인재는 어려운 상황에서 그 진가가 발휘된다는 것을 알 수 있는 고사이기도 하다. 다른 표현으로 '송곳이 주머니 속에 있다'는 의미로 '錐處囊中(추처낭중)'이라 하거나 '송곳의 끝이 밖으로 삐져나왔다'는 의미로 '영탈(穎脫)'이라고도 한다.

　고사의 출전은 사마천(司馬遷)의 《사기(史記)》〈평원군열전(平原君列傳)〉에서 찾을 수 있다. 또한 같은 이야기에서 유래된 고사가 '모수자천(毛遂自薦)'인데,

'모수(毛遂)'가 바로 고사의 주인공이다.

낭중지추(囊中之錐)의 유래

중국 고대 전국시대(戰國時代)의 조(趙)나라에서 이야기는 시작된다. 왕족이었던 공자(公子) 평원군(平原君)은 어진 성품에 빈객(賓客)을 좋아해 당시 조(趙)나라의 재상까지 맡으면서 수하에 수천 명의 식객들을 거느리고 있었다. 당시 서쪽의 강한 진(秦)나라가 동쪽의 여러 나라들을 침략해 오고 있던 차에 조(趙)나라의 수도 한단(邯鄲)까지 포위를 당하게 되자 조(趙)나라는 남쪽의 초(楚)나라와 합종책(合從策)으로 연합하기 위해 초(楚)나라로 사신을 보내게 되었는데, 바로 평원군이 그 협상의 사신(使臣)이 되어 출국하게 된다.

자료: sarangnet.org

⊛ 그림 7-23 낭중지추

평원군은 함께 떠날 용기 있고 문무(文武)를 겸비한 인물 20여 명을 뽑았다. 그런데 식객들 가운데 19명을 뽑고 한 명을 더 뽑기가 어려웠는데, 그때 모수(毛遂)라는 사람이 앞에 나서면서 자신을 데려가라고 자천(自薦)을 하는 것이었다. 이에 평원군은 모수에게 이렇게 질문한다.

"어진 선비의 처세란 마치 송곳이 주머니 속에 있는 것과 같아서 그 끝이 보이기 마련인데, 자네는 나의 문하에 기거한지가 삼 년이나 지났는데도 내가 아직 이름을 들어보지 못했는데 무슨 능력이 있는가?"

모수(毛遂)는 큰 소리로 대답한다.

"저는 오늘에야 처음으로 주머니 속에 넣어주기를 바랄 뿐입니다. 만약 일찍 주머니 속에 넣어 주셨다면 비단 송곳 끝만 보이겠습니까? 송곳 자루까지 모두 내보여드렸을 것입니다."

이와 같이 호언장담하는 모수(毛遂)의 말을 믿고 평원군은 모수를 일행에 가담시켜 초(楚)나라로 들어갔고 부진한 협상 테이블에 과연 모수가 뛰어올라 초왕을 꾸짖으며 뛰어난 언변(言辯)으로 합종(合從)의 협상을 단판 짓고 혈맹(血盟)의 의식으로 서로 돌려가며 희생의 피를 함께 나누어 마시게 된다.

돌아오는 길에 평원군은 이렇게 이야기한다.

"내 다시는 선비의 관상을 보지 않겠다. 모 선생을 제대로 알아보지도 못했으니 말이다. 모 선생의 무기는 단지 세치의 혀였지만, 그 힘은 정말 백만의 군사보다도 더 강한 것이구나." 그리고는 모수를 상객으로 모시게 되었다.

이와 같이 사신의 개성을 십이분 자각하고, 표명할 수 있어야 비로소 훌륭한 일도 할 수 있다. 그리고 또 세상에 공헌하고 있다고 하는 마음의 지주도 되는 것이다. 또한 이 일에 대한 강한 자신감이 자기의 프라이드도 되는 것이다.

인간이 살아가는 데 있어서 여러 가지의 욕망도 늘 머리에서 떠나지 않는다. 돈도 필요하고, 프라이드도 갖고 싶다. 애정도 원한다. 또 건강도 바라는 바이다. 이렇게 보면 이윤만을 추구하더라도 모두 만족할 수는 없다. 소이치로는 프라이드를 가질 수 있는 일에 종사하고 있으므로, 자신의 인생이 즐겁다고 생각했다. 도둑질이나 사기로만 세월을 보내고 있다고 한다면, 당연히 프라이드도 가질 수 없고 즐거움도 솟아나지 않는다고 생각했던 것이다.

또한 세상에 매만 있는 것도 아니다. 하지만 솔개나 까마귀라도 활동하기에 따라서는 세상에 훌륭하게 도움이 될 수 있는 것이다. 그것도 "자신은 솔개다.", "자신은 까마귀다."라고 주장하고 있는 것이야말로 가능성이 있다고 할 수 있다. 그렇게 명확히 주장만 하면, 세상도 그 능력을 최대한으로 발휘할 수 있도록 사용해 주는 것이다. 큰 그릇으로 쓰일 수 있는 것이다.

웅변하는 돌멩이는 침묵하는 다이아몬드를 이긴다!

세상에는 무익한 것은 없다. 강변에 떨어져 있는 돌멩이라고 해도 시멘트와 혼합하면 훌륭한 콘크리트로서 쓸모가 있다. 그런데 모처럼의 다이아몬드도 "재능이 있는 매는 발톱을 숨긴다.", "침묵은 금이다."라고 믿고 자기주장을 하지 않는다면, 유리 조각이나 강변의 돌멩이와 마찬가지로 취급되고 말 것이다. 콘크리트 속에서 굳어져 버리는 것이 당연하다. 입을 다물고 있어서 남에게 평가받는다고 하는 것도 조금 지나치게 자기중심적이다.

요컨대 자신의 주장을 확실히 표명할 것, 자신의 가치를 이해시키는 유효한 데이터를 능률적으로 잘 표시할 것, 이것은 현대의 도덕이라고 소이치로는 생각한다.

젊은 사람들이 만일 침묵을 지키게 된다면 어떻게 할까. 정치라 하더라도 국민이 일체 입을 다물고 반응이 없어져 버린다면, 도대체 좋은 정치인가 그 반대인가, 알 수 없지 않은가. 회사에 있어서도 사원의 의견을 듣는 것이야말로 훌륭한 경영도 가능한 것이다.

그런 의미에서 소이치로는, 경영자였던 무렵에 노동조합 대표의 의견이라도 적극적으로 귀를 기울이기로 했던 것이다. 경영자 중에는 노동조합의 존재를 신경질적으로 싫어하는 사람도 있는 모양인데, 이 생각은 너무 고루하다. 노동조합에 대한 인식부족이다. 그들이라고 해서 처음부터 그 기업을 망치려고 하는 악의를 품고 입사하는 것은 아니다. 거기에서 일함으로써 더 충실한 생활을 바라는 것이다. 그러므로 때로는 경영자에게도 알아차리지 못한 경영상의 결점을 지적해준다거나 건설적인 의견을 제기해주는 경우도 있다. 기업의 성쇠는 그들에게 있어서도 중대한 문제이다. 경영자와 노동조합은 기업을 지탱하는 두 바퀴라고 볼 수 있다. 그 주장에 실현성이 있다면, 자꾸자꾸 채용하고 협력을 구해가는 것이 앞으로의 경영자의 본연의 모습이다.

재능이 있는 매가 발톱을 감추지 않는다고 하는 것은, 모든 의미에서 큰 플러스가 되는 것이다.

자료: palweather.ps

🔶 그림 7-24 현장에서 사원들과 토론하는 소이치로

제4차 산업혁명의 기린아 | 기술자의 왕국 혼다 |

혼다와 삼성

혼다와 삼성

1. 인재를 키우는 혼다, 경쟁시키는 삼성

1970년대 일본의 취직상황

'보람', '연수입', '기업의 브랜드파워', '근무지', '복리후생' ……. 취직활동을 할때, 일본의 학생이 지망기업을 점점 좁히는 우선순위는 사람마다 각각 다를 것이다. 그렇지만 이공계 학생에 한해서 보면, 지금도 역시 대다수는 기술자로서의 보람을 우선하는 것이 아니겠는가. 자신의 전공이나 연구 테마에 가까운 기업을 고르는 것이 일반적인 흐름이라고 할 수 있을 것이다.[1]

필자가 취직활동을 하던 1970년대 중반 한국에서도 그러했다. 그러나 현재는 어떠한가. 한국에서 이공계는 의대를 제외하고는 거의 괴멸했다고 해도 과언이 아니다. 일자리 자체가 절대부족이다.

1973년에 시작된 오일쇼크로 취업전선에 큰 영향을 미친 일본 사회에서 혼다는 유명기업의 하나였다. 특히 창업자인 혼다 소이치로에 대한 좋은 평판으로 많은 젊은이들이 혼다를 선호했다. 그러나 자동차 업계에 취직하는 불안이 없었던 것은 아니다. 당시 자동차 업계에 있어서 기술개발은 내연기관(엔진)과 차체 설계의 두 가지가 주역이고, 전공이 화학이나 전자, 재료 분야의 기술자가 활약할 수 있는 영역은 상당히 한정되어 있었다고 한다.

---

1) 佐藤登, 人材を育てるホンダ 競わせるサムスン, 日經BP社, 2014.

그 한편으로 21세기를 맞이할 무렵에는 자동차 업계에서도 환경이나 에너지 분야에 대한 대응이 필수가 되었다.

자료: thegear.co.kr

✦ 그림 8-1 혼다의 로고

삼성 입사는 TOEIC 750점 이상이 필수

이에 비해서 한국의 이공계 학생에게 있어서 취직활동의 자리매김은 일본과 크게 다르다. 먼저 한국에서의 취직상황은 일본에 비교할 수 없을 정도로 냉엄하다. 2012년에 있어서 대졸 이상의 학생 내정률은 일본에서는 80% 이상이지만, 한국에서는 50% 미만이다.

취직활동에 대한 학생의 우선순위도 명확하다. 기업의 브랜드파워가 무엇보다 우선으로, 삼성이나 LG, 현대라고 하는 세계적으로 인지된 기업에 대한 취직이 무엇보다도 우선시되었다. 민간 기업에서는 삼성그룹이 최고 인기였다.

삼성그룹에 입사하기 위한 장애물은 높다. 예를 들면, TOEIC의 스코어에 관해서는 750점 이상이 필수라고 하는 구속이 있다. 삼성에 들어가기 위해서 학원에 다닌다거나 교재를 활용한다거나 하는 학생도 있을 정도이다. 단 최근에는 지방 대학 출신의 채용도 늘어나고 있다.

자료: zeenews.india.com

🌐 그림 8-2 삼성의 로고

일본기업에서는 소위 대기업에 입사하면 일단은 안심이라고 하는 기분이 되는 학생도 많은데, 한국에서는 가령 삼성그룹에 입사했다고 하더라도 숨 돌릴 틈이 없다. 삼성그룹에 입사하면 동시에, 승진을 향한 심한 경쟁이 기다린다.

유명한 이야기이지만, 한국은 수험도 일본과는 비교가 되지 않을 만큼 냉엄하다. 한국인은 항상 '경쟁'이라고 하는 키워드 아래에서 살고 있기 때문에, 언제나 경쟁을 당연한 듯이 받아들이고 있다.

삼성그룹은 신입사원의 수도 일본의 대기업에 비해서 월등하게 많다. 매년 대졸 이상은 1만 명 정도, 기능직의 고졸은 2만 명 정도 입사한다. 하지만 대졸 이상에서는 1년 후에 10%, 3년 후에는 30%가 퇴사한다.

퇴사하는 이유는 "매일매일의 업무를 처리할 수 없다.", "동기에 우수한 인재가 많아, 자신감을 상실해 버렸다."라고 하는 등이다. 난관을 통과하여 모처럼 입사한 삼성그룹을 떠나는 것은 약간 아까운 생각도 들지만, 이것이 현실이다.

현재 일본기업의 대부분은 해외사업의 강화를 향해서 글로벌 인재의 확보나 육성에 힘을 쏟고 있다. 하지만 한국기업에서는 그 이상의 심한 경쟁이 전개되고 있다는 것을 인식할 필요가 있다. 그 경쟁의식이 학생시대부터 심어져 있다는 것을 생각하면, 일본의 교육시스템도 변혁이 필요하다고 생각된다.

OECD(경제협력개발기구) 국가 중에서 일본의 교육투자는 최저 수준이라고 일컬어진지 오래다. 하지만 일본정부로부터는 명확한 개선책이 제시되고 있다고는 할 수 없다. 한국의 경쟁사회는 극단적이지만, 일본이 다시 예전의 경쟁력을 되찾기 위해서는 교육에 대한 투자를 적극적으로 행해야 한다.

혼다는 기업문화나 동기의 교류를 중시

혼다와 삼성의 차이는 입사 후에 기다리는 신입사원 연수에서도 마찬가지이다. 일본의 경우는 기업문화에 따라서 사고방식이 각양각색으로, 사회인으로서의 최저한의 매너를 가르치기만 하는 기업도 있고, 기업문화 등에 대해서 철저하게 충분히 가르치는 기업도 있다. 그 때문에 한데 묶어 설명하는 것은 곤란하지만, 우선 일본에 있어서의 신입사원 연수부터 살펴보기로 하자.

1978년부터 2004년까지 26년 4개월 혼다에 적을 두었던 사토 노보루(佐藤登)의 경험담을 소개한다.[2] 예전의 일본기업이 실시해온 신입사원 연수는 장기간에 걸쳐서 회사원을 충분히 단련하는 장으로서 기능하고 있었다.

자료: nikkeibp.co.jp
🌐 그림 8-3 사토 노보루

사토 노보루가 입사한 1978년 당시는 입사 전의 3개월부터 신입사원 연수가 시작된다. 당시의 혼다 신입사원 연수는 만 1년으로 기숙사에서의 공동생활이 기본이었다. 문과계 사원 44명, 이과계 사원 127명(대졸 이상은 108명, 고·전문대졸이 19명) 합계 171명이다.

연수내용은 문과계 사원이 3거점(據點)에서의 공장실습, 이과계 사원이 2거점

---

2) 佐藤登, 전게서, pp.16~19. 사토 노보루는 혼다에서 1978년부터 2004년까지 26년 4개월 근무하고 퇴사했다. 그 뒤에 2004년부터 5년간 삼성SDI 상무로 수원에서 근무한 다음, 이어서 2012년 12월까지 도쿄에서 근무한 경력을 가진 인물이다.

에서의 공장실습과 4개월 반의 연구소 실습이다. 공장실습은 2교대제로 아침부터의 근무와 오후부터의 근무는 1주간마다 바뀌기 때문에, 처음은 익숙해지기까지 고생스럽다.

연구소에 배속되기를 희망했던 사토 노보루에게 있어서 의미가 있었던 것이 연구소에서의 실습이다. 실제로 연수에서 주어진 테마는 개발이 시급했던 자동차용 배기가스 촉매로 화학계 전공이었던 사토 노보루에게 있어서는 어렵지 않은 테마였다. 개발 자체도 막 시작한 터라 그 자신의 생각을 제안할 수도 있었다. 어디까지나 연수의 일환이었지만, 연구에 관여한 것은 기쁨이었다.

연구소 실습에서의 마지막 날에는 연구소의 임원 간부에 대한 성과발표회가 개최되어, 신입사원 전원이 4개월 반에 이르는 연구성과를 발표하는 기회를 얻었다. 실습에서 얻은 식견을 정리해서 보고했더니, 임원 간부로부터의 평가도 높았다.

자료: m.chosun.com

🔷 그림 8-4 이토 다카노부

기숙사 생활은 수많은 동기생과 교류하는 좋은 기회가 되었다. 공장실습 시의 교대제로 인하여 생활 패턴이 거꾸로 되어 버리기 때문에, 전원과 교류할 수 있는 것은 아니었다. 사실 혼다 사장인 이토 다카노부(伊東孝紳)도 동기 입사했는데, 시프트가 거꾸로 되어 연수 중에는 거의 이야기할 기회가 없었다.

사토 노보루가 기숙사 생활에서 석극적으로 교류를 도모한 것은 문과계 사원이다. 사고방식이나 행동이 이과계 사원과 다르다고 생각했기 때문에, 학생시절과는 또 다른 인간관계의 구축에 이어진다는 판단에서였다. 그 가설은 옳았고, 유니크한 인물도 적지 않게 있었으므로 큰 자극을 받았다. 일본기업에 있어서 신입사원 연수는 교류를 깊게 할 목적도 있을 것이다.

하지만 혼다의 신입사원 연수는 시대와 함께 변하고 있다. 사토 노보루가 관리직이 된 1992년 당시도 그렇지만, 거슬러 올라가면 1980년대 중반 이후, 800명이나 되는 대량채용이 시작되자 연구소 실습은 없어져 버렸다. 연구소에서의 근무를 꿈꾸는 신입사원에게 있어서는 유감이라고 할 수 있다.

그 대신에 도입된 것이 출신지에서의 영업연수이다. 굳이 자기의 생활 근거지에서 혼다 제품의 영업소에 가서 판매에 직접 관여함으로써, 혼다 제품의 매력이나 과제 등에 관한 소비자의 목소리를 체득할 수 있다. 제품은 고객 시선으로 개발되어야 하는 것이다. 연구소에 배속되는 이과계 출신자에게 있어서 고객 시선이 무엇인지를 실감할 수 있는 연수 프로그램은 큰 의미가 있는 것이다.

경쟁의식을 불어 넣는 '아이덴티티 콘테스트'

이것에 비해서 삼성그룹에 있어서의 신입사원 연수의 목적은 더 명확하다.

신입사원 연수는 그룹 전체로 실시된다. 그래서 앞으로 영원히 계속되는 삼성 사내에서의 냉엄한 경쟁을 연수에서 체험시키는 것이다.

구체적으로는 어떤 테마에 따라서 약 1개월간 기획구상으로부터 대처, 마지막으로 그룹의 CEO나 임원 간부 앞에서 성과를 발표하는 이벤트가 대대적으로 실시된다.

사토 노보루 자신도 2006년 6월에 이 이벤트에 임원의 입장에서 참가했다고 한다. 회의장은 강원도에 있는 휘닉스파크이다. 이 이벤트에 참가하여 발표하는 신입사원은 대졸 이상으로, 약 1,100명에 이른다. 회의장은 스타디움과 같은 돔이며, 주변은 리조트 지역이므로 연수에 집중하기 쉬운 환경에 있다.

자료: gonystyle.egloos.com

그림 8-5 삼성그룹 신입사원 연수

　연수의 하이라이트로서 가장 고조되는 것이 '아이덴티티(존재감) 콘테스트'이다. 이것은 1,000명 단위의 신입사원이 팀을 만들어 각각이 삼성의 이미지를 뮤지컬 그대로의 퍼포먼스로 어떻게 표현할지를 경쟁시키는 대회이다.

　물론 삼성이므로 단순한 예술적인 이벤트는 아니다. 퍼포먼스의 내용은 간부에 의해서 채점되고, 순위를 경쟁시킨다. 상위 팀은 간부로부터 직접 표창을 받고, 그 후의 삼성 업무에 자신감과 탄력을 붙인다. 경영간부가 채점하는 것만으로 신입사원의 모티베이션은 대단히 높다. 연수단계로부터 존재감이나 일체감, 경쟁심, 정진의 의미를 실감할 수 있다. 바로 삼성의 DNA를 불어 넣는 이벤트라고 할 수 있다.

　사토 노보루가 참가한 2006년은 합계 11개 팀이 발표에 임했다. 당일은 도중에 스콜이라고도 할 수 있는 억수같은 비가 내렸지만, 중지하는 일도 없이 각 팀이 드라마틱한 내용의 퍼포먼스를 실시했다. 단련을 거듭한 기획구상과 재빠르고 다이나믹한 움직임은 삼성의 스피드감과 일맥상통하는 바가 많고, 더욱이 일

사불란한 퍼포먼스는 치밀한 연습을 거듭한 성과이다. 완성도를 높여서 경쟁력을 발휘하는 점도 삼성다운 면이다. 그 모습에 채점하는 간부들이 감동하는 것은 설명할 나위도 없다.

그림 8-6 SVP(삼성그룹 입문 연수) 교육에 참여한 삼성그룹 신입사원들

2006년은 사토 노보루가 관할하고 있던 부문의 신입사원들도 아이덴티티 콘테스트에 참가하고 있었기 때문에, 연수가 끝나고 배속부서에 돌아왔을 때에, 그 세 사람에게 감상을 물어 보았다. 그 중 두 사람은 "삼성의 에너지를 느껴서 신선했다.", "삼성의 파워와 장래성을 느꼈다."라고 회답했다. 연수를 통해서 삼성정신(spirit)을 불어 넣는다고 할 수 있다.

나머지 한 사람의 감상은 "연구소에서의 연수가 즐거웠으므로, 그룹 전체의 연수를 하고 있는 사이에도 빨리 연구소에 돌아가 연구를 하고 싶었다."라고 하는 것이었다. 이 신입사원은 그룹 전체의 신입사원 연수에 참가하기 전의 1개월간, 삼성SDI의 중앙연구소에서 연수하고 있었다. 그룹 연수가 의미가 있었다는 것은 사실이지만, 전체 연수에서 경쟁심을 불러일으키는 일도 있어서, 빨리 연구의 현장에서 자신의 성과를 내고 싶다고 하는 기분의 고양이었다.

역시 신입사원 연수에서는 회사 측의 의향을 일방적으로 부과해도 의미가 없다는 것이다. 신입사원의 자립심을 불러일으키고, 동료의식과 동시에 경쟁의식을 갖게 하는 콘텐츠가 필요하다. 그것이 결과로서 장래의 글로벌 경쟁에서 끝까지 싸우는 인재육성으로 이어지는 것이다.

일본기업이 신입사원이나 젊은 사원들에게 기대하는 자질은, 이전에 비해서 크게 바뀌고 있다.

"2011년도부터 20대의 전 사원에게 해외 경험을 부과한다."(미쓰비시상사), "본사 근무의 외국인 비율을 2020년까지 50%로 높인다."(이온), "2013년도 이후 신입사원의 1,500명 중 1,200명을 외국인으로."(FAST RETAILING), "영어 공용화, 과장승진 시에 TOEIC 점수는 750점 이상."(Rakuten, 樂天), "2012년도 입사의 내정자에서 선발하여 해외유학을 경험."(도요타자동차), "젊은 사원 2,000명의 해외파견."(히타치제작소), "2013년도의 신규졸업자 채용의 30%를 외국인으로, 과장승진의 TOEIC 점수 650점 이상."(소니) …….

이러한 발표나 보도를 훑어보면, 각 사가 글로벌 경쟁을 이겨내기 위한 인재확보나 육성에 기를 쓰는 것은 일목요연하다.

일본과 한국에서 젊은이가 놓여 있는 환경에 차이가 있기는 하지만, 기업이 글로벌 경쟁을 다투는 데 필요한 자원이 인재라는 것에 차이는 없다. 그러한 인재를 의식적으로 육성하는 경영이 기업에게는 요구되는 것이다.

2. 배속부서의 요망을 우선하는 혼다, 본인의 희망을 중시하는 삼성

우수한 인재를 그만두게 하지 않는 데 필요한 것

신입사원에게 있어서 배속부서의 발표는, 약간 과장해서 말하면, 그 후의 인생을 좌우할지도 모르는 이벤트이다. 적어도 수년간의 업무내용이나 근무지 등이 정해져버리기 때문이다.

물론 신입사원의 배속에 대한 사고방시은 기업에 따라서 다르다. 하지만 크게 ① 학생시절의 전공이나 본인의 희망을 우선하는 기업, ② 배속 직장의 요망을 우선하고 본인의 희망을 별로 고려하지 않는 기업 등 두 가지로 분류할 수 있을 것이다. 실제로 혼다와 삼성그룹은 다른 입장(stance)을 취하고 있다.

삼성 신입사원의 목표는 임원으로의 승진

학생시절의 전공이나 본인의 희망을 우선하고 있는 것이 삼성그룹이다. 이 때문에 배속부서에 불만을 느끼는 케이스는 거의 없는 것과 같다. 신입사원의 대부분은 의기양양하게 사회인으로서 처음의 업무에 꿈과 희망을 가지고 관여해 간다.

여기에서 주의하고 싶은 것이 삼성 신입사원에게 있어서의 꿈이나 희망이 일본인의 감각과 약간 다르다는 것이다. "주어진 테마로 성과를 낸다."라고 하는 업무면의 달성감을 중시하고 있는 것이 아니다. 승진을 계속해서 임원에 등용되는 것이야말로 대부분의 신입사원에게 있어서의 꿈과 희망이다. 경쟁사회를 살아온 프라이드와 자기주장이 강한 한국의 넘버원 기업의 신입사원이라면 그럴 수 있다고 할 수 있다.

삼성이 신입사원의 배속 희망을 실제의 배속에 크게 반영시키는 것은, 채용기준과 관련되어 있다. 박사학위나 MBA(경영학석사)의 취득자에 대한 우대제도가 있는 것이다.

자료: chadl.co

🔷 그림 8-7 박사학위모

　이과계 사원의 경우에 학부졸, 석사수료, 박사수료 각각 격차를 두고 있다. 그 중에서도 박사학위를 취득하고 나서 입사하면, 신입사원임에도 불구하고 과장급의 보직과 연봉이 주어진다. 입사하고 당분간은 키우고자 하는 의사는 기업측에 별로 없고, 어쨌든 빨리 성과를 내는 것을 기대하고 있는 것이다. "고집이 세고 다루기 어렵다."라고 하는 이유로 박사학위 취득자를 경원하는 일본기업과는 크게 다르다.

　또한 박사만큼은 아니지만 석사나 학부졸의 신입사원에 대해서도 학생시절에 배운 전문분야와 사업의 관련성을 고려한 다음에 배속을 정한다. 이러한 점을 생각하면, 신입사원은 우대받고 있다고 할 수 있을 것이다.

　입사시험의 면접에서는 신규졸업자만이 아니라 중도채용도 포함해서 본인의 전문분야에 대해서 상당한 시간을 할애하여 설명하게 한다. 이 면접 덕분에 기업과 신입사원 희망의 미스매치를 방지할 수 있는 것이다. 물론 자신의 전문성의 높이를 잘 어필할 수 있는지 어떤지가 합격·불합격의 갈림길이 되는 것은 말할 나위도 없다.

　일본기업 중에서도 전문성이나 희망에 따라서 배속하는 기업은 적잖이 있다.

예를 들면, 도시바에는 자기가 희망하는 배속부서·직종에 들어갈 수 있는 '배속예약제도'가 존재한다. 소개 페이지에 의하면 미리 본사 사무실이나 연구소, 사업소를 견학하고 실제 업무를 체험할 수 있는 외에, 예약이 확정되면 입사 후는 희망부서에 우선적으로 배속된다고 한다. 하지만 이러한 기업은 매우 적다.

자료: yonhapnews.co.kr

🕸 그림 8-8 도시바 본사 빌딩

한편 혼다는 배속부서의 요망을 우선하는 기업이다. 어느 정도의 전문성은 고려하기는 하지만, 배속부서가 연구개발부문인지, 생산기술부문인지, 제작소인지에 따라서 큰 갭을 느끼는 경우가 있다. 사토 노보루(佐藤登) 자신의 배속이 바로 그런 케이스다.

배속부서가 마음에 걸리기 시작한 것은 1년간의 신입사원 연수가 끝나가는 1979년의 초두였다. 당시의 혼다는 본사가 도쿄 하라주쿠, 혼다기술연구소는 사이타마현 와코시와 아사가스미(朝霞)시, 생산기술개발기능을 담당하는 혼다엔지니어링은 사이타마현 사야마(狹山)시나 시즈오카현 하나마쓰시, 미에(三重)

현 스즈카(鈴鹿)시, 구마모토현 기쿠치(菊池)부에 산재하고 있었다. 문과계 사원은 전국에 있는 이들 거점 중 어디인가에 배속될지가 혼돈스러웠다.

한편, 이과계 사원의 대부분은 혼다기술연구소 혹은 혼다엔지니어링에 배속된다. 물론 생산거점인 제작소에 배속되는 경우도 있고, 이과계 사원 중에서도 가끔 제작소 배속을 희망하는 자가 없는 것은 아니지만 극히 드물다. 그 때문에 연구부문의 배속을 희망하는 대부분의 이과계 사원에게 있어서 제작소에의 배속은 낙심한다고 하는 정도의 표현이 아니라 비통한 감이 감도는 것이었다.

자료: news.joins.com

🔷 그림 8-9 도쿄 혼다 본사

설마 했던 제작소 배속으로 실의에 빠짐

신입사원 연수가 끝나갈 무렵인 1979년 2월, 드디어 배속부서가 발표되었다. "스즈카제작소의 화성과에 배속한다." 사토 노보루는 자신의 배속부서를 들은 순간, 말을 잃었다. 전혀 예기치 않은 제작소의 도장(塗裝) 현장이었기 때문이다.

실은 나중에 알았던 사실이지만, 그의 배속의 뒤에는 스즈카제작소의 화성과(化成課)가 화학을 배워온 신입사원을 강하게 원하고 있었다는 것이다. 그 나름에 맡기고 싶은 업무도 있었을 것이다. 그러한 의미에서는 사토 노보루의 전공과 업무는 매치해 있었다고도 말할 수 있다. 그러나 젊은 사토 노보루에게는 '제 작소 배속'이라고 하는 사실을 받아들이기 어려웠다.

그렇다고 해서 시계 바늘을 원래대로 되돌릴 수는 없다. 3월 말에는 사는 데 익숙한 관동 지역을 떠나 스즈카(鈴鹿)에 부임하지 않으면 안 되었다. 남은 시간은 1개월 정도였는데, 최후의 발버둥은 아니지만 관동 지역에서의 전직을 모색했다. 그만큼 싫었던 것이다[학생시절부터 교제해오고 있는 여성(지금의 아내)과 떨어져 버린다고 하는 사정도 있었지만 ……].

그래서 어떤 대학에 연락하여 화학계의 조수 채용이 없는지 찾아보기는 했으나 빈 자리는 물론 없었다. 얼마 되지 않아 미에(三重)현에 부임할 수밖에 없다고 단단히 각오했다. 그나마 위안은 스즈카제작소에 배속된 동기가 20명 이상 있었다고 하는 것이었다. 동기들과의 동료의식이 유일한 희망이었다.

자료: doopedia.co.kr

🌐 그림 8-10 미에현 스즈카시

스즈카제작소에 부임하자, 도장 현장에서의 실습과 도장 배수를 처리하는 엔지니어링 업무에 종사하게 되었다. 1년간의 실습을 마치자, 도장 부문의 기술 스태프가 된다고 하는 수순이었다. 당시 도장 배수를 처리하는 부문은 기술을 추구하기보다도 적당히 편법으로 대응하여 기술적 수준은 빈말로도 높다고는 할 수 없었다.

그런데 도장 배수의 처리기술에 종사해보니 화학적 지식과 센스가 필요했다. 배속부서가 계획하고 있었던 것처럼, 화학계 출신의 사토 노보루가 흥미를 갖고 종사할 수 있는 업무였던 것이다. 그리하여 사토 노보루는 화학적 논거를 기초로 재료와 프로세스 기술의 개발을 추진해 간다. 구체적으로는 새로운 약품의 적합성을 발견하고, 신규 프로세스로 바꾸어, 결과적으로 처리수질의 현저한 향상을 실현했다. 동시에 생산 코스트도 저감할 수 있었고, 업무 표창을 받기까지의 실적을 낼 수 있었다.

사토 노보루로서는 예상 외라고도 할 수 있는 충실감을 얻고, 회사로서는 어느 정도는 상상하고 있던 성과를 올려서, 1년간 도장부분에서의 현장실습은 종료했다. 1980년 4월 이후는 도장기술부문의 기술 스태프라고 하는 입장으로 바뀌어, 지금의 자신이 가진 기업인 기술자의 마인드를 크게 완성한 특명 테마에 관련되게 되는 것이다.

자료: carlife.net

🏵 그림 8-11 로봇이 도장작업을 하고 있는 스즈카제작소

지금까지 삼성과 혼다의 배속에 관한 사례를 소개했다. 요컨대 이과계 출신의 경우에는 본인의 배속 희망을 가능한 한 반영하고, 최초의 업무에서 희망을 잃

어버린다거나 고민한다거나 하게 하지 않는 구조를 구축하는 것이 바람직하다.

사토 노보루와 함께 스즈카제작소에 배속된 동기 중에는 납득할 수 없어 회사를 그만둔 자가 있었기 때문이다. 더욱이 다른 부문에 배속된 동기도 본인 희망과의 괴리가 있었기 때문에 퇴사해서 의학부로 다시 입학한 자도 있었다.

일본인에 비해서 변명이 많은 한국인

사토 노보루가 혼다에 적을 두고 있을 때는, 그 이후에도 배속부서가 마음에 안 들어 회사를 그만두는 케이스를 몇 번이나 들었다. 배속부서의 요망으로 대졸 이상의 정기채용을 요구한 상사가, 배속 후에 적절한 테마나 평가 등을 주지 않는 현실도 수없이 많이 눈앞에서 직접 보았다. 그 자신이 그와 같은 대응을 하는 상사에게 "테마에 대한 배려나 모티베이션 향상을 돌봐줄 수 없다면 처음부터 그와 같은 인재를 요구해서는 안 된다. 그것은 회사도 본인도 불행하게 된다."라고 고언(苦言)을 드린 적이 있다.

SAMSUNG 삼성전자 '스타트업 삼성 컬처혁신' 주요 내용

3대 컬처혁신 전략	스피드 보고 3대 원칙	글로벌 인사혁신 4대 로드맵
• 수평적 조직문화 구축 • 업무생산성 제고 • 자발적 몰입 강화	• 동시 보고 • 실무 보고 • 심플 보고	• 직급 단순화 • 수평적 호칭 • 선발형 승격 • 성과형 보상

자료: coachall.com

그림 8-12 삼성전자 기업문화 혁신

배속에 대한 삼성의 생각이 합리적이라고 느끼는 것은, 본인의 희망에 따른 배속이나 업무내용이라면, 입사 후에 성과가 나오지 않는다 하더라도 불만이나 변명은 할 수 없다고 하는 것이다. 특히 한국인은 일본인에 비해서 변명이 많다. 무언가가 있을 때에 우선은 변명부터 시작하고, 자신의 책임이 아니다, 라고 하는 생각을 주장하는 일이 자주 있다.

그렇다고 하더라도 본인의 희망만을 듣고 있어서는 사업으로서 성립하지 않는 것도 사실이다. 그 경우는 배속부서에서 끈질길 정도로 지원을 하는 것이 중요하다. 왜 배속부서가 결정했는지, 어떠한 것을 기대하고 있는지, 부서로서 얼마만큼 필요로 하고 있는지, 라고 하는 것을 상사만이 아니라 주위의 사람이 설명하는 것이다.

사토 노보루 자신도 배속된 당초는 여러 가지 설명을 들은 적이 있다. 그러나 긴장이 풀린 탓인지 별로 귀에 들어오지 않은 시기도 있었다고 한다. 그러므로 반복해서 설명할 필요가 있다. 20대 젊은이의 노선을 바꾸어버렸기 때문에, 당분간은 지원한다고 하는 배려심을 가져야 한다.

이와 같이 하면, 본인의 희망 이외의 배속을 통고받고 실망했다 하더라도, 주어진 업무에 힘씀으로써 큰 성과를 낼 수 있다. 사토 노보루 역시 혼다에 있을 때는 바로 그러했다.

3. 부하의 목소리를 듣지 않는 혼다, 더 듣지 않는 삼성

회사를 비약시키는 '기술경영'의 본질

한때 액정 텔레비전으로 한 시대를 구축한 샤프의 경영위기가 지면을 떠들썩하게 했다. 이 건은 여러 가지로 보도되었는데, 기술적인 측면에서 본다면 적자에 빠진 원흉으로서 거론되는 액정사업에 대한 과잉투자가 아쉬웠다. 이를 주도한 당시의 회장인 가타야마 미키오(片山幹雄)는 순수한 액정기술자의 기술에 대한 얽매임이 너무 강했을 것이다. 그 한편으로 부하로부터의 진언은 없었는가 하는 의문도 남는다.

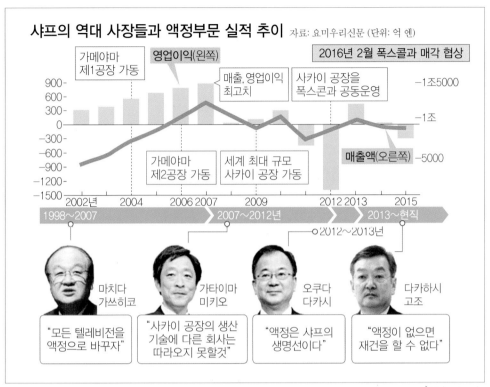

자료: hani.co.kr

🔷 그림 8-13 샤프의 역대 사장들과 액정부문 실적 추이

샤프의 차질(蹉跌)을 볼 것까지도 없고, '톱의 믿음'은 때로 경영위기를 초래할지도 모른다. 혼다 창업자인 소이치로는 최종적인 판단은 스스로 내리기는 하지만, "기술논의에 상하관계는 없다."라고 하는 신조를 내세우고 있다. 이러한 창업자의 생각에 감명을 받아 혼다에 입사한 사람이 많다.

그렇다고는 해도 혼다의 기술개발 현장에서 정말로 상하관계가 없는 자유활달한 토론이 이루어지고 있었는가 물으면, 답은 "아니오."다. 사토 노보루(佐藤登)가 아직 신인이었던 1980년대, 혼다기술연구소의 재료개발부문에는 '천황'이라고도 칭해질 만큼 연구개발의 방향성을 스스로의 판단만으로 결정하는 F 매니저가 있었다.

행인지 불행인지 사토 노보루는 입사 4년째인 1982년에 그 매니저와 충돌하게 되었다. 그 매니저와의 다툼을 회고하면서 '연구개발에 있어서의 톱다운의 폐해'에 대해서 그는 실토하고 있다.

우선은 그 매니저와 충돌하게 되었던 개발 테마의 배경부터 설명하기로 한다.

1980년은 일본의 자동차 메이커가 구미시장에 진출하기 시작한 시기였다. 일본 국내에서의 자동차 판매가 계속 오름세에 있고, 수출에 의해서 더욱 판매확대에 기대를 모으고 있었다.

그러나 안이한 해외진출에는 큰 함정이 있었다. 일본보다도 위도가 높은 구미지역, 즉 미국의 오대호 주변 이북이나 유럽의 프랑스 이북에서는 겨울철 도로가 동결하지 않도록 노면에 암염3)을 뿌리고 있었다. 그 대책을 세우지 않고 일본 사양의 자동차를 그대로 해외에 전개하고 있었던 것이다.

설명할 것까지도 없이, 차체나 엔진(내연기관) 부품은 철 소재로 구성되어 있는 것이 많다. 특히 차체는 내부식성을 고려한 강판이 적용되지 않은 채 염해(鹽害)의 가능성이 있는 지역에서 판매됨으로써, 차체의 부식에 의한 '녹 문제'가 심각하게 되고 있었다.

자료: enewstoday.co.kr

🌐 그림 8-14 혼다의 녹 문제

---

3) 석염·돌소금이라고도 한다. 바닷물이 증발하여 소금이 광물로 남아 있는 것으로 염화나트륨으로 이루어져 있다.

그 당시 사토 노보루는 스즈카제작소의 도장기술부문의 기술 스태프였다. 그래서 상사로부터 "사토 씨, 이 논문을 읽어 보게."라고 철 소재의 부식 메커니즘에 관한 영어논문을 건네받았다. 여기서부터 부식문제에 몰두해 가게 된다.

혼다를 위기에 빠뜨린 녹 문제

사토 노보루는 상사로부터 논문을 건네받았을 때에 "제작소에서도 영어논문을 읽을 만큼의 기술개발이 필요한가."라고 하는 의문을 품고 놀랐던 것을 기억하고 있다. 그때까지 제작소 배속에 불만을 갖고 있었는데, "연구소만 기술개발의 현장이 아니다.", "제작소에서 질 높은 기술개발 성과를 내면 회사의 수익에 공헌할 수 있을지도 모른다."라고 생각을 고쳐먹고, 녹 대책에 대한 기술개발에 매진했던 것이다.

당시 차체의 녹에 머리를 감싸고 고민하고 있던 것은 혼다만이 아니었다. 도요타자동차 등 구미 진출을 본격화하고 있는 일본 국내 메이커에게 있어서 큰 문제가 되고 있었다. 이러한 염해(鹽害)의 심각한 시장 환경에서 자동차를 판매하고 있던 구미의 메이커는 내식성이 높은 재료의 개발이나 선정을 추진하는 등 일본 메이커보다도 앞서가고 있었다. 대책은 완벽하다고는 할 수 없고 정도의 차는 있지만 업계로서의 공통과제로 되어 있었다. 자동차업계 전체로서 경험한 적이 없는 문제에 직면하고 있었다.

사토 노보루가 소속되어 있던 스즈카제작소에서는 내부식성을 높이는 차체도장의 기술개발을 시도하고 있었다. 내식성이 높다고 보이는 개발재료를 적용한 실험차를 시작(試作)하여, 캐나다의 토론토 근교에서 시장주행에 의한 평가를 추진하고 있었다. 1981년 2월에 현지에서 개최되었던 대책회의 '제1회 전체 혼다 녹 대회'에 사토 노보루도 참석하는 등 과제해결에 분주했다.

하지만 녹 문제해결은 시급한 상태였다. 사실 프로젝트가 시작되고 얼마 되지 않은 1981년 4월에 네덜란드로부터의 클레임이 뜻밖에 날아들었다. 내용은 "신차판매로부터 불과 수개월밖에 안 되는데, 지금까지 본 적이 없는 녹이 나와 있다."라고 하는 것이다. 사토 노보루는 믿을 수 없어 즉시 네덜란드로 날아갔다.

반신반의로 네덜란드에 출장을 갔는데, 판매점을 시찰했을 때에 색다른 광경을 목격했다. 자동차 바디 도장표면의 바탕까지 손상된 곳에서 부스럼 딱지 모양으로 부식이 진행하는 현상으로, '스캐브 코로션(scab corrosion)'이라고 하는 업계·학술용어가 새로 생길 정도로 심각한 녹이 발생하고 있었다.

스즈카제작소뿐만 아니라 연구소도 파악하고 있지 못한 문제가 시장에서 일어나고 있었던 것이다. 이것은 나중에 알았던 것이지만, 네덜란드의 연간 평균 습도는 85% 이상으로 높아, 다른 나라에 비해서 이와 같은 부식이 일어나기 쉬운 환경이었다. 네덜란드의 사례는 극단적인 사례이기는 했지만, 위도가 높은 구미 지역에서의 녹 문제는 상상 이상으로 심각했다. 네덜란드에서는 녹 문제에 의한 클레임 비용만으로 연간 30억 엔에 달하고 있었다. "이대로는 녹으로 혼다가 도산해버린다."라고 사내에서 수군거리고 있었다.

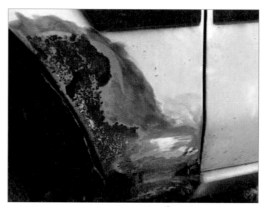

자료: chipsaway.co.uk

◈ 그림 8-15 스캐브 코로션 현상

사태의 심각성을 받아들여 대책은 스즈카사업소뿐만 아니라 전사적인 프로젝트로 되었다. 본사 외에 일본 국내의 연구소나 제작소, 구미의 연구소나 영업거점인 전체 혼다의 '녹 프로젝트'가 발족했던 것이다. 그리고 이 전체 혼다 프로젝트의 리더로서 멤버들을 끌고 간 것이 나중에 사장이 된 쿠메 타다시(久米是志) 전무이다.

자료: gazoo.com

그림 8-16 쿠메 타다시

녹 프로젝트의 거점은, 북미에서는 캐나다 토론토 근교, 유럽은 벨기에의 브뤼셀 근교와 겐트 근교였다. 전사적인 검토결과를 토론하는 '녹 대회'는 매년 2월에 구미의 거점에서 정기적으로 실시되었다. 사토 노보루 자신, 1982년의 초두부터 약 반 년간 현지조사에서 기술개발에 피드백할 작정으로 네덜란드 로테르담 근교에 있는 혼다의 네덜란드 지사에 장기간 체류하여 시장조사를 실시했다.

유럽 체재 중은 차체 녹의 상황을 상세하게 파악할 뿐만 아니라 경합타사의 상태에 대한 벤치마킹도 추진했다. 구미 차를 평가했더니 독일의 벤츠나 BMW, 미국 크라이슬러의 시판되고 있는 차는 점점 내구성을 갖추고 있어, 벤치마크의 가치가 있었다.

한편, 마찬가지로 구미로 수출을 시작하고 있던 한국 현대자동차의 '포니'도 1982년에 평가했더니, 신차의 상태로는 완성도는 높아 보이기는 했으나, 1년간의 시장주행실험을 거친 후에는 차체의 도처가 녹투성이가 되었다. 녹 대책은 전혀 이루어져 있지 않았던 것이다. 개발 멤버 전원이 '결국은 싼 게 비지떡인 자동차'라고 결론지었다. 현재의 현대자동차가 일본 메이커에 나으면 낫지 못하지 않는 품질 수준까지 도달하고 있는 것을 생각하면, 격세지감을 느낀다.

자료: m.blog.naver.com

🌐 그림 8-17 1974~1982년까지 판매되었던 1세대 포니

유럽에서의 현지평가를 마친 1982년 7월, 드디어 스즈카제작소에서도 발본적인 대책을 향한 개발을 가속화하고 있었다. 전사적인 프로젝트와는 별개로 제작소에서도 독자적인 '장기보증 프로젝트'가 발족되었다. 사토 노보루는 부식평가를 위한 새로운 실험장치를 도입하고, 신재료의 평가를 추진하고 있었다. 그 과정에서 의문이 되었던 것은, 기술적인 문제뿐만 아니라 그때까지의 기술개발에서 본질적인 부분을 간과해온 것은 아닌가 하는 것이었다.

당시 스즈카제작소에서는 철강 메이커나 표면처리재료 메이커, 도료 메이커 등의 협력하에서 최적의 재료 개발을 추진하고 있었다. 단, 혼다의 데이터로 토론하기보다도 이들 재료 메이커의 의견을 존중한다거나 종래부터 일컬어지고 있던 기술적 정설을 존중한다거나 하는 풍토가 스즈카뿐만 아니라, 연구소를 포함한 혼다의 모든 선배 사이에 만연해 있었다. 기술의 본질이 보이지 않는 상황에서는 근본적인 해결을 기대할 수 없다.

사토 노보루에게 있어서 내부식기술(耐腐食技術)의 개발은 혼다라고 하는 대기업에서 어디까지 자신의 의견과 제안이 통하는지, 업무를 통해서 경험할 수 있는 좋은 기회가 되었다. 기술에 관련된 신념이 강하면 강할수록 토론의 장이 활성화된다.

이러한 경험을 돌이켜 보면 소이치로가 내세우고 있던 "기술토론에 상하관계는 없다."라고 하는 말의 본질을 이해할 수 있다. 요컨대 처음부터 상하관계가 존재하시 않는 것이 아니라, 아래 사람이 윗사람에게 기술의 본질로 충돌했다고 하더라도 신념을 가지고 설득·논파(論破)·행동하는 것이 기술자의 참모습이라고 하는 것이다. 위에서 밀어붙인 논리가 옳지 않은데도 따르는 것은 기술자로서 실격이다. "신념을 가지고 일을 하라, 그것이 프로의 기술자다."라고 질타격려(叱咤激勵)하는 것이 혼다의 기업풍토이다.

삼성 사원이 지시를 기다리는 상태가 되는 이유

물론 기술을 끝까지 확인하는 입장의 인간은 부하이든 젊은이든, 부하 기술자의 제안에 객관적으로 귀를 기울이고 통찰력을 발휘해서 판단하는 자세가 필요하다. '감정'이나 '직감·경험·배짱'만으로 판단하는 것은 당치도 않다. 그것이 가능하지 않다면 기술경영에 종사해서는 안 된다. 사토 노보루가 삼성그룹에서 기술경영에 종사하는 입장이 되고 나서는 이 교훈을 명심해서 행동했다.

단, 혼다를 비롯한 일본기업에서는 자신의 신념을 주장함으로써 상하관계를 타파할 수도 있는데, 한국에서는 그렇지 못하다. 상하관계가 일본에 비교할 수 없을 만큼 절대적인 것이 한국이다. 많은 우수한 인재가 입사하는 삼성그룹도 예외는 아니다.

먼저 연구개발의 현장에서 기술토론이 되는 경우는 거의 없다. 연구개발을 통괄하는 팀장(전무나 상무 등의 임원)의 의향으로 연구개발의 방향성 등의 여러 가지 결정이 내려져 간다. 팀장이 잘못된 판단을 하면, 개발이 실패할 가능성도 있다. 팀장에게는 정확하게 성공으로 이끄는 전략과 생각이 문제시되게 된다.

이것에 비해서 부하는 인사고과의 평가만이 따르고, 연구개발의 성패에 책임을 지는 일은 없다. 상사로부터의 명령을 충실하게 수행함으로써 높은 평가를 얻고자 노력할 뿐이다. 가령 개발 테마가 실패하더라도 부하에게 있어서는 자신의 책임이 아니라고 하는 변명도 가능하다. 거꾸로 말하면, 부하가 상사의 의향과는 다른 방향으로 연구개발을 추진하여 실패하면 큰 문제가 되고 만다. 최악의 경우, 삼성에서 일할 수 없게 되기 때문에, 부하의 대부분은 상사로부터의 지시를 기다리는 상태가 된다.

사토 노보루 자신이 2004년 9월에 삼성SDI의 상무로서 중앙연구소에 부임했을 당초는 리튬 이온 전지의 신소재나 첨단기술, 태양전지, 연료전지 등 소위 에너지 부문의 전략담당 임원을 맡았다. 그 이후 신소재 연구부문의 팀장 외에 자동차 탑재용 리튬 이온 전지의 연구개발부문을 지원하는 역할을 겸무하게 된다.

　자동차업계에서 통하고 있는 사토 노보루가 지원함으로써 자동차 탑재용 리튬 이온 전지의 실용화를 가속화시키고 싶다고 하는 당시의 사장 지시였지만, 여기에서 한국에서의 절대적인 상하관계를 실감하는 현장에 조우했다.

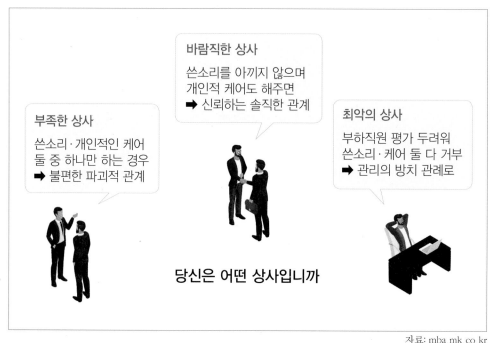

자료: mba.mk.co.kr

그림 8-18 상사의 타입

　어느 날, 업무상의 관계는 적을 것이라고 생각하고 있던 유럽의 자동차 메이커를 방문하게 되었다. 유럽 자동차 메이커의 임원이나 간부 클래스는 사토 노보루가 혼다 시절에 참가했던 국제회의에서 몇 번인가 얼굴을 마주한 적이 있었기 때문에, 재회를 축하하면서 협의할 수 있었던 것은 그에게 좋은 경험이었다.

당시 삼성SDI에서는 상무가 자동차 탑재용 리튬 이온 전지의 연구개발부문을 팀장으로서 통괄하고 있었다. 이 부문의 한국인 부하들은 상무로부터 높은 평가를 얻기 위해서, 고분고분하게 지시받는 것을 중심으로 업무를 추진하고 있었다. 가령 부장 클래스의 부하이더라도 그러한 자세로 업무에 임하고, 팀장과 토론하고 있는 광경 등은 본 적이 없었다.

단, 사토 노보루의 눈에는 이 상무가 자동차 탑재용 리튬 이온 전지의 개발을, 자신을 가지고 주도할 수 있는 실적이 있는 인물이라고는 비쳐지지 않았다. 이 점이 삼성그룹에 있어서의 인사 포인트인데, 반드시 풍부한 캐리어가 있기 때문에 팀장을 맡는 것은 아니다. 조직개편이나 인사이동이 빈번하게 실시되고 있기 때문에, 같은 분야에서 캐리어를 쌓아가는 것 자체가 어렵다. 팀장은 연구개발의 모든 책임을 지므로 다소 가엾지만 이것이 삼성 스타일이다.

이러한 환경에 참을 수 없었던 것일까. 어느 날, 상무의 개발부문에 있던 수석 연구원(부장 클래스)인 일본인 부하가 이의를 제기했다. 그 주장은 상무의 기술 판단력에 의문을 품고 있던 사토 노보루에게는 납득할 수 있는 것이었지만, 해당 상무는 그렇지 않았다. 그 일본인 부하와 의논한 결과, 상무는 "이제 됐다. 자네는 필요 없으니 나가주게."라고 심하게 고함쳤던 것이다. 지원 역할을 겸무하고 있던 사토 노보루가 중재함으로써 그 자리는 수습되기는 했으나, 일본인 부하는 상무로부터 미움을 사서 부문으로부터 추방되게 되었다. 최종적으로는 사토 노보루의 개발부문으로 이동함으로써 퇴사하는 것은 면하게 되었다.

이 상무는 한국인 팀장 중에서도 특히 상하관계가 엄한 인물이었던 것 같다. 부하의 이야기를 듣지 않는 일도 자주 있고, 상사에게 고분고분하다고 할 수 있는 한국인 부하로부터도 거북하게 여겨졌다. 결국에는 2007년 말의 임원인사에서 사장으로부터 해임되어 회사를 떠나게 되었다.

간부조차도 사장 앞에서는 위대한 예스맨

물론 팀장에게 이의를 제기하는 것은 일본인(외국인) 기술자뿐만은 아니다. 소수파이지만 상하관계를 별로 의식하지 않고 본심으로 상사에게 입을 여는 한국인도 존재한다. 특히 일본이나 미국에 유학해서 글로벌한 생각이나 행동을 경험한 인재에 많다.

사토 노보루의 부하였던 수석연구원도 그 중 한 사람이다. 그는 일본의 대학에서 박사학위를 취득한 사람이다. 분명한 의견을 가지고 리더십을 발휘할 수 있는 성격이며, 부하로부터의 신뢰도 두터웠다. 사토 노보루에게도 적지 않게 의견이나 이의를 제기하는 경우가 많았다.

사토 노보루에게 있어서 이러한 부하는 대환영이며 높이 평가하고 있었다. "기술토론에 상하관계를 만들어서는 안 된다."라고 하는 그의 지론으로부터 상사에 대해서 이의를 제기하는 인재야말로 회사의 장래를 개척해줄 것이라고 생각하고 있었기 때문이다.

하지만 수석연구원은 조직변경의 시기에 그가 이끌고 있는 개발부문에서 이동해버렸다. 그 후, 상사가 된 그 곳의 팀장이 상하관계를 강하게 인식하는 인물이어서 충돌을 반복하여, 수석연구원 자신이 부문 내에서 어려워졌다. 사토 노보루도 그를 만류하기는 했으나, 결국 삼성그룹에서의 한계를 느끼고 대학의 조교수로 전신해버렸다. 애석한 일이다.

개발부문 내에서는 절대적인 권력을 갖는 팀장이지만 삼성그룹 전체에서 보면, 전무나 상무 등 간부의 직함을 갖는 팀장조차 직속의 상사, 즉 각 그룹 회사의 사장 앞에서는 위대한 예스맨이 된다.

사토 노보루가 소속하고 있던 삼성SDI에서도 사장의 권한은 절대적이었다. 사업부문은 사장 혼자만의 생각으로 불가능하다고도 생각할 수 있는 목표를 내세우는 경우도 있다.

예를 들면, 2007년에 개최된 경영회의에서 오래 적자가 계속되는 디스플레이 사업부문을 거느리는 사업부장(전무)이 2008년의 경영계획으로서 "적자액을 전년의 1/10로 압축한다."고 제시한 일이 있었다. 하지만 당시 사장의 "처음부터 적자의 경영계획 따위 듣고 싶지 않다."고 하는 한마디로 승인되는 일은 없었다.

후일 재개된 경영회의에서 그 전무는 흑자계획을 제출하고, 사장으로부터 승인을 받게 된다. 흑자계획을 제출하지 않으면 용인되지 않는다고 판단했기 때문인데, 1/10로 적자폭을 압축하는 것만도 상당히 어려운 사업이었던 만큼, 스스로 벽을 높인 데에 놀라움을 감출 수 없었다.

그러나 적자계획을 제출하고 있었던 만큼 흑자화는 용이하지 않다. 2008년 말에 그 디스플레이 사업부는 흑자화를 달성하지 못했다. 그 결과, 전무는 책임을 지고 연말 인사에서 경질되고 말았다. 사장의 의향에 거역한 시점에서 경질될 가능성이 있었기 때문에, 무모하다고도 말할 수 있는 흑자목표를 내세우지 않을 수 없었던 것인데, 정말로 참을 수 없는 기분이었다.

물론 사장의 권한은 사업부문뿐만 아니라 연구개발부문에도 미친다. 사장에게 어떤 연구개발 테마를 제안하면, 사업화에 결부시켜 이익을 얻는 데까지 약속이 이루어지고 기본적으로 철퇴는 허용되지 않는다. 가령 그 테마의 장래성이 없다고 알았어도 임원은 개발착수의 승인부터 도중 경과보고에 이르기까지 마치 사장의 비위를 맞추는 프레젠테이션을 계속하게 된다.

이 편의주의라고도 할 수 있는 프레젠테이션을 목격했는데, 모바일 용도의 연료전지에 관한 연구개발 테마이다. 모바일 용도의 연료전지는 이미 보급이 진행되고 있던 리튬 이온 전지와 경합하는 디바이스로 일본이 연구개발을 추진하고 있었기 때문에, 벤치마크로서 개발에 착수했던 것이다.

연료전지의 연구개발이 시작된 것은 사토 노보루가 혼다로부터 전직한 직전이다. 다시 말하면 그가 입사하기 직전의 의견을 반영해서, 테마가 사장에게 승인되었던 것이다.

실은 연료전지를 연구개발 테마로서 사장이 승인하기 전에, 도쿄에서 삼성으로의 부임준비를 하고 있던 사토 노보루는 검토 멤버로부터 상담을 받았다. 그 자리에서 사토 노보루가 말한 의견은 "이 연료전지는 일본에서도 연구개발이 추진되고 있지만, 실용화에는 많은 문제가 있고, 경쟁력도 없다. 따라서 경합하는 리튬 이온 전지의 개발에 집중해야 한다."고 하는 것이었다. 단 동시에, 다음과 같은 도망갈 길도 전하고 있었다. "정말로 안 되는지 어떤지를 실증하기 위한 연구개발이라면 들러붙어도 좋지 않을까."사토 노보루의 의견은 아마 검토 멤버가 가장 원하고 있지 않은 것이었다고 생각한다.

그가 한국에 부임한 것은 상담을 받은 1개월 후이다. 그러자 십수 명의 규모로 연료전지의 연구개발이 개시되고 있었다. 필시 사장에게는 그의 의견을 적당히 좋게 전했을 것이다.

기술토론에 상하관계를 개입시키지 마라

기술경영의 본질은 어떻게 통찰하여, 올바른 방향으로 이끌어갈 수 있느냐 없느냐에 있다. 이것은 일본기업이든 한국기업이든 변하지 않는다. 그러기 위해서도 기술경영에 종사하는 사람은 항상 경영자원의 인풋과 아웃풋을 생각하여, 방향이 다르면 재빨리 적확하게 방향을 전환하고, 가망이 없다고 판단되면 결의를 가지고 중지할 필요가 있다. 더 가치가 있는 방향설정이나 실행을, 책임을 가지고 추진하는 리더십이 문제시되고 있다.

자료: blogs.yahoo.co.jp

🔅 그림 8-19 기술토론에 상하관계가 없다고 말하며 실천하는 소이치로

혼다나 삼성의 사례가 그러하듯이 기술토론에 상하관계라고 하는 단순한 논리를 개입시켜서는 안 된다. 그보다도 부하의 의견을 듣고, 주관적이 아니라 객관적으로 판단할 수 있는 질이 좋은 기술경영이 기업의 발전에는 불가결하다. 적당주의의 문화가 아니라 예스노가 명확한 판단을 시의적절하게 실행할 수 있는

것이 진정한 기술경영이다. 기술은 살아 있는 생명체이며 또한 정직하다. 가령 테마를 추진하는 인간이 편하게 이야기를 만들었다고 하더라도 기술은 거짓말을 하지 않는다. 진짜의 기술이란 무엇인가, 그 앞에 출구는 있는가, 어떻게 하면 출구를 만들 수 있는가 ……. 이러한 것을 진지하고 겸허하게 도전적으로 생각하지 않으면 동화로 끝난다. 거꾸로 그러한 자세로 임하면 길을 여는 것은 가능하다.

자료: hub.zum.com

※ 그림 8-20 로봇도 생물도 아니다? 인공 생명체[4]

---

4) 미국 하버드대학 위스연구소(Wyss Institute) 케빈 키트 파커(Kevin Kit Parker) 교수가 빛에 반응해 마치 가오리처럼 지느러미를 움직이는 완전한 로봇도 생물도 아닌 인공 생명체를 개발했다. 이 인공 생물은 미래에는 인공 심장 등 인공 장기를 만드는 데 도움이 될 가능성이 있다. 영상을 보면 인공 생물이 보인다. 이것은 100% 로봇이나 그렇다고 100% 생물도 아니다. 양자를 융합한 물체인 것이다. 모양을 보면 가오리를 닮았다. 구부리는 것 같은 움직임을 반복한다. 골격은 금, 지느러미나 몸에 해당하는 부분은 고무처럼 탄력이 있는 엘라스토머를 이용했다.

결국은 기술경영을 중심으로 해서 추진하는 임원간부와, 실행 측의 프로젝트 리더를 누구에게 맡기느냐로 크게 달라진다. 양자의 기술진화에 관한 예측력이나 실현성의 가부판단력을 가지고 임하지 않으면 안 된다. 책임과 권한을 대등하게 가지고 있는 균형감각이 중요하다.

실은 삼성의 사례와 비슷한 이야기는 혼다에서도 일어나고 있다. 그것이 계기로 사토 노보루는 혼다에서 삼성으로 변신했다. 이것은 "기술토론에 상하관계는 없다."라고 하는 것과는 별개의 문제이다.

자료: blog.naver.com

🔹 그림 8-21 니콜라 테슬라(1856〜1943)와 토머스 에디슨(1847〜1931)[5]

---

5) 에디슨과 테슬라는 전류 전쟁이라는 싸움으로 유명하다. 기술토론에 상하관계가 개입되어 결국 결별하였다. 서로의 회사의 운명을 걸고 싸웠지만 에디슨은 '테슬라의 교류전기는 위험하다'는 중상모략을 펼쳤고 상대방을 악의적으로 비방하는 비열한 수법을 썼다. 자신의 연구소에 기자, 관계자, 관람객을 모아놓고 개, 고양이 심지어 코끼리를 테슬라의 교류전기로 태워 죽이는 끔찍한 실험을 반복했다.

4. 자기부담주의 혼다, 시간을 버는 삼성

성공의 열쇠는 기술의 획득과 사업화 시기의 균형

2013년 5월 20일, 혼다의 항공기사업 자회사인 혼다 에어크래프트 컴퍼니 (HACI)가 소형 비즈니스 제트기 '혼다제트'의 시험용 5호기로 최초 비행에 성공했다고 발표했다.

HACI의 후지노 미치마사(藤野道格) 사장이 발표자료 중에서 "시험의 성공은 비행시험이 최종단계에 들어간 것을 의미하고, 우리들에게 있어서 중요한 마일스톤이 된다."라고 말하고 있듯이 양산을 향한 움직임이 드디어 본격화했다고 말할 수 있다.

혼다 사내에서 소형 제트기의 연구개발에 착수한 것은 1980년대 중반이었다. 소형 제트기의 개발은 혼다에게 있어서 미지의 영역이다. 그럼에도 불구하고 제로에서 연구개발을 시작한 것은, 혼다 본체와는 독립적인 혼다기술연구소의 존재를 빼고는 말할 수 없다. 그 중에서도 와코(和光)기초기술센터는 장기적인 테마를 연구하기 위한 조직이다.

자료: blog.naver.com

◈ 그림 8-22 후지노 미치마사

전신인 와코연구센터를 포함하면, 여기에서 탄생된 것은 소형 제트기뿐만 아니라, 2족 보행형 로봇 '아시모', '내비게이션 시스템', '태양전지', '연료전지' 등 너무 많아서 일일이 셀 수가 없다.

　소형 제트기나 내비게이션 시스템, 태양전지는 각각 20년 이상의 세월을 걸려서 사업화의 길이 열렸다. 사업화되고 있지는 않지만, 아시모는 시작(試作)을 거듭할 때마다 소형화와 준민성(俊敏性)이 향상하고 있고, 착실한 진화를 이루고 있다. 연료전지도 자동차 용도에서의 개발이 진행되어, 사업화의 시기가 가까워지고 있다.

　혼다 입사 이후, 사토 노보루가 사업부문인 제작소의 기술 스태프로서 근무해 온 지 12년 후인 1990년 2월에 그의 염원이 이루어져 기초기술연구센터에서 연구에 종사할 기회를 얻었다.

제로에서의 연구는 혼다의 DNA

　제로에서 연구를 시작하는 것의 최대 이점은 기존의 상식에 얽매이지 않고, 풍부하고 유연한 아이디어를 실현할 수 있다는 것이다. 외부의 힘에 극력 의지하지 않는 자기부담화는 혼다의 DNA라고 말해도 지장이 없을 것이다.

　확실히 실용화까지 시간은 걸리지만, 제로에서 연구개발을 추진함으로써 기술 진화의 방향성이 보이기 쉬워진다. 더욱이 기존 기술에 얽매이지 않고, 경우에 따라서는 기존 기술을 부정하고 새로운 아이디어를 쌓아 새로운 부가가치를 창출하는 케이스도 적지 않다. 모두에 소개했던 소형 제트기는 으뜸가는 사례이다. 그 사업은 이미 다른 회사가 손대고 있었지만, 최후발이기 때문에 오히려 엔진을 주익(主翼) 상부에 탑재한다고 하는 발상에 도달했다.

　외관상 가장 큰 특징은 주익 상부에 엔진을 탑재한 사상 최초의 기묘한 항공기 스타일이다. 비즈니스 항공기의 엔진을 동체 후부에 탑재하는 것이 일반적이지만, 혼다는 그것을 주익 날개 상면에 배치했다. 이것으로 종래는 동체 측에 필요했던 엔진 지지구조가 필요없게 되어 동체 내의 실내공간이 30% 이상 확대되고, 연료배관 계통의 단순화와 안전성 향상이 실현되어 더욱 쾌적한 환경을 개선했다.

자료: blog.naver.com

⬡ 그림 8-23 혼다 제트기

　지금까지의 엔진공학 상식을 뒤집은 이 엔진 탑재방식은, 종래에는 공기저항 문제가 최대의 난점으로 지적되어 왔으나, 혼다에서는 날개의 특수부분에 엔진을 탑재함으로써 공기저항을 줄일 수 있었다. 이것은 다른 상업용 비행기에 비해 20% 이상의 연료절감 효과를 실현할 수 있었다고 한다.

　그러나 단점으로는 객실의 소음 증대문제와 객석의 창에서 시야를 가리는 문제가 우려되고 있다. 또한 혼다는 연비문제에 가장 큰 공을 들였다. 앞서 말한 주익 상부 탑재 엔진의 구조는 고속비행 시 '조파저항력 저감'에도 효과가 있다고 한다. 기체의 재료로는 탄소섬유와 알루미늄 합금을 가공해서 제작하여, 타사의 비행기에 비해 연비를 약 40% 향상했다고 한다. 그것뿐만 아니다. 제로에서 연구를 시작하는 것은 인재육성의 관점에서 보더라도 극히 중요하다. 개발을 성공으로 이끌기 위해서는 전략과 전술을 스스로 설정할 필요가 있다. 이 점이 개발에 성공하느냐 실패하느냐의 제1의 분기점이 된다. 이 과정에서 스스로 생각하고 행동에 옮김으로써 책임자나 기술자로도 성장할 수 있다. 또한 대상이 되는 업계나 기술영역에서 톱이 될 수 있느냐 없느냐는 별개의 이야기이지만, 성공하면 책임자나 기술자는 사내의 전문가가 되는 것도 가능하다.

먼저 연구 테마를 입안하는 것은 자기 자신이며, 어느 분야를 문제 삼을까 하는 것으로 기술자로서의 센스를 묻게 된다. 물론 우연히 좋은 테마를 만나는 것은 운과 통찰력이지만, 회사뿐만 아니라 사회 전체에 공헌할 수 있느냐 없느냐나 스스로의 보람을 고려할 필요가 있다. 전술한 바와 같이 사토 노보루는 사업부문에서 녹 문제 등을 해결해온 경험을 근거로 하여 연구소에서는 더욱 큰 테마에 몰두함으로써 기술자로서 한층 성장하려고 생각했다.

하지만 연구 테마의 설정을 향해서 조사를 개시했으나, 좀처럼 정해지지 않고 시간만 경과하고 있었다. 마지막으로 연구 테마를 입안할 수 있었던 것은, 부임하고 반년 이상이 지난 시기였다. 자동차 탑재용 대형 전지의 개발이다.

1990년 9월, 미국 캘리포니아 주에서 'ZEV(Zero Emission Vehicle)'라고 불리는 규제가 성립했다. 캘리포니아 주 내에서 일정 이상의 자동차를 판매하는 메이커는 98년까지 캘리포니아 주에 있어서 판매대수의 2%를 전기자동차(EV)로 하지 않으면 안 된다고 하는 법규이다.

자료: diamond.jp

그림 8-24 전기자동차

미국시장에 진출이 끝난 혼다에게 있어서, ZEV 규제에 대한 대응이 중요과제가 되는 것은 눈에 보이고 있었다. 요컨대 EV의 핵심기술이 되는 전지나 모터의 개발이 요구되게 된 것이다. 화학계를 전공한 사토 노보루에게 있어서 자동차 탑재용 대형 전지의 개발은 바로 안성맞춤의 테마였다. 물론 혼다 사내로부터의 요청도 있었다. 기초기술연구센터의 상사인 임원연구원으로부터 전지의 연구개발에 착수하지 않는가 하고 타진을 받았다. 그 외에 도치기(栃木)연구소의 임원연구원으로부터는 "사토 씨는 녹 문제를 직접 해결한 실적이 있고, 전지도 전기화학반응이기 때문에 최적의 인재이군요."라고 하는 강력한 메시지를 받았다. 녹 문제를 해결한 실적으로부터 '화학분야 = 사토'라고 하는 구도가 만들어져 있던 것이 운이 좋게 작용했다.

하지만 당시의 혼다에서 자동차 탑재용 전지의 연구개발을 직접 손대는 인간은 거의 없었다. 1991년에 접어들어서 본격적인 연구를 개시했으나, 사람이나 설비, 예산의 어느 것도 없는 상태였다. 바로 제로에서 시작인 것이다.

자료: toparapa.tistory.com

그림 8-25 2차 전지의 발전

이 사이에 고생은 끝이 없었는데, 전문 전지 메이커와 대등한 입장에서 논의가 가능하도록 된 것은 큰 재산이다. 소형 전지에서는 사업을 갖고 있는 전지 각 회사에서도, 자동차 탑재용 전지가 되면 자동차의 요구특성이 전혀 다르다. 자동차 개발의 입장에서 특유의 연구를 하고 있었기 때문에, 독자적인 견해를 말할 수 있었다.

사토 노보루가 발표한 연구논문은 전지 메이커에서 교재로 쓰이고 있다고 한다. 그 자신이 자동차 탑재용 전지의 국제회의로부터도 초대받을 정도로 성장했고, 특허를 출원해서 혼다의 존재감을 높이는 것도 실천했다. 최종적으로 자동차 탑재용 전지의 개발은 순조롭게 끝나고, 세계 최초의 니켈 수소 전지 탑재의 EV를 미국으로 공급하는 것으로 이어졌다. 1997년 5월의 일이다.

자료: carof.tistory.com

🔷 그림 8-26 혼다 EV-N, 전기자동차 콘셉트 모델

삼성의 R&D는 시간단축이 기본

이와 같이 제로로부터의 연구개발은 인재를 키운다고 하는 관점에서는 많은 의미가 있다. 한편으로 비즈니스의 타이밍을 잃어버릴 리스크도 있다.

혼다에 있어서 그 한 가지가 태양전지사업이다. 2006년 12월에 사업자회사, 혼다 솔텍을 설립했으나 고전을 면치 못했다. 셀타입은 결정 실리콘이 아니라 CIGS라고 불리는 동이나 인디움, 갈륨, 셀렌 등으로 되는 화합물을 이용한 태양전지인데, 가격하락이나 타사와의 경쟁우위성, 더 나아가서는 사업규모의 확대가 난항을 거듭하여 냉엄한 환경 하에 놓였다. 결과적으로 2014년 3월에 사업에서 철수했다.

이것에 비해서 삼성그룹에서의 연구개발 스탠스는 시간을 어떻게 단축하느냐가 우선시된다. 혼다와 같은 장기적 관점에 선 생각이나 행동은 취하지 않는다.

신사업을 개척할 때에는 글로벌한 관점에서 보고, 그 분야에서 강점이 있는 기술을 가진 기업과의 제휴나 M&A(합병·인수)를 모색한다. 경합기업으로부터 인재를 빼돌리는 등, 온갖 수단을 써서 최고 속도로 사업화에 연결하는 것이다.

2011년의 1년간만으로도 삼성그룹은 해외의 대기업과 수많은 제휴를 발표했다. 예를 들면, 삼성전자는 미국 퀸타일즈와 의약품 관련의 합병회사를 설립했다. 삼성정밀화학은 미국 MEMC와 다결정 실리콘 웨이퍼 사업으로, 토다공업(戸田工業)과는 리튬이온 전지용의 정극(正極)소재사업으로 합병회사의 설립에 이르고 있다.

이 밖에도 합병회사 설립의 사례는 있다. 삼성LED에 대한 스미토모화학과의 LED칩 기판사업, 삼성모바일디스플레이(현, 삼성디스플레이)에 대한 스미토모화학과의 스마트폰용 터치패널 사업, 우베흥산(宇部興産)과의 유기EL디스플레이용 기판수지사업 등이 그렇다. 제휴상대가 되는 기업은 그 분야에서의 기술력이 높고, 대부분의 경우에 윈윈(win-win) 관계가 구축되고 있다고 해도 좋을 것이다.

자료: pressian.com

◈ 그림 8-27 삼성은 전략적인 해외투자자로 세계적인 바이오제약 서비스업체인 퀸타일즈와 자본금 3,000억 원 규모의 합작사를 설립했다.

물론 폐해는 있다. 글로벌에서의 M&A가 반드시 성공으로 이어진다고 하는 보증은 없다. 실패하면 원점으로 되돌아오게 되어, 시간을 벌어야 할 것이 오히려 잃어버리게 된다.

그 사례의 한 가지를 소개한다. 삼성SDI가 2008년에 독일 보쉬와 설립한 자동차 탑재용 전지사업의 합병회사, SB리모티브이다. 삼성이 가진 리튬이온 전지기술과 보쉬가 가진 제어시스템기술, 유럽의 자동차 메이커와의 관계를 융합함으로써 자동차 탑재용 전지사업을 신속히 세운다는 계획이었다.

사토 노보루(佐藤登)가 제휴교섭에 직접 관여한 것은 아니지만, 자동차 탑재용 전지의 전문가로서 사내의 경영회의에서 의견을 구해온 적이 있다. 그때 그는 "자동차 탑재용 전지사업을 실용화하기 위해서는 보쉬의 강점인 제어기술도 삼성SDI 사내에서 개발해야 한다."라고 제언했다. 합병이 아니라 자사단독으로 손을 댐으로써 장래에 큰 이익을 낳는다고 생각했기 때문이다.

당시 자동차 탑재용 전지의 개발을 리드하고 있던 전 산요(三洋)전기는 전지의 제어시스템을 포함한 형태로 사업화하고 있어, 부가가치 향상에 성공하고 있었다. 처음부터 제어시스템 분야의 전문가는 없겠지만, 자동차 탑재용 전지사업의 성공에는 모든 기술과 인재를 육성하지 않으면 안 된다고 하는 판단을 내렸던 것일 것이다.

자료: autodaily.co.kr

그림 8-28 보쉬 본사

그러나 사토 노보루의 제언도 헛되이 삼성SDI는 보쉬와의 제휴에 결단을 내린다. 사장도 그의 의견은 납득해 주었으나, 사내에 전문가가 없으니 기술력이 높은 회사와 제휴해야 한다고 하는 판단이 우선시되었다.

그 후, 삼성SDI와 보쉬는 양사의 생각과 전략이 일치하지 않아, 2012년 9월에 합병해소를 결정했다. 결국 삼성SDI는 제어시스템을 제로에서 개발하는 처지가 되어, 사업화에 다소 브레이크가 걸렸던 느낌이다.

한편, 보쉬는 새로 GS 유아사(GS Yuasa)나 미쓰비시상사와 자동차 탑재용 전지사업으로 제휴, '리튬 에너지 앤드 파워'를 2013년 11월에 설립했다. 출자비율은 보쉬 50%, GS 유아사 25%, 미쓰비시상사 25%이다. 이 제휴가 과연 주효할지 어떨지가 주목된다.

삼성에서는 5년만 하면 전문가

삼성의 경우는 자신의 전문성을 비교적 좁히는 경향이 있다. 즉, 전문성을 의식해서 주변영역에 개발의 손을 뻗치는 일은 없고, 전지 본체의 연구개발에 종사하는 사람이 시스템 제어와 같은 부분까지 탐을 내어 전문성을 익히는 일도 없다. 따라서 전술한 보쉬와의 합병과 같은 모습을 좋아하는 것이다.

혼다의 경우, 전문가라고 불리는 인재는 10년 이상의 커리어를 쌓은 경험자가 떠올리지만, 삼성에서는 10년 이상이나 그 분야에서 전문성을 기르는 케이스는 소수파이기 때문에 5년만 종사하고 있으면 전문가와 같은 이미지를 스스로 갖는다.

자료: wikitree.co.kr

🌐 그림 8-29 첫 일본인 노벨상 수상자 유카와 히데키(1949년)

일본기업에는 각 업계의 각각의 분야에서 글로벌하게 활약하여 주목을 받는 전문가는 수없이 많다. 그러나 기초연구에서 오랜 시간에 걸쳐서 사업화에 연결하는 일본의 강점이 반드시 그 분야에 있어서 우위성으로 이어지지 않는 부분도 많다. 일본의 강점을 한층 발휘할 수 있는 구조를 만드는 것이 앞으로의 큰 과제일 것이다.

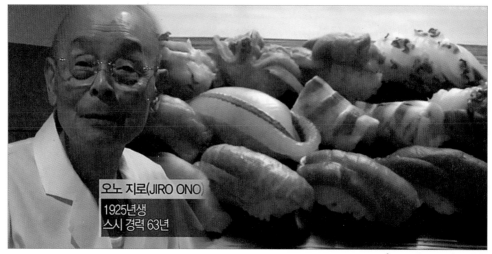

자료: pickers.simboard.kr

🔷 그림 8-30 초밥의 달인 오노 지로

혼다와 삼성이 추진하는 연구개발의 스타일은 180도 다른데, 어느 쪽이 우수한가, 라고 하는 논의는 아니다. 각각의 기업문화와 전략에서 실행으로 옮겨가는 프로세스에 차이가 있는 것이다. 단, 사업을 성공으로 이끌고자 생각하면, 어디에 이길 기회가 있고, 어디에 리스크가 있는가, 라고 하는 분석이 실시간으로 필요하다. 특히 중요한 것은 타깃으로 하는 사업을 둘러싸고 있는 환경을 글로벌하게 분석했을 때, 과연 얼마만큼의 강점과 약점이 있는지를 객관적으로 판단하는 것이다. 기술이나 지식재산의 획득, 그리고 사업화의 타이밍과 승산의 균형을 잘 유지하는 것이 요구되고 있다. 이 균형을 취하는 것은 간단하지 않다. 기술경영력이 바로 요구되는 장면이다.

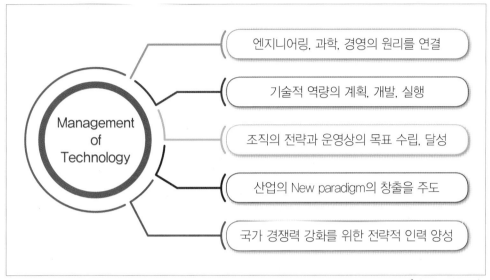

자료: mot.snu.ac.kr

🎴 그림 8-31 기술경영이란 무엇인가

5. 커리어업을 본인에게 맡기는 혼다, 상사가 정하는 삼성

기술자의 이동을 통한 문화적 상위의 고찰

글로벌 사회에서 작금의 움직임을 보면, 업종에 관계없이 개인의 커리어에 중요한 가치가 있는 것을 인식하고 있다. 일본에서도 종신고용이라고 하는 생각이 서서히 엷어지고, 우수한 커리어를 가진 기술자가 전직하는 것은 드물지 않게 되었다. 우수한 인재가 유동함으로써 결과적으로 기업이 발전하는 케이스도 많다. 결국은 '기업은 사람이다.'라고 하는 것이다.

〈일경 비즈니스 온라인(日經ビジネスオンライン)〉의 기사 중에 "삼성에 많은 전직자를 낸 일본 메이커는?"(2013년 6월 5일)이라고 하는 흥미진진한 기사가 있다. 동 기사는 일본에 출원된 특허정보를 분석함으로써 삼성에 전직한 기술자의 출신기업이나 잘하는 분야를 특정하고 있다. 삼성의 기술발전에 일본의 기술자가 크게 공헌해왔다는 것은 사실이다.

자료: twitter.com

🏵 그림 8-32 고 이병철 회장

사토 노보루의 기술자로서의 커리어는, 기술논의에서 본질을 논의해서 부식문제의 해결에 공헌한 것, 더욱이 당시의 와코연구센터에서 전지연구실(電池研究室)을 세우고, 전기자동차(EV)와 전지개발에 처음부터 관여한 것으로부터 구축되었다. 말하자면 사업의 최하류에 대한 현장의 엔지니어로부터 혼다의 최상류에 위치하는 기초기술연구센터의 양쪽에서 기술자로서의 커리어를 쌓아올렸다고 할 수 있다.

이와 같은 사토 노보루의 커리어업에는 혼다가 가진 사상이 명확하게 나타나 있는 것 같다. 여기에서는 커리어업이라고 하는 관점에서 고찰하여, 혼다와 삼성을 비교분석해 보기로 한다.

회사에 있으면서 박사학위를 취득한 혼다 시대

사토 노보루가 스즈카제작소에 적을 두고 있던 1986년의 일이다. 상사인 T공장장이 이렇게 말했다. "사토 군 부식문제의 해결은 수고했네. 연구개발을 위해서 구미의 어딘가에 유학해도 좋아. 스즈카의 사원만도 1만 명 있거든. 그 중에 한 사람 정도 그러한 사람이 있어도 좋으니까." 유럽은 잘 알고 좋아했으므로 그 때는 독일에라도 유학하려고 생각했다. 그러나 혼다의 문화에서는 유학 따위 어울리지 않는다. 혼다 소이치로의 '현장', '현물', '현실'의 삼현주의에 기초하는 것은, 학술연구나 유학 등이 수반되지 않아도 기술개발은 추진할 수 있다. 그 사실은 사토 노보루도 이해하고 있었다. 또한 가령 3년 정도 유학해서 박사학위를 취득하고 돌아왔다고 하더라도, 상사는 바뀌어 있을 것이고 자리가 있을지 어떨지 알 수 없다. 어떠한 일을 할지도 알 수 없기 때문에 리스크가 크다고 판단했다.

그래서 생각한 것은 일본의 논문박사제도의 활용이었다. 이것은 기업 내 연구이더라도 연구성과를 쌓으면 심사를 거쳐 박사학위를 취득할 수 있다고 하는 제도이다. 근무시간대는 기술개발 업무에 종사하고, 연구논문은 밤이나 휴일을 이용하면 일을 희생하는 일은 없다. 이것을 제안하여 최종적으로 인정을 받았다.

당시, 여러 기업의 간부나 기술자와 협업·교류를 하고 있었다. 그 사람들로부터 소개를 받아 도쿄대학의 응용화학부문에서 논문의 지도를 받기로 했다. 그의 연구분야의 최대 권위자는 도쿄대학생산기술연구소의 소장이었는데, 소장이라고 하는 대학경영의 입장에서 심사의 주심은 안 된다고 하는 사정 때문에 소장은 논문의 부심을 맡아주기로 했다. 그래서 주심은 혼고(本鄕)의 우치다 야스조(內田安三) 교수(나중에 나가사키기술과학대학 학장)에게 부탁을 했다. 그 밖에 3인의 교수에게 부심을 부탁했다.

드디어 1988년 7월에 정식으로 박사학위를 취득하고 9월에 혼다기연공업 창립 기념식전에서 특별표창을 받았다. 이것은 학위를 받았다는 사실 자체뿐만 아니라 확립한 많은 기술이 양산제품에 적용되어 회사에 공헌이 있었다고 하는 판단 기준이었다. 이 시점에서는 상사는 O공장장으로 바뀌어 있었는데, 이와 같은 활동에 대해 이해를 해주었다. 혼다에서의 업무를 통해서 학위를 취득한 것은 과거 3명으로, 사토 노보루는 역대 네 번째가 되는 셈이다.

그 후, 당시의 요시노 히로유키(吉野浩行) 상무(나중에 혼다 사장)로부터 부름이 있어, 면회를 통해 새로운 업무를 맡게 된다.

자료: pc.watch.impress.co.jp

🌐 그림 8-33 ASIMO와 악수하는 요시노 히로유키 혼다 사장

예전부터 사토 노보루의 제안에 따라 제품 품질이 향상하고 클레임 비용도 격감하여 회사에 공헌한 바가 있어서, 그 일을 계속하기로 했다. 21세기가 되면 자동차는 환경과 에너지라고 하는 큰 과제가 엄습해올 것이다. 그렇다면 현재 시점에서 그 준비를 하는 업무에 취임하는 편이 회사에 공헌할 수 있고, 자신의 커리어업에도 이어진다고 생각했던 것이다.

요시노 히로유키 상무는 흔쾌히 그가 원하는 바를 들어주었다. 본인이 판단하여 제안하고 어디에 가서 무엇을 해도 좋다는 아량을 베풀어 주었다. 그는 마음속에서 요시노 상무의 사람됨에 크게 감동했다.

그 후, 사토 노보루는 상사, 동료, 타기업의 사람들과도 상담하면서 자신의 생각을 모두 정리했다. 그리하여 신기술, 신사업을 개척하는 혼다기술연구소의 와코연구센터로 이동하는 것을, 스즈카제작소의 당시 상사였던 O공장장과 요시노 상무에게 스스로 제안했다. 스즈카를 떠나 와코연구센터에 부임한 것은 1990년 2월의 일이다.

그림 8-34 혼다기술연구소의 와코 빌딩

이와 같이 인사이동을 본인이 원하는 대로 해주는 경영의 묘수가 혼다에는 있었다. 물론 많은 기술자가 그러한 대상이 되는 것은 아니지만, 경영자의 사고방식 중 하나이다. "성과를 내고, 도전 정신이 있는 자에게는 기회를 준다."고 하는 당시의 요시노 히로유키 상무의 생각과 발언은, 바로 경영자로서의 장기적 관점을 엿볼 수 있었던 장면이었다.

실적이 커리어를 형성하고, 커리어가 다음의 기회를 얻는다고 하는 순환은 있을 수 있다. 거꾸로 말하면, 성과를 내지 않으면 다음의 기회는 찾아오지 않는다. 그 때문에도 엔지니어로서는 우연히 만나는 테마와 철저하게 마주 대하여 성과를 내는 데에 집중해야 한다. 가령 거기에 상하관계의 장벽이 나타나더라도 그것을 타파할 의지가 필요하다. 역경이나 고난을 헤쳐 나가고 극복함으로써 커리어는 형성된다.

거기에 이르기까지에는 실패도 있을 것이지만, 그것을 교훈으로 새로운 발전에 연결하는 수도 있다. 어쨌든 중요한 것은 엔지니어 자신이 무엇을 어떻게 해결하고, 커리어를 쌓을 것인가 하는 것이다. 사내에서의 전문가가 되는 것이 아니라, 사외나 업계로부터도 인정받는 전문가야말로 진정한 전문가이다.

그를 위해서도 글로벌 시대의 현대는 더욱 외부와의 교류나 인적 네트워크의 형성에 의해서 자신의 그릇을 키우는 것이 불가결할 것이다. 폐쇄된 사내에서만의 활동이라면, 자칫하면 유아독존의 경지에 이르고 만다.

자료: bzit.tistory.com

🔷 그림 8-35　진정한 엔지니어 스티브 워즈니악

회사명에 'SAMSUNG'이 없으면 안 되는 삼성인

　　한편으로 삼성에 있어서 기술자의 커리어업의 프로세스는 어떠한가. 삼성에서는 전문성이나 희망을 감안해서 최초의 배속이 정해지고, 그 후는 톱다운의 명령에 의해서 주어지는 테마에 집중한다. 그것이 별로 의미가 없을 듯한 테마이더라도 상사로부터 평가받기 위해서 성과를 내려고 한다.

　　성급한 기질의 한국인에게 과제나 조사, 분석 등이 필요하게 되면 시간을 아끼지 않고 무작정 추진한다. 따라서 상사의 지시를 단시간에 수행하기 위하여 철야업무가 되는 일도 많이 있고, 그래서 삼성은 격무라고 하는 이미지가 된다.

　　삼성인이 신입사원의 단계로부터 목표로 하는 것은, 그 길의 전문가가 되어 존재감을 높이기보다, 승진을 계속해서 결국은 임원에 등용되는 것이다. 젊은이가 성과를 내면 승진의 기회는 얻을 수 있지만, 반드시 그 분야의 전문성을 높이는 데에 무게를 두고 있지 않은 것도 실정이다.

일성한 성과를 내면서, 직무순환을 반복하며 포지션을 높여가는 케이스가 많고, 특정의 기술 분야에서 제1인자가 되고자 하는 생각을 갖는 자는 소수파이다. 그만큼 매니지먼트 측에 의지하는 편이 승진의 기회가 많다고 생각하는 것도 무리는 없다. 매니지먼트 관련이 강한 삼성이라고도 칭하는 까닭이다.

기본적으로 인사이동을 본인에게 맡긴다고 하는 생각은 전혀 없다. 이동에 관한 상하관계의 협의도 거의 없다. 톱다운의 사회이기 때문에 인사이동도 완전한 톱다운 방식이다. 본인의 커리어업보다 형태나 입장을 우선하는 삼성인의 문화에 대한 한 단면을 소개하기로 한다.

2008년에 삼성이 독일의 보쉬와 자동차 탑재용 전지의 합병회사를 설립한 이야기는 이미 언급했다. 그때까지는 전지 본체의 연구개발은 중앙연구소에서 행하고 있었는데, 이것을 기회로 자동차 탑재 기술의 통합시스템을 잘하는 보쉬와의 협업으로 새로운 사업을 전개하게 된 것이다.

자료: news.joins.com

🏵 그림 8-36 독일 보쉬와 삼성SDI의 합작법인인 SB리모티브 출범

그것을 받아서 신회사는 SB리모티브라고 명명되어, 삼성SDI의 자회사 기능으로 되었다. 이 부문에 적을 두고 있던 삼성SDI의 멤버는 명함이 SB리모티브가 되는 것이다. 그러나 여기에서 문제가 생겼다. 인사사령을 발령할 때에, 특히 신입사원이나 젊은이 사이에서 발령이 생각하는 것처럼 진행되지 않았던 것이다.

톱다운 사회인 삼성에서 발령에 지장이 생긴다고 하는 일은 거의 없다. 그만큼 심각한 사태였다는 것을 의미한다. 이유는 명함에서 'SAMSUNG'의 로고가 없어지기 때문이다. SB의 S는 삼성을 의미하고, B는 보쉬를 나타내는 것이지만, 확실히 SAMSUNG의 표기는 없어진다.

"삼성에 입사했는데 SAMSUNG의 표기가 없어진다는 것은 어처구니없다.", "SAMSUNG의 로고가 없는 회사에는 이동하고 싶지 않다.", "SAMSUNG의 로고가 없어지면 결혼할 수 없게 된다."는 등 상상을 초월한 반발이 나왔다. 상사나 인사부서에서도 곤혹스러웠다.

순위	기업명		순위	기업명	
1	애플	🍎	6	삼성	**SAMSUNG**
2	구글	Google	7	제너럴 일렉트릭(GE)	GE
3	마이크로소프트	**Microsoft**	8	코카콜라	Coca-Cola
4	IBM	IBM	9	보다폰	vodafone
5	월마트	Walmart	10	아마존닷컴	amazon.com

자료: 브랜드 파이낸스(2012년)

◈ 그림 8-37 글로벌 기업 브랜드 가치 순위

1개월 걸려서 설득한 사람, 아무래도 이동하고 싶지 않다고 하는 이유로 타부문에 이동한 사람, 회사를 떠나는 사람 등 여러 가지 현상이 일어났다. 중견 멤버에는 그러한 생각을 갖는 사람이 적었지만, 젊은이에게는 많았다.

자동차 탑재용 전지의 본격적인 실용을 향한 사업전개를 도모하는 것이므로 명칭이 바뀌었다고 하더라도, 담당하는 분야는 바뀌지 않는다. 그것보다도 본격적인 사업으로 전개되면, 적어도 자동차 탑재용 전지사업 중에서는 사내 전문가가 될 수 있는 환경하에 있다. 그럼에도 불구하고 명칭에 대한 얽매임이 강하여, 실질적인 커리어업보다도 형식을 대단히 마음에 두는 것이다.

전문 엑스퍼트에 대한 얽매임은 적으므로, 전문분야에서 5년만 담당하면 엑스퍼트와 같은 착각을 품게 된다.

고객을 방문해서 자기소개를 할 때에도, 본인이 이 분야에서 3년 미만의 경력인데도 "3년이니 관여히고 있다."라고 하는 표현을 자주 한다. 독특한 문화이다. 구미국가의 기업에서도 이와 같은 광경이나 발언을 본다거나 듣는다거나 하는 일은 거의 없다.

직함에 더해서 '님'을 붙이는 기이한 문화

자신의 승진에 최대의 관심이 있는 삼성인에게 있어서, 직함은 극히 중요하다. 사장, 임원, 부장, 차장, 과장이라고 직함을 갖는 상대에게 말을 거는 경우에 직함을 붙이는 것은 필수인데, 자신을 호칭하는 경우에도 '○○○부장', '△△△차장'과 같이 반드시 직함을 붙여서 표현한다.

일본에서는 상사에 대해서도 '상(さん, 님)'을 붙여서 대응하는 기업이 늘어나고 있지만, 삼성인의 생각은 당분간 변할 일은 없을 것이다.

형식을 마음에 두는 상하관계도 그렇다. 한국문화에서는 상사에 대해서 '직함+님'으로 표현한다. 삼성에 부임한 사토 노보루(佐藤登)를 부하가 '사토 상무님'이라고 불렀다.

혼다에서는 '상(さん, 님)'을 붙이는 관습에 있던 그에게 있어서 '직함과 님의 더블 호칭'은 극히 친숙해지기 어려운 것이었다.

때로 동료인 임원이 '상무님'이라고 부르는 경우도 있었는데, 이렇게 되면 약간 기이한 느낌이 들어버린다. 이렇게 말하면서 그러한 풍토에서 일을 하고 있으면, 그 관습은 저절로 자기 자신에게도 붙어버린다.

자료: blog.naver.com

그림 8-38 한국인의 호칭

　형식을 마음에 두는 것은 삼성인뿐만 아니라 한국인 기질일 것이다. 사토 노보루가 삼성에 이적했을 때에 1년간, 한국어 선생에 의한 레슨을 1대1로 받았다. 한국에서는 선생의 지위가 높고, 프라이드도 높다. 그를 담당한 여성 한국어 선생에게 어느 날, "◇◇◇님"이라고 말을 걸었더니, "◇◇◇선생님이라고 불러주세요."라고 타일렀다. '선생'을 붙이고 또한 '님'까지 붙이는 정중함이다.

　더 나아가서는 한국에 있어서 대학진학률 세계 제1위도 이러한 문화 관습에 뿌리를 내리고 있는 것으로 그는 생각한다. 형식주의로부터 진학률도 톱이 되는 것인데, 거꾸로 취직단계의 정규채용이 45% 정도라고 하는 사실과의 갭이 너무 크다.

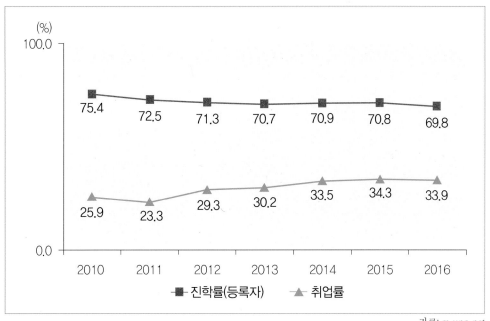

🔷 그림 8-39 한국의 대학진학률과 취업률

자료: m.unn.net

제4차 산업혁명의 기린아 | 기술자의 왕국 혼다 |

CHAPTER
09

일본과 한국

일본과 한국

1. 양반 장사 일본, 빈틈없는 한국

일본은 '인재(人災)'로 민생용 리튬이온전지의 경쟁에 패배했다

반도체, 액정 디스플레이, 박형 TV ……. 한국 삼성그룹을 이야기할 때에 반드시 화제에 오르는 것이, 예전에 일본기업이 영화를 누리고 있던 산업분야에서 삼성그룹이 톱에 오른 것이다. 삼성SDI가 손을 대고 있던 리튬이온전지사업도 그 중 하나이다. 사토 노보루(佐藤登)가 부임했던 당시, 민생용 리튬이온전지시장의 점유율은 산요전기(三洋電機)(당시), 소니, 마쓰시타전지(松下電池)(당시)에 이어 세계 4위였는데, 현재는 세계 수위(首位)의 자리를 견지하고 있다.[1]

삼성그룹이 손을 대는 사업이 일본기업의 점유율을 빼앗고 있다는 사실은 수많은 미디어가 보도하고 있는데, 실제로 삼성 사내에서 어떠한 전략이 채택되고 있는지는 모르는 사람이 많을 것이다.

> 마쓰시타 + 산요 → 파나소닉(2008)

---

1)   佐藤登, 전게서, pp.112~124.

자료: asiae.co.kr

🔹 그림 9-1 삼성SDI 리튬이온 2차전지로 세계 1위 박차

일본 국내의 전지 메이커는 10년쯤 전의 삼성 상태

사토 노보루가 리튬이온전지나 연료전지, 태양전지라고 하는 에너지 관련의 기술경영담당 상무로 부임한 것은 2004년 9월이다. 그가 먼저 놀란 것이 일본의 부재(部材) 메이커 각사가 연구개발이나 비즈니스 창출을 위해서 삼성SDI를 방문하고 있었음에도 불구하고, 협업관계가 전혀 확립되어 있지 않았다는 사실이다.

실제로 그가 부임하고 1개월 후에는 다음과 같은 장면에 조우했다. 일본의 어떤 상사(商社)가 어떤 재료 메이커를 데리고 중앙연구소의 연구자와 협의를 하고 있었을 때, 부임인사를 겸해서 사토 노보루가 도중에 참석했다. 그런데 인사를 끝내자마자, 상사의 담당자로부터 "사토 상무, 좋은 곳에 와 주셨습니다. 삼성SDI는 도대체 어떠한 회사인 겁니까. 대응이 형편없고 문제가 많으므로, 제발 들어 주세요."라고 상담을 받았던 것이다.

무슨 일이 일어났는지 이야기를 들어 보니, 다음과 같은 내용이었다.

이 부재 메이커가 리튬이온전지의 음극재료(負極材料)를 샘플로 삼성SDI에 제출했음에도 불구하고, 평가의 피드백은 반년 이상 기다려도 없다. 몇 번인가 문의하고 있는 사이에 삼성SDI 측으로부터는, "담당자가 퇴임해서 누구도 이어받고 있지 않으므로, 샘플 보관 장소도 모른다."라고 회답을 받았다. 이러한 상황은 일본의 전지 메이커와의 거래와 비교하면 생각할 수 없다. "어떻게든 이 상황을 개선해 주실 수 없습니까."

자료: poscochemtech.com

⬡ 그림 9-2 리튬이차전지를 구성하는 양극재, 음극재, 분리막, 전해액 등 4대 소재

이 상사의 하소연은 사토 노보루에게 있어서 전혀 믿을 수 없는 것이었다. 왜냐하면 혼다 시절, 전지 메이커나 부재 메이커로부터 샘플을 제공받으면, 평가 데이터를 피드백하고, 다음에 어떠한 개발을 추진해 갈 것인지를 의논하는 것이 당연한 문화였기 때문이다.

물론 상대방의 의견을 듣는 것만으로는 사태를 파악할 수 없다. 실제의 사정은 어떠한 것인가, 자신이 실태조사에 적극적으로 나서기로 했다. 그러자 이 부재 메이커뿐만 아니라 다른 부재 메이커에 대해서도 비슷한 케이스가 여기저기 보였다. 그 수는 두 손으로는 헤아릴 수 없을 정도였다. 이대로 가면 일본의 부재 메이커로부터 버림받게 된다는 위기감을 느껴, 경영문제로서 삼성SDI 사장에게 제언했다.

다행히 사장도 큰 문제라고 인식하고, 경영회의에서 설명하도록 지시되었다. 그래서 사토 노보루의 호소가 통하여 그가 관계회복을 위한 책임자로 임명받아, 문제의 조기해결을 추진하게 되었다. 부임하고 나서 5개월 가까이 지난 2005년 1월의 일이다.

구체적으로는 같은 해 3월에, 한국으로부터 한국인 임원과 부과장급 멤버의 일행을 인솔하여 관계가 악화되어 있던 일본의 부재 메이커 여러 회사를 방문했다. 그래서 이제까지의 경위에 대한 사과와 개선책을 제안함과 동시에, 앞으로의 비즈니스 계획 등도 언급하며 정중하게 대응하도록 했다. 그 후는 얼마 동안 일본의 부재 메이커와의 협의에는 시간이 허락하는 한 참석하여, 두 번 다시 관계악화에 빠지지 않도록 '감시역'으로서의 역할도 했을 정도다.

  이러한 노력이 결실을 맺기 시작한 것은 2006년 무렵부터이다. 데이터의 피드백이 신속하게 되었을 뿐만 아니라 평가결과의 논의에서는 단순히 좋고 나쁨의 결과만이 아니라, 구체적인 개선점을 협의할 수 있는 조직으로 변화해 갔다.

자료: mkc21.co.kr

◈ 그림 9-3 삼성SDI 중앙연구소

  사토 노보루가 2009년 9월에 삼성SDI의 중앙연구소에서 본사의 경영전략부문에 이동하고, 동시에 도쿄 주재가 되고 나서도, 일본기업과의 관계를 마음에 두면서 부재 메이커의 임원이나 간부와의 토론의 자리는 계속해서 만들었다.

  그러자 놀라운 사실이 밝혀졌다. 어떤 재료 메이커의 임원으로부터 "일본의 전지 메이커에게 샘플을 보내도, 바빠서인지 담당자가 안고 있는 안건이 너무 많은지는 알 수 없지만 지지부진하여 진행되지 않는다. 가령 평가결과가 좋더라도 좀처럼 채택의 판단을 해 주지 않는다. 게다가 평가결과는 ○이나 ×뿐이다. ×

의 경우에 '어디가 나쁜 것입니까?'라고 물어도 '노하우이므로 상세한 내용은 공개할 수 없다.'라고 말한다. 앞으로의 개발방침이 표시되지 않기 때문에, 실용화에 이어지지 않는다."라고 털어 놓았던 것이다.

사토 노보루는 일본의 전지 메이커가 예전의 삼성SDI와 같은 상황이 되어 있는 것에 놀라움을 감추지 못했다. 그 부재 메이커의 임원에게는 "그것은 일본의 전지 메이커의 문제이다. 처음부터 사양을 만족시키는 샘플 같은 것은 좀처럼 없고, 몇 번이든 개량해서 서서히 사양에 충족되는 케이스가 대부분이다. 개선을 향한 구체적인 방향성의 논의가 없으면 장래성이 없지요."라고 답했다.

이러한 이야기는 한정된 일부의 부재 메이커의 사정이라고 생각하고 있었지만, 친분이 있는 많은 일본기업으로부터 비슷한 이야기를 듣는 일이 늘어났다. 그때마다 "마치 제가 부임한 2004년 무렵의 삼성SDI가 아닌가."라고 부재 메이커의 여러 사람에게 대답했던 것이다.

자료: news.joins.com

🌐 그림 9-4 사진으로 보는 트럼프 대통령을 대하는 한국과 일본의 차이

한편, 삼성SDI의 평가를 들어보면, "일본의 전지 메이커보다 샘플의 평가가 빠르고, 좋은 결과가 나오면 채택도 신속하게 곧 판단해 준다."라고 하는 회답뿐

이다. 이러한 개발문화는 일본기업의 독특한 전통인데, 최근 수년 동안 입장이 완전히 역전되었다.

당시 사토 노보루는 삼성에 적을 두고 있었으므로 다소 신세를 지고 있었다고 생각한다. 하지만 퇴사한 지금도 같은 의견을 자주 듣는 만큼, 신빙성은 높다고 볼 수 있다.

실제로 2013년 8월에 다른 부재 메이커로부터 "삼성SDI에 샘플을 보내서 협의를 계속하고 있었더니, 결과가 좋아 채택이 결정되었다. 생산능력을 증강하기 전에 그 이상의 발주를 받았으므로 준비가 큰일입니다."라고 하는 즐거운 비명의 목소리가 들렸다.

상의하달의 한국은 '상'을 공격한다

물론 삼성SDI에서도 협업이 생각처럼 추진되지 않는 경우가 있다. 2010년의 일이다. 사토 노보루는 어떤 부재 메이커의 임원으로부터 "최근 2년쯤 한국에 나가 샘플에 대해서 논의하고 있다. 평가는 해주는데, 좀처럼 채택까지는 이르지 못한다. 무언가 좋은 방법은 없나요?"라고 상담을 받은 일이 있었다. 그는 그 임원에게 "삼성에서는 누구와 의논하고 있나요?"라고 물었더니, "대개는 과장급의 엔지니어와 의논하고 있다. 가끔 인사 정도는 부장급의 사람이 나온다만……"라고 회답했다. 그 시점에서 사토 노보루는 원인을 예상할 수 있었다.

요컨대 삼성SDI 측의 담당자가 적임자가 아닐 가능성이 높았던 것이다. 과장급이더라도 판단할 권한이 없으면, 아무리 노력해서 샘플을 제출하더라도 논의는 원만하게 진행되지 않는다. 하물며 임원 스스로가 한국에 나가 과장급의 엔지니어와 협의하는 것은 비효율이라고도 느꼈다.

사토 노보루가 이 임원에게 그러한 생각을 전한 것은 말할 필요도 없다. 더욱이 그 스스로가 한국의 본사와 연구소에 교섭하여 개발담당 임원이나 구매담당 임원과 이 부재 메이커가 협의할 장을 마련하도록 힘썼다.

약 1개월 후에는 삼성SDI의 임원과 간부급 사원이 이 부재 메이커의 임원 일행과 한국에서 협의의 자리를 갖게 되었다.

자료: m.fnnews.com

⬡ 그림 9-5 삼성 신성장 동력 전초기지가 된 삼성SDI 울산공장

　실제로 이 부재 메이커의 임원이 개발내용에서 코스트 전략까지의 로드맵을 프레젠테이션했더니, 삼성SDI의 임원에게 호평을 받았던 것 같다. 그 자리에서 임원끼리의 정기적인 협의를 실시할 것을 약속했던 것이다.

　귀국 후, 부재 메이커 임원은 "최근 수년, 우리들은 도대체 무엇을 하고 있었나. 적확한 조언과 조력을 실시해준 사토 씨에게 감사합니다."라고 말했다. 물론 삼성SDI가 앞으로도 정기적으로 교류하고 싶다고 생각하는 프레젠테이션을 실시했으므로, 이 부재 메이커의 경영력과 기술력이 있었다는 이야기이다. 그리고 이 부재는 1년도 지나지 않아서 삼성SDI에서 실용화되어 공급량을 급속히 확대했다.

　이 사례에서 알 수 있는 바와 같이, 한국사회는 상의하달의 문화이다. 연구개발의 장면에서도 그렇다. 과장급의 담당자와 이야기를 하고 있는 것만으로 실용화까지 진행하는 케이스는 극히 드물다. 예를 들면, 성능이 우수하여 곧 사용할 수 있는 샘플이 제시되어, 실용화에 연결됨으로써 단번에 본인의 성과로 인정되는 경우뿐이다.

　이러한 경우, 과장급의 엔지니어이더라도 상사나 임원에게 설명하고, 그 테마를 어떻게든 자기 것으로 만들려고 노력한다. 한편으로 그만큼 우수한 샘플이 아닌 경우나 실용화에 시간이 길리는 경우, 상층부에 설명하는 일은 없고 개발의 진행에 대한 기회를 노리게 된다. 그렇게 되면 2, 3년 지나도 햇빛을 보지 못한다. 같은 장면을 만난 일본의 부재 메이커도 적지 않을 것이다.

자료: asiatime.co.kr

그림 9-6 삼성SDI 천안사업장

더구나 2010년 무렵부터는 일본의 부재 메이커에 의한 전지 메이커에 대한 대응에도 어떤 변화가 생겼다. 지금까지 일본의 전지 메이커가 우선적으로 소개받아온 최첨단부재를, 삼성SDI가 맨 먼저 소개받게 된 것이다. 일본의 부재 메이커는 사토 노보루에게 "이 첨단기술을 최초로 가지고 왔습니다."라고 설명하는 일은 적지 않았다.

사토 노보루가 부임한 이후, 일본의 부재 메이커 각사와 양호한 관계를 구축해온 것이 이러한 결과로 이어진 요인이다. 이것도 기술경영의 일환이라고 할 수있다. 일본의 강점 중 하나였던 전지 메이커와 부재 메이커의 강한 협업체제가무너지고, 오히려 삼성SDI가 양호한 관계를 구축하고 있다는 것을 일본 측이 간과해서는 안 된다.

물론 삼성SDI의 시장점유율이 확대되고 있는 배경도 있지만, 쌍방이 의미 있는커뮤니케이션을 취함으로써 이와 같은 밀접한 관계구축을 할 수 있다는 것은 틀

림없는 사실이다. 실제로 재료분야에서는 삼성SDI와 일본기업과의 합병사업이
늘어나고 있다.

자료: bizwatch.co.kr
🔷 그림 9-7 적자탈출을 이끈 삼성SDI 전지사업의 영역

삼성의 원동력은 우직한 방문과 제안력

삼성SDI의 리튬이온전지사업이 일본기업을 이긴 요인은 그 밖에도 시장개척
이나 고객개척의 집요함에 있다.

2008년의 경영회의에서 삼성SDI의 사장이 다음과 같이 발언했다. "일본에서
민생용 리튬이온전지의 비즈니스를 시작하고 싶다고는 생각하고 있었지만, 일
본의 세트 메이커의 요구사양은 안전면을 중심으로 다른 나라에 비해서 높다.
비즈니스를 시작하여 안전성의 문제를 일으킨다면, 보상을 포함해서 큰일이 된
다. 그러므로 일본에서의 비즈니스는 얼마 동안 시작하지 않는 쪽이 좋다고 생
각하고 있다."

마지막으로 사장이 사토 노보루에게 의견을 요구했으므로, "확실히 민생용 전
지이더라도 세트 메이커의 요구는 높다. 그러므로 일본의 시장에 들어가는 것이
필요하다고 생각한다.

안전성을 높은 레벨에서 확립하고, 일본의 전지 메이커에 대해서 성능면이나

안전면, 코스트면에서 경쟁력을 발휘하여 시장을 개척하지 않으면 세계의 톱 메이커는 되지 못한다."라고 진언했다.

사토 노보루가 여기까지 단언한 배경에는 그 나름의 근거가 있었다. 그 하나가 삼성SDI의 안전성이 이미 높은 레벨에 도달해 있었다는 사실이다. 2006년부터 2007년에 걸쳐 민생용 리튬이온전지의 폭발이나 화재, 리콜이 빈발했다. 이전의 산요전기(三洋電機)나 소니의 리콜, 중국제 전지의 폭발과 화재, 마쓰시타전지와 한국 LG화학의 전지공장 화재와, 리튬이온전지 메이커의 대부분이 큰 문제를 일으켰던 것이다.

그러한 와중에 삼성SDI는 리콜이나 사고, 화재 등의 문제를 일으키지 않았다. 사실 경영회의의 자리에서 "우리들이 리튬이온전지의 리콜이나 사고를 일으킨다면 사업 그 자체를 그만둔다. 첫째도 안전, 둘째도 안전, 셋째도 안전이기 때문이다."라고 사장이 발언하는 등, 삼성SDI의 안전성에 대한 의식은 대단히 높아져 있었다.

자료: news.hankyung.com

🔷 그림 9-8 배터리 안전에 1,500억 원을 투입하는 삼성SDI

때마침 2008년 초두, 일본의 일반 사단법인인 전지공업회(電池工業會)로부터 사토 노보루에게 한 통의 전화가 걸려왔다. "사고나 리콜의 문제가 일어난 이래,

일본에서는 리튬이온전지의 안전성 시험방법의 발본적인 재검토가 추진되어, 거의 확립되었습니다. 머지않아 전기안전법에 편입시킬 예정입니다. 이 시험법을 국제표준으로 하고 싶습니다만, 일본 1개국만으로는 약하므로, 한국과 연휴해서 함께 국제표준 취득을 향한 활동을 하고 싶다."라고 하는 제안이었다(덧붙여, 일본에서는 2008년 11월에 전기안전법에 편입시켰다).

전지공업회의 제안에 찬동한 사토 노보루는 전화로 "전지 비즈니스에서는 시장점유율의 경쟁을 하고 있는데, 안전성에 관한 국제표준 취득활동은 업계에 크게 공헌한다. 중국제의 조악한 전지를 걸러낸다고 하는 의미에서도 사회적으로 도움이 된다. 그러한 부분은 꼭 협업해야 한다. 삼성SDI 내부에서 우선은 조정하고, 한국의 정부기관에도 이야기를 해보겠습니다."라고 회답했다.

삼성SDI 사내 및 한국정부기관과의 교섭 끝에, 2008년 3월에 서울 시내의 한국전지연구조합(2011년에 한국전지공업회로 발전·개칭)에서 삼성SDI, LG화학, 현대자동차 등의 산업계 및 전기연구조합과 시험기관이, 일본의 전지공업회 간부와 최초의 회합을 열었다. 한일 전지산업에 대한 역사적 기념일이라고도 할 수 있다. 2012년에는 국제표준의 취득에 이르렀다. 현재 한일의 전지공업회는 서로 밀접한 연휴를 도모하고 있다. 한일 전지업계의 협업에 큰 역할을 한 셈이 된다.

자료: mediapen.com

그림 9-9 삼성SDI 전기차 배터리 제품

이와 같은 활동에 종사하고 있던 것도, 삼성SDI의 경영회의에서 일본에서의 적극적인 고객개척을 제안한 이유의 하나다. 이후 일본의 세트 메이커와 끈덕진 협의를 함으로써, 2010년부터 일본에서의 리튬이온전지 비즈니스가 시작되었다.

그 연장선상에 전동공구용의 리튬이온전지 비즈니스도 있다. 전동공구시장은 앞으로도 착실히 넓어질 것으로 예상되어, 적극적으로 비즈니스 창출을 위한 활동을 전개할 필요가 있다.

배터리 개발 역사

1800년
이탈리아의 물리학자 알레산드로 볼타가 세계 최초로 구리아연전지 발명

1859년
프랑스의 과학자 가스통 플랑테가 납을 이용한 축전지 발명. 그가 사용한 원리는 지금도 자동차 배터리로 적용 중

1901년
미국의 발명왕 토머스 에디슨이 니켈과 철을 활용한 배터리 발명. 제품은 포드의 대중차인 T형에 장착

1955년
미국 기업 말로리에서 알칼리 건전지 발명. 소형가전에 사용하는 원통형 AA 건전지의 전신. 60년대부터 듀라셀이란 브랜드로 판매

1976년
스탠리 위팅엄 뉴욕주립대 교수가 에너지 기업 엑손의 연구 의뢰를 받아 리튬이온전지 발명

1991년
일본의 소니가 리튬이온전지를 장착한 워커맨 대량생산

2004년
옛밍 치앙 MIT 교수가 인산철을 이용한 현대식 리튬이온전지 개발. 지금 사용 중인 리튬이온전지의 모델

자료: jmagazine.joins.com

그림 9-10 전지 개발 역사

기존의 고객은 정기적인 교류를 거듭함으로써 제휴를 강화한다. 그 한편으로 고객이 되어 있지 않은 기업에게는 적극적으로 문을 두드려서 면회를 얻어내기까지 물고 늘어지고, 경합타사보다도 열성적인 프레젠테이션, 협의, 교섭을 반복한다. 이와 같은 힘이야말로 삼성의 원동력이다.

리튬이온전지의 패배는 타산지석

세트 메이커의 의견을 들으면, 일본의 전지 메이커에서는 이와 같은 활동은 부족하다고 하는 것이다. 고객의 입장이 되어 고객이 무엇을 필요로 하고 있는지, 그것을 정확하게 파악하여 제품개발에 피드백하는 수법이나, 고객에 의해서 요망이 다른 중에서 얼마만큼 유연하게 대응할 수 있는지, 그것을 생각하고 행동하는 것이 일본의 전지 메이커에 부족하다는 것이다.

전지도 부재(部材)와 마찬가지로 처음부터 세트 메이커의 요구사양을 완전히 충족하는 경우는 좀처럼 없다. 그러므로 개발도상국에서도 고객의 니즈를 선취하여 개발에 반영하는 속도감이 중요한 것이다.

2010년 제3사분기에는 삼성이 민생용 리튬이온전지에서 세계 점유율 톱에 뛰어 올랐다. 이후 현재도 점유율을 확대하고 있다. 개발문화의 자세, 고객 니즈의 적확한 파악과 실천이 주효한 결과라고 생각할 수 있다.

일본과 한국 기업에서의 업무를 통해서 사토 노보루의 눈에 비친 것은, 비즈니스에 대한 경쟁의식의 차이, 비즈니스가 되어 있지 않은 곳을 개척하여 무대를 쌓아 올리는 적극성, 상대의 비즈니스를 유리하게 하는 솔루션 제안 능력 등에 삼성 스타일의 강점이 존재하는 것이다.

단일 제품의 '하드 측면'에서의 전지 성능 그 자체로 보면, 일본기업은 한국기업에게 앞지름을 당할 처지는 아니다. 그러나 제품경쟁력이란 성능이나 안전성, 코스트 외에 원원의 협업관계, 신뢰관계, 유연한 대응, 장래 전망의 공유 등 '소프트 측면'의 섬세함도 필요하다. 그것을 실천해 가는 과정에서는 실무부대뿐만 아니라 임원이나 최고경영자 간의 교류도 큰 힘이 된다.

일본의 민생용 리튬이온전지업계가 경쟁력을 잃은 것은, 시장환경이 변화했기 때문이 아니라 인재(人災)이다. 본래 강했던 산업구조와 사업에 자만하여, 욕심이 부족한 참에 삼성이 공세를 취한 것이다.

"한국이나 중국의 전지에는 코스트로 이길 수 없다."라고 매번 듣는다. 정말 그럴까. 일본의 전지 메이커도 코스트 경쟁력을 강화하기 위해서 중국에 생산거점을 마련해왔다. 그렇다면 코스트도 대등하게 싸울 수 있는 사업환경을 가지고 있다. 그런데도 코스트에서 진다고 한다면, 그 밖에 안 되는 부분이 많이 있다는 것이다. 그러므로 기술경영과 경영전략의 양면에서 재검토하고, "해야 할 일을 한다."라고 하는 자세를 고치면, 다시 경쟁력의 향상은 가능할 것이다.

자료: go.seoul.co.kr

🌐 그림 9-11 2차 전지 시장이 납축전지에서 리튬이온전지로 빠르게 대체되고 있다.

2. 글로벌화가 서투른 일본, 만만치 않은 한국

'캐치업형'에서 '혁신형'으로의 변화

매년 화제를 모으는 세계 기업의 브랜드 가치 순위가 있다. 영국 인터브랜드가 2017년 9월 말에 발표한 2017년도의 'Best Global Brands'에서는 미국의 애플이 1위, 미국의 구글이 2위, 삼성이 아시아 최고의 6위가 되었다.

일본에서는 도요타가 7위, 혼다가 20위, 소니가 61위라고 하는 결과이다.

애플과 구글은 이노베이션을 추진하고 있는 전형적인 기업이다. 그 근저에는 글로벌 경쟁을 의식한 원리가 작용하고 있다. 한국기업이나 일본기업도 여러 분야에서 이노베이션을 일으키고 있지만, 애플이나 구글과 비교하면 한발 느린 감이 있다.

자료: fashionn.com

🌐 그림 9-12 2017 세계에서 가장 가치 있는 100대 브랜드

특히 삼성은 2002년에는 34위였는데, 15년 만에 톱10 안에 들어 6위를 차지했다. 글로벌화와 글로벌 경쟁력을 높여온 실적이 높이 평가되어, 브랜드 파워가 향상하고 있다.

하지만 삼성도 애플이나 구글에 비교하면, 혁신성에서는 아직 빠진다. '캐치업 (catch-up)형'의 비즈니스를 성공시켜온 삼성이 반도체 메모리나 액정, 유기 EL, 리튬이온전지 등 수많은 분야에서 업계 톱의 점유율을 자랑하는 것은 주지의 사실이다. 삼성에 있어서 점유율을 향상시켜간다고 하는 '명제'는 앞으로도 계속되지만, 새로운 이노베이션을 실현하는 비즈니스 모델 구축이 요구되고 있다. 말하자면, 캐치업형에서 '혁신형'으로의 변화다.

글로벌화가 늦어지고 있는 6분야

일본에서 글로벌화가 늦어지고 있는 분야는 많다. 대표적인 예는 자동차업계이다. 환경규제를 선취한 배기가스 정화시스템, 전동화(電動化) 기술, 소재의 선진성, 현지생산, 글로벌 조달에서의 코스트 경쟁력 등 너무 많아서 일일이 셀 수가 없다. 10개 이상의 기업이 글로벌 시장 속에서 격전을 벌이며 이익을 깎아내고 있다.

연구개발 분야도 글로벌화가 진행되는 대표적인 예이다. 노벨상 등을 수상하는 첨단연구는 세계에 자랑하는 것이다. 충실한 기초연구와 정열이나 집념이 서로 어울러서 성과를 낳고 있는데, 한국 내에서는 보이지 않는 광경이라고 할 수 있다.

최근에는 스포츠계도 글로벌화가 진행되고 있다. 야구나 축구를 중심으로 세계에서 활약하는 선수가 정말로 늘어났다. 야구나 축구도 일본은 후발국으로 이전에는 세계에서 통용하는 선수는 많지 않았지만, 지금은 전혀 양상이 다르다.

글로벌한 활동이 수없이 많이 보이는 것은 음악계도 마찬가지이다. 세계최고봉의 베를린 필하모니 관현악단에서는 예전부터 일본인 여러 사람이 활약하고 있다. 클래식 음악의 본고장, 유럽에서 절찬되고 있는 NHK 교향악단 등의 예도 있다.

실은 국내적인 인상이 강한 금융·증권 분야에서도 인재의 유동에 관해서는 글로벌이다. 게다가 제조업과는 달리 일본 국내에서도 인재가 이동한다. 커리어를 축적해서 다른 기업으로 이적하고, 조건이나 스탠스를 올려가는 것이 업계표준으로 되어 있다.

자료: cherishh.com

그림 9-13 글로벌화하고 있는 일본 축구

이와 같이 글로벌화가 진행되고 있는 업계는 수없이 많은데, 한편으로 일본 내에서 글로벌화가 늦어지고 있는 부분도 많다. 크게 여섯 가지 있다고 생각한다.

첫 번째는 대학교육이다. 해외로부터의 유학생은 감소경향에 있다. 한국인 학생도 2005년 전후까지는 일본에 많이 유학하고 있었는데, 최근 수년간은 줄어들고 있다. 그렇다면 어디로 유학생이 이동하고 있는가 하면 압도적으로 미국이다. 그만큼 매력이 있다고 할 것이다.

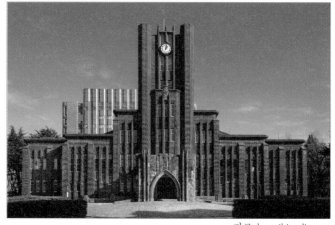

자료: ko.wikipedia.org

그림 9-14 도쿄대학 야스다 강당

해외로부터의 유학생이 줄어들고 있는 것은, 외국인 교원의 채용이 지지부진해서 진척되지 않고 있다는 것도 큰 이유이다. 미국 하버드대학과 같은 해외의 유력한 대학에서는 외국인 교원의 비율이 30%를 넘고 있는데, 일본에서는 도쿄대학에서조차 5.4%라고 하는 저조 수준이다.

물론 일본의 대학도 수수방관하고 있는 것은 아니다. 외국인 교원 비율을 향상시킬 목표도 있고, 현재 6만 명의 대학교원 중 1만 명에 대해서 연봉제를 도입한다고 한다. 성과주의에 의해 경쟁의식을 불러일으키는 시스템인데, 원하지 않는 교원은 종래대로의 고용형태를 채택하는 점이 정말로 일본답다.

글로벌 시장에서 보면 일본의 대학과 대학교원의 매력도는 결코 높다고는 할 수 없다. 외국인 교원에게 있어서 매력이 있는 제도가 되는 것을 기대하고 싶다.

한국의 경우, 초등학교부터 영어를 교육하고 있는데 더해서, 고교에서는 영어 이외의 제2외국어를 부과하고 있다. 이 구조는 글로벌한 사고방식을 기르는 과정에서 효과적인 프로세스이다. 한일의 고교생 교류 때에 일본의 고교생이 곧 느끼는 것은, 영어 실력과 프레젠테이션 능력의 차이라고 할 수 있다. 일본에서도 교육 초기부터 글로벌화에 대응하는 교육방침이나 시스템이 필요해지고 있다.

글로벌화가 늦어지고 있는 두 번째 부분은 젊은 층의 해외 지향이 낮다는 것이다. 그 이유를 뒤돌아보면, 대부분의 기업이 해외유학한 일본인 학생을 적극적으로 채용해오지 않았다고 하는 것이 크다.

리스크보다 도전을 중시하는 한국기업

일본의 기업에서는 입사 후의 처우에서도 학부와 대학원의 차이를 별로 두지 않는다. 혹은 박사학위나 MBA(경영학석사)를 취득해도 가치를 인정해서 채용하는 곳은 대단히 적다. 그뿐만 아니라 박사학위 취득자는 전문에 너무 특화되어 있어 다루기 어렵다고 경원시되는 편이 많다.

학부를 일본에서 마치고 대학원은 미국에 유학한다고 생각하더라도, 그 후의 취직활동에서 유리해지지 않는다고 판단해버리면, 저절로 해외유학도 향상되지 않는다.

미국의 화학·약품 대기업에서는 연구개발부문에의 배속자는 박사학위 취득자가 대전제이다. 그만큼 차이를 두고 있기 때문에, 박사과정에 대한 진학도 일반적이다. 구미나 한국에서는 박사학위 취득자는 어떤 분야의 전문성이 극히 높을 뿐만 아니라 연구능력이 담보되고 있다고 하는 의미가 있다.

자료: kyoto-u.ac.jp

🎖 그림 9-15 교토대학 대학원 학위수여식

자료: kyoto-u.ac.jp

🎖 그림 9-16 학위모와 학위가운이 없는 일본의 학위수여식

실제로 삼성에서는 박사학위 취득자는 처음부터 과장급 지위로 배속된다. 대우받지 못하는 곳은 일본뿐이다. 이 결과, 일본에서는 박사과정에 진학도 뜻대로 되지 않는다. 혹은 경원(敬遠)되게 된다.

이와 같은 대우조치가 있기 때문에, 한국에서는 대학원에 대한 진학이나 해외유학 등에 적극적이 된다. 대학에 한정되지 않고, 중학이나 고교부터 유학하는 케이스도 일상다반사이다. 가계가 풍족하지 않더라도 빚을 내서까지 유학시킨다고 하는 이야기는 유명하다.

삼성은 글로벌 전략의 일환으로서 인재의 글로벌 채용을 중시하고 있다. 세계 각국으로부터 채용하는데, 한편으로 한국에서 해외의 대학이나 대학원에 유학하고 있는 유난히 눈에 띄는 인재를 픽업해서 개별로 채용하는 것도 보편적인 광경이다.

최근 수년 동안은 일본에서도 글로벌화가 급속히 진행되어 채용 시에 외국인 범위를 늘리는 기업이 속출하고 있다. 외국인과 경쟁할 기회가 더욱 더 늘어나므로, 앞으로는 젊은이의 해외지향이 높아질 것이 틀림없다.

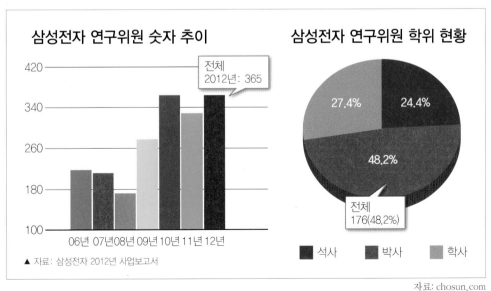

자료: chosun.com

🌐 그림 9-17 삼성전자 연구위원 현황

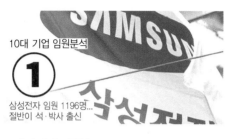

최다 임원배출 국내대학 TOP20		최다 임원배출 해외대학 TOP20	
*최종학력기준		*최종학력기준	
서울대	117	스탠포드	11
한국과학기술원	94	일리노이대	10
연세대	80	조지아텍	9
성균관대	65	미시간대	8
한양대	63	오스틴텍사스대	8
고려대	59	MIT	8
경북대	55	하버드대	7
서강대	42	사우스캐롤라이나대	7
인하대	23	뉴욕주립대	7
광운대	23	퍼듀대	7
아주대	22	캘리포니아대	6
한국외대	19	컬럼비아대	6
중앙대	18	듀크대	6
경희대	17	UCLA	5
숭실대	15	노스웨스트대	5
부산대	15	플로리다대	4
포항공대	14	조지타운대	4
홍익대	12	피츠버그대	4
항공대	12	위스콘신대	4
건국대	10	텍사스A&M대	4
		청화대	4

10대 기업 임원분석

①

삼성전자 임원 1196명...
절반이 석·박사 출신

• 삼성전자 임원은

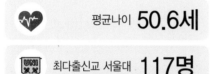

평균나이 **50.6세**

최다출신교 서울대 **117명**

석박사 비율 **52%**

• 해외대학 주요 소재지

미국	250
일본	21
영국	14
중국	7
프랑스	5
캐나다	4
네덜란드	3

자료: sisapress.com

🔶 그림 9-18 삼성전자 임원 1,196명 절반이 석·박사 출신(2015년)

　세 번째 부분은 교육 분야에서의 경쟁력이다. OECD 가맹국에 있어서 GDP에 대한 교육지출을 비교하면, 일본은 초등교육에서 고등교육까지 최저 수준의 상황이 계속되고 있다. 이와 같은 속에서 일본이 교육에서 이러한 성과를 거두고 있는 것은, 바로 각 가정이 부담하고 있기 때문인 것이다. 이 비교에서는 한국도 비슷한 상황에 있어, 양국에서의 공통적인 과제로 되어 있다.

그렇다고는 하지만 OECD의 국제성인력조사(國際成人力調査, PIAAC)에서는, 일본은 수적 사고력과 독해력의 두 항목에서 수위를 차지한다. OECD의 평균을 각 연령층에서 20점 이상이나 상회하고 있다. 이것은 사회에 나가고 나서의 스킬의 향상이나 업무를 통해서 배우는 부분이 주효하기 때문이라고 분석되고 있다. 단, PC의 사용빈도는 참가국 중 최저 수준이기 때문에, 이 분야는 개선이 필요하다.

네 번째의 부분은 산업계에 대한 국제경쟁력의 저하이다. 특히 전기업계(電機業界)에서는 중전(重電) 분야는 글로벌 경쟁력을 높이고 있기는 하지만, 가전 분야의 뒤떨어짐이 두드러지고 있다. 그 결과가 최근 수년간에 일본 국내 가전 대기업이 발표한 수천억 엔 규모의 적자이다. 글로벌 경쟁전략에 뒤졌기 때문이다.

단, 최근에는 소니, 히타치, 도시바가 중소형 디스프레이 분야를 통합해서 재팬 디스플레이[2]를 발족시킨 외에, 사업의 철퇴나 매각 등에 의한 구조개혁, 과잉인원의 구조조정 등 여러 가지 대책에 의해 근육질 기업체질로 변신하고 있다.

자료: kpinews.co.kr

그림 9-19 '메이드 인 재팬'의 재무장

---

2) 재팬디스플레이(Japan Display Corporation)는 일본의 소니, 히타치, 도시바 등 3개 사가 중소형 LCD 패널 사업을 통합해 설립한 회사이다.

전술한 바와 같이 삼성은 매년 브랜드 파워를 높이고 있다. 이것은 곧 글로벌 시장에서 인정받고 있다는 증거이다. 이 한·일 간의 차이는 고객의 구매의욕을 얼마만큼 불러일으킬 수가 있는지에 대한 방증일 것이다.

삼성에 한하지 않고 LG도 제품군의 개발은 나라나 지역마다 어떠한 제품을 원하고 있는지, 디자인이나 기능의 각각을 마케팅 활동에서 철저히 조사하여 제품 개발에 반영하고 있다.

그것에 비해서 일본기업은 나라나 지역마다 상세한 제품개발이나 디자인 개발에 정성을 들여왔던가. 첨단기술이나 기능이 우수한 일본은 그것 자체로 제품경쟁력이 높다고 하는 자부심이 있다. 따라서 고객이나 시장 니즈를 거두어들여서 제품을 개발하기보다는 이와 같은 강점을 최대한 무기로써 시장경쟁을 전개한다고 하는 프로세스를 우선시해온 경향이 있다.

그러나 고객이 상품으로서 선택하는 것은 기술이나 기능뿐만 아니라 디자인, 가격, 제품의 종합소구력이다. 이 점을 한국기업은 철저한 마케팅 분석으로부터, 그러한 고객의 요망에 부응하는 상품을 개발하고 있다. 결과적으로 고객의 마음에 어필하는 힘은 일본류의 프로세스보다 강하다.

자료: macguyver.co.kr

🔷 그림 9-20 갤럭시S8보다 놀라웠던 삼성의 마케팅 전략

일본기업의 경우, 이전은 큰 시장이 일본 국내에 있어서, 제품개발, 생산, 판매라고 하는 흐름으로 자기완결형의 비즈니스가 성립하고 있었다. 한편 한국은 인

구가 일본의 절반 이하라고 하는 상황 때문에, 대기업 재벌은 처음부터 글로벌 시장을 고려해왔다. 최근의 일본에서는 양상이 변하고 있지만, 국내 시장에 대한 사고방식의 차이가 양자의 차이를 낳았다고 할 수 있다.

글로벌화가 전체적으로 늦어지고 있다고 할 수 있는 일본에 비하면, 대기업 재벌에 한한 이야기이기는 하지만, 한국기업은 리스크를 생각하는 이상으로, 기회를 어떻게 그릴지에 큰 에너지를 투입하고 있는 것처럼 비친다. 적극적이고 과감한 자세는 거친 부분도 있지만, 글로벌화를 향한 전개는 리스크 이상으로 기회를 어떻게 그릴지가 우선시되어야 할 것이다.

3. 속도감이 없는 일본, 성급한 한국

윈윈이 되려면 경의와 배려가 필요하다

혼다에서 삼성그룹으로 이적하고 놀란 것 중 하나는, 삼성이 장기적인 시야에선 연구개발을 손대지 않는 것이었다. 삼성에서는 자기 부담으로 20년 이상 걸려서 사업화하는 일은 있을 수 없다. 혼다에서는 제로에서 독자적으로 공부하여 연구개발을 추진하고, 가령 20년을 걸려서라도 사업화에 연결하는 끈기가 있는 것과 대조적이었다.

혼다와 마찬가지로 일본기업의 대부분은 신사업에 관해서는 차분하게 검토하고 전략을 구축한다고 하는 스타일을 취하는 경우가 많다. 그러나 한편으로, 거꾸로 지나치게 신중해져서 이길 수 있는 기회를 잃는 일도 있다. 혹은 속도감이 부족하다고 하는 경우가 많은 것도 사실이다. 그것에 비해서 삼성은 아무튼 빠르다. 거기에는 삼성 나름의 이유가 있다.

삼성그룹에는 여러 회사가 있어, 언뜻 보면 그룹 내만으로 신규사업에 관해서 여러 가지 도전이 가능한 것처럼 느껴진다. 단, 정작 신규사업을 검토하는 단계가 되면, 우선은 파트너 탐색부터 시작한다. 그것은 그룹 내에 전문가가 없다거나 비즈니스 모델의 구축이 어렵다거나 하는 등, 불투명한 요소가 위에서 덮치기 때문이다. 사실 삼성그룹이 공개적으로 발신, 발언하고 있는 것처럼, 신규사업을 개척할 때의 전술은 강한 상대나 특징이 있는 상대와의 합병사업이나 M&A를 우선한다. 단, 속도감이 있다고 하는 표현은 대체로 적절한 것이지만, 때로는 성급함, 전략부족이라고 말하지 않을 수 없는 케이스도 있다. 2011년에 삼성그룹이 설립한 합병회사를 살펴보기로 한다.

삼성전자 글로벌 M&A 사례

자료: 삼성전자

인수기업	시기	어떤 기업	M&A 목적
CSR(영국)	2012년 7월	반도체 설계회사	스마트기기 무선연결 기술 강화
나노라디오(스웨덴)	6월	저전력 무선랜 칩 설계업체	스마트기기 소비 전력 감소
엠스팟(미국)	5월	클라우드 컴퓨팅 기반 콘텐츠 서비스 업체	스마트기기 엔터테인먼트 기능 강화
넥서스(미국)	2011년 11월	심장질환 진단 솔루션 업체	건강 사업 강화
그란디스(미국)	7월	M램 개발업체	차세대 반도체 연구개발
리쿠아비스타(네덜란드)	2010년 12월	디스플레이 원천기술 업체	투명 디스플레이 등 미래 기술 확보
아미카(폴란드)	2009년 12월	가전업체	유럽 내 생활가전 생산거점 확보
트랜스칩(이스라엘)	2007년 10월	반도체 설계 전문기업	비메모리 반도체 경쟁력 강화

자료: news.joins.com

◈ 그림 9-21 삼성전자 글로벌 M&A 사례

1년간에 M&A나 합병설립은 10건 가깝다

삼성전자는 미국의 헬스케어 기업, 퀸타일즈와 2,300억 원의 규모의 투자로 합병회사를 설립했다. 일본기업과는 삼성LED가 스미토모화학과 LED용의 사파이어 기판사업으로, 삼성모바일디스플레이가 우베(宇部)흥산과 유기EL디스플레이용의 수지기판사업으로 각각 합병회사를 세우고 있다. 일본기업과의 합병설립을 보면, 소재 분야에 대한 일본 요소기술의 높이가 증명되었다고 할 수 있을 것이다.

자료: the-pr.co.kr

그림 9-22 삼성바이오로직스는 2011년 4월 삼성과 미국 퀸타일즈(Quintiles)의 합작에 의해 설립된 회사

자료: breaknews.com

그림 9-23 삼성LED가 스미토모화학과 합작회사 설립

에너지 분야에서는 삼성정밀화학이 미국 MEMC와 다결정 실리콘 사업으로 합병을 결정했다. 삼성정밀화학은 토다공업과도 리튬이온전지의 정극소재사업으로 합병회사, STM(Samsung Toda Material)을 설립하고 있다.

삼성그룹이 앞으로 성장사업의 기둥의 하나로 드는 의료·헬스케어 사업도 M&A가 한창이다. 예를 들면, 2011년에 바이오 의료관련의 그룹 회사, 삼성바이오로직스를 설립하고 있다. 세계의 바이오 의약품업계에 대해서 품질 중시의 제조 프로세스의 개발, 그리고 cGMP(current Good Manufacturing Practice, 제조관리 및 품질관리 규칙)의 모든 것에 걸친 풀 서비스 프로바이더를 목표로 한 새로운 회사이다.

자료: asiatoday.co.kr

🔹 그림 9-24 2018년 완공 예정인 삼성바이오로직스 3공장 조감도

생산설비는 단일의 항체산생세포(抗體産生細胞)에 유래하는 클론에서 얻어진 항체분자 '모노클로날 항체'나 인위적으로 아미노산 배열을 변경한 '변형 단백질'에 특화하고 있다. 여러 가지 서비스 사업도 계획하고 있다.

물론 삼성바이오로직스 단독으로 이 모든 것을 손대는 것은 아니다. 2013년 10월에는 스위스 제약·헬스케어 기업인 호프만 라 로슈[3]와의 사이에 장기간 전략

---

3) 호프만 라 로슈 AG 혹은 로슈(Roche)는 스위스의 제약 기업이다. 대한민국에는 종근당과 합작회사로 외자계 업체인 한국로슈가 들어와 있다.

적 생산제휴협정을 발표했다. 로슈가 특허를 가지고 있는 상업용 바이오 의약품을 삼성바이오로직스가 한국·인천에 건설한 공장에서 제조한다고 하는 것으로, 앞으로는 더욱 사업을 확대해 간다고 한다.

자료: bonotec.ch

⬡ 그림 9-25 바젤에 있는 호프만 라 로슈 본사

의료기기 관련부문에서는 별도의 어프로치를 추진하고 있다. 삼성전자의 미국 법인, 삼성전자 아메리카는 2013년 1월에 의료기기 메카인 미국 뉴로로지카(NeuroLogica, 매사추세츠 주)를 매수하여 자회사로 할 것을 발표했다.

⬡ 삼성전자 의료기기 업체 인수합병(M&A) 현황

	회사명	분야	국가
2010년 9월	레이	디지털 엑스레이	국내
2010년 11월	메디슨(현 삼성메디슨)	초음파 진단기기	국내
2011년 11월	넥서스	혈액 검사기	미국
2013년 1월	뉴로로지카	CT(컴퓨터단층촬영)	미국

자료: m.blog.daum.net

자료: m.blog.daum.net

🌐 그림 9-26 삼성전자 의료기기 업체 인수합병 현황

　뉴로로지카는 2004년에 설립된 X선 CT장치의 전업(專業) 메이커이다. 2011년 3월에는 이동형의 전신 X선 CT장치의 판매허가를 FDA(미국식품의약품국)로부터 세계에서 최초로 취득했다. 환자가 CT촬영을 위해서 이동하는 것이 아니라, 환자가 있는 장소에 CT장치를 운반하여 촬영할 수 있는 것이 특징이다.

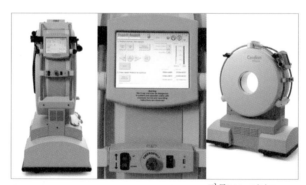

자료: news.joins.com

🌐 그림 9-27 뉴로로지카의 이동형 CT인 CereTom

　삼성그룹이 의료기기 메이커를 매수한 것은 뉴로로지카가 처음은 아니다. 2010년에는 한국의 치과용 CT장치 메이커인 레이, 2011년에는 한국의 초음파진단장치 메이커인 메디슨(현재는 삼성메디슨), 2011년에 미국의 심장검사기기 메이커인 넥서스를 각각 매수했다. 의료기기 중에서도 특히 화상진단장치의 분야

에 힘을 쏟고 있는 것은, 삼성이 디스플레이 사업을 손대고 있고, 화상기술을 핵심으로 한 강점이 있기 때문이다.

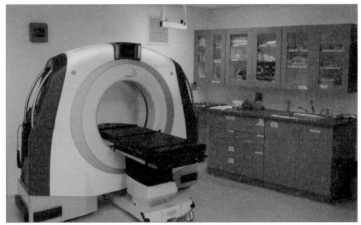

자료: news.joins.com

🔹 그림 9-28 뉴로로지카의 이동형 CT인 BobyTom

자료: kinews.net

🔹 그림 9-29 삼성 모델들이 2017년 3월 16일 'KIMES 2017'[4]에서 의료기기를 소개하고 있다.

---

4) 국제의료기기 & 병원설비전시회

더욱이 삼성전자는 2010년 6월에 혈액검사장치를 발표했다. 타사의 기존장치에 비해서 1/10 정도로 소형화한 것 외에, 채혈부터 검사결과가 나오기까지 2~3일 필요로 하고 있는 것을, 소량의 혈액으로 12분 이내에 19항목(당뇨·콜레스테롤·심장·신장질환 등)을 검사할 수 있는 것이 강점이다.

일본과 마찬가지로 한국도 고령사회로 접어들고 있다. 그러한 자국의 특성에 눈을 돌려서 사업확대를 모색하고 있는 것이다. 의료·헬스케어 사업이 성공할지 어떨지 주목이 집중되고 있다.

1. 노형진·이애경, 제4차 산업혁명을 위한 인재육성, 배문사, 2017.

2. 노형진·이애경, 제4차 산업혁명을 이끌어가는 스마트컴퍼니, 한올출판사, 2017.

3. 노형진·이애경, 제4차 산업혁명의 핵심동력 - 장수기업의 소프트 파워 -, 한올출판사, 2017.

4. 노형진, 제4차 산업혁명을 위한 문과·이과 융합형 인재, 한올출판사, 2018.

5. 노형진, 제4차 산업혁명의 총아 제너럴 일렉트릭(GE), 한올출판사, 2018.

6. 노형진, 제4차 산업혁명을 위한 조직 만들기 - 아메바 경영의 진화 -, 한올출판사, 2018.

7. 임외석, 토요타와 혼다의 기업문화와 경영권승계에 관한 비교연구, 한국산업경영학회, 經營硏究 第25卷 第2號, 2010, pp.307~340.

8. 하루야마 시게오 저, 반광식 역, 뇌내혁명, 사람과책, 1996.

9. 한중전략경영연구소 편저, 제4차 산업혁명 충격과 도전, 배문사, 2017.

10. 筑摩書房編輯部, 本田宗一郎 - ものづくり日本を世界に示した技術屋 魂, 筑摩書房, 2014.

11. 元永知宏, 本田宗一郎 夢語錄, ぴあ株式會社, 2015.

12. 野中郁次郎, 本田宗一郎 夢を追い續けた知的バーバリアン, 株式會社PHP研究所, 2017.

13. 片山 修, 技術屋の王國 ホンダの不思議力, 東洋經濟新聞社, 2017.

14. 片山 修, 本田宗一郎と「昭和の男」たち, 文藝春秋, 2004.

15. 中村良夫, クルマよ, 何處へ行き給ふや, クランプリ出版, 1989.

16. 小林三郎, ホンダ イノベーションの神髓, 日經BP, 2012.

17. 延岡健太郎, 價値經營論理, 日本經濟新聞出版社, 2011.

18. 本田宗一郎, 得手に帆あげて, 三笠書房, 2000.

19. 本田宗一郎, 私の手が語る, 講談社文庫, 1985.

20. 佐藤登, 人材を育てるホンダ 競わせるサムスン, 日經BP社, 2014.

21. 前間孝則, ホンダジェット 開發リーダーが語る30年の全軌跡, 新潮社, 2015.

Index
찾아보기

저자 소개

|노형진|

- 서울대학교 공과대학 졸업(공학사) / 고려대학교 대학원 수료(경영학박사)
- 일본 쓰쿠바대학 대학원 수료(경영공학 박사과정)
- 일본 문부성 통계수리연구소 객원연구원 / 일본 동경대학 사회과학연구소 객원교수
- 러시아 극동대학교 한국학대학 교환교수 / 중국 중국해양대학 관리학원 객좌교수
- 국방과학연구소 연구원 역임
- 현재) 경기대학교 경상대학 경영학과 교수
    전공. 품질경영 · 기술경영 · 다변량분석(조사방법 및 통계분석)
    중소기업청 Single-PPM 심의위원 / 대한상공회의소 심사위원 · 지도위원
    한중전략경영연구소 이사장 / 한국제안활동협회 회장

- 주요저서 : EXCEL을 활용한 품질경영(학현사)
    Amos로 배우는 구조방정식모형(학현사)
    SPSS/Excel을 활용한 알기쉬운 시계열분석(학현사)
    SPSS를 활용한 조사방법 및 통계분석(제2판)(학현사)
    SPSS를 활용한 일반선형모형 및 일반화선형혼합모형(학현사)
    EXCEL에 의한 경영과학(한올출판사)
    SPSS를 활용한 회귀분석과 일반선형모형(한올출판사)
    SPSS를 활용한 주성분석과 요인분석(한올출판사)
    Excel 및 SPSS를 활용한 다변량분석 원리와 실천(한올출판사)
    SPSS를 활용한 비모수통계분석과 대응분석(지필미디어)
    SPSS를 활용한 연구조사방법(지필미디어) / SPSS를 활용한 고급통계분석(지필미디어)
    SPSS를 활용한 통계분석의 선택방법(지필미디어)
    제4차 산업혁명을 위한 인재육성(배문사)
    제4차 산업혁명을 이끌어가는 스마트컴퍼니(한올출판사)
    제4차 산업혁명의 핵심동력 – 장수기업 소프트 파워 – (한올출판사)

- e-mail: hjno@kyonggi.ac.kr
- H.P: 010-3375-5642

제4차 산업혁명의 기린아
| 기술자의 왕국 혼다 |

초판1쇄 인쇄 2018년 4월 20일
초판1쇄 발행 2018년 4월 25일

저   자 노 형 진
펴 낸 이 임 순 재
펴 낸 곳 (주)한올출판사
등   록 제11-403호
주   소 서울시 마포구 모래내로 83(성산동, 한올빌딩 3층)
전   화 (02)376-4298(대표)
팩   스 (02)302-8073
홈 페 이 지 www.hanol.co.kr
e - 메 일 hanol@hanol.co.kr
I S B N 979-11-5685-654-2